敦煌

石窟全集

敦煌石窟全集

敦煌研究院 主編

4

佛傳故事畫卷

本卷主編　樊錦詩

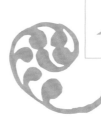

商務印書館

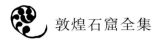 敦煌石窟全集

主編單位 ·················· 敦煌研究院

主　　編 ·················· 段文杰

副 主 編 ·················· 樊錦詩 (常務)

編著委員會 (按姓氏筆畫排序)
主　　任 ·················· 段文杰　樊錦詩 (常務)
委　　員 ·················· 吳　健　施萍婷　馬　德　梁尉英　趙聲良

出版顧問 ·················· 金沖及　宋木文　張文彬　劉　杲　謝辰生
　　　　　　　　　　　　羅哲文　王去非　金維諾　周紹良　馬世長

出版委員會
主　　任 ·················· 彭卿雲　沈　竹　劉　煒 (常務)
委　　員 ·················· 樊錦詩　龍文善　黃文昆　田　村
總 攝 影 ·················· 吳　健
藝術監督 ·················· 田　村

佛傳故事畫卷

主　　編 ················ 樊錦詩

攝　　影 ················ 吳　健

出 版 人 ················ 陳萬雄
策　　劃 ················ 張倩儀
責任編輯 ················ 劉　煒
設　　計 ················ 呂敬人
出　　版 ················ 商務印書館 (香港) 有限公司
　　　　　　　　　　　香港筲箕灣耀興道 3 號東滙廣場 8 樓
　　　　　　　　　　　http://www.commercialpress.com.hk
製　　版 ················ 中華商務彩色印刷有限公司
　　　　　　　　　　　香港新界大埔汀麗路 36 號中華商務印刷大廈
印　　刷 ················ 中華商務彩色印刷有限公司
　　　　　　　　　　　香港新界大埔汀麗路 36 號中華商務印刷大廈
版　　次 ················ 2017 年 2 月第 1 版第 2 次印刷
　　　　　　　　　　　© 2004 商務印書館 (香港) 有限公司
　　　　　　　　　　　ISBN 978 962 07 5279 7

前 言
從王子走向神壇的故事畫卷

　　距今兩千五百年前，正值中國的春秋戰國時期，是孔子以及諸子百家活躍於歷史舞台的時代。在世界四大文明古國之一的印度，誕生了一位哲人——佛教的創立者釋迦牟尼。他創立的學說，打破了當時印度社會等級森嚴的種姓制度，提倡四種姓平等。相傳，在釋迦住世說法的45年（一說49年）中，感化了無數民眾：從地位尊貴的婆羅門、國王、貴族，到工商巨富，乃至出身卑賤的販夫走卒，他都一視同仁，應機說教。這一思想不僅深深影響古印度的社會、文化與宗教的發展，而且在整個東方文明史上都具有重大的歷史意義。

　　釋迦作為歷史人物，是"人間佛陀"。他出生在人間，生長在人間，成佛亦在人間。他是一位人格完美的人，因而解脫了世間一切煩惱的束縛，遠離了人生的痛苦。

　　中國的聖人一般都有詳盡的歷史記載，而印度釋迦牟尼（也稱佛陀）的事跡，主要靠佛經的記載。記述佛陀的經典分為本生和本行：本生記述佛陀前生各種善行的故事；本行，即佛傳，記述從釋迦出生、成人、出家、苦修、悟道、說法乃至涅槃的種種事跡。各種佛傳經典記述內容的範圍和詳略不盡相同，有的從佛陀前生寫起，有的從釋迦族祖先寫起，有的從佛陀降生寫起；釋迦牟尼及其家人的姓氏名諱各漢譯經典也不盡相同。佛陀本生和佛傳經典的記述大都充滿神話的色彩，亦幻亦真，將釋迦作為宗教信仰上的崇拜對象，並賦予他理想化的、超人性的一面。佛教出於神化佛陀的目的，需要創造佛陀的各種神話，創造佛陀前生的神話，是為了讚頌和烘托佛陀今生的神聖，實是釋迦傳記的延長。所以，釋迦本生和釋迦傳記既有聯繫，又有區別。本卷是佛傳畫的專卷，佛陀本生畫卷另冊介紹。

　　18世紀西方學者開始研究佛陀，當時只是把他當作神來研究。第一位提出佛陀是歷史人物的學者是德國著名佛學家奧登堡（Oldenberg）教授。他依據印度古代歷史和巴利文文獻研究，開創了佛陀史實研究的先河。其後許多佛教學者沿着奧登堡的足跡探索，取得了不少的成果。1947年，比利時著名佛教學者拉莫特（Etienne Lamotte）又強調注重研究佛傳故事的發展層次。

西方學者最早於18世紀開始研究犍陀羅（Gandhra，今巴基斯坦白沙瓦谷地）的佛教美術，成果豐富。佛傳是犍陀羅藝術的重要部分，德國的格倫威德爾（Grunewdal Albert）、法國的福歇（Alfred C.A Foucher）和英國的馬歇爾（John Hubert Marshall）被公認為犍陀羅佛傳美術研究的權威，特別是後兩位，貢獻尤其傑出。自20世紀起，東方的日本和中國學者也開始着力於釋迦生平、佛傳和佛傳美術的研究。

佛傳藝術是將佛傳以雕刻或繪畫的形式表現出來，供修行者瞻仰禮拜。其表現形式有二：一種是選取幾個代表性情節來描繪，如“四相”、“八相”等；藏傳佛教又有十二相成道、八大靈塔之説，是以紀念佛陀一生的重大事跡為題材繪製的。一種是以長卷畫面連續表現完整的釋迦生平故事。

佛傳故事畫是敦煌石窟壁畫的重要內容。從開創時期的十六國一直到宋元，歷代壁畫中都有表現。本卷根據壁畫及其所依據的佛經內容，簡述釋迦今生世俗生涯和成道後的弘法傳教事跡。

世俗王子　從聖人走向神壇

釋迦牟尼是佛教的創始人，俗姓喬達摩（梵文 Gotama，一譯瞿曇），名悉達多（梵文 Siddhattha，意譯吉財），屬於釋迦族。釋迦牟尼（梵文 akya-muai）意思是“釋迦族的聖人”。他誕生於迦毗羅衛國

（據推測為今尼泊爾境內泰來地區的提羅拉科特遺址），生卒年月有多種說法，一般認為生活於公元前 565 至公元前 485 年。

　　據佛經說，釋迦牟尼出身於王室家族，父親是淨飯王，母親是摩耶夫人。他降生後七天，母親就死了，由姨母瞿曇彌把他撫養成人。他在深宮中長大，過着富足奢侈的生活，受到良好的教育。成年後，娶妃名叫耶輸陀羅，並生一子，名羅睺羅。淨飯王希望太子悉達多繼承王位，但悉達多有感於人生所面臨的生、老、病、死的痛苦，希望通過修行，尋求一條解脫人生苦難的道路。

　　悉達多 29 歲出家。他先後找阿羅陀迦蘭和郁陀仙學習，可是都未能解決他所思考的解脫人生痛苦的問題。便又在摩揭陀國的優盧頻婆幽深的樹林中苦修了六年，身體日益羸弱，但仍毫無所得。於是他毅然放棄苦行，來到尼連禪河中沐浴，並接受牧女奉獻的乳糜，恢復了體力。在菩提伽耶的菩提樹下靜坐思惟，終於徹悟了生死痛苦的根源和解脫的方法，成了大覺悟者，即佛陀（梵文 Buddha）。

　　釋迦覺悟成佛後，首先來到迦尸城附近的鹿野苑，向過去曾跟隨他的憍陳如等五位侍者講述自己經過思考獲得徹悟的道理。他以淺顯的語言、生動的比喻闡述了人生苦惱的原因，以及解脫輪迴痛苦和達到無苦境界（涅槃）的修行方法。憍陳如等五人聽法後，成為佛陀最早的弟子。這就是佛教所說的"初轉法輪"。一般認為，釋迦牟尼在鹿野苑為憍陳如等五人說法，並度他們為僧，標誌着佛教的誕生。從此佛教有了教主——釋迦牟尼，形成了基本教義——四聖諦和十二因緣，成立了僧團組織——僧伽。

　　釋迦牟尼 35 歲成道，80 歲去世，在長達 45 年的時間裏，他奔波於各地傳教說法。傳教的範圍主要在恆河流域地區，東至瞻波，西到摩偷

羅。傳教過程中廣收門徒，使僧團組織逐漸擴大，結交國王和商人，佛
教的影響也越來越大。最後他在北印度拘尸那迦城附近的婆羅林中去
世。縱觀釋迦牟尼為求真理而奔波的一生，並沒有甚麼神秘色彩。

相傳佛陀去世後的次年，其弟子舉行了第一次結集，將佛陀一生說
教的內容會誦集成，形成了早期佛經《阿含經》（梵文 Agamasutra），
約公元前 1 世紀由小乘佛教徒整理成文字。經文中以釋迦牟尼的事跡
作為闡述教義的背景資料，這樣就產生了簡單的釋迦生平事跡，雖然加
進了神化筆墨，但釋迦仍是人間教主的形象。

在釋迦牟尼逝世後的 100 年至 400 年間，約在公元前 4 世紀至公元
初，印度佛教分裂出許多教團派系，稱為部派佛教。部派佛教時期的各
部派律藏，如《摩訶僧祇律》、《五分律》、《四分律》等，產生了簡
單片斷的佛陀傳記的神化故事，如誕生、出遊四門、出家等。此後，由
律藏簡單片斷的故事，逐漸發展成為系統完整的佛陀傳記故事。

公元 1 世紀，大乘佛教興起，佛陀被全面神化。《佛所行贊》就是
這一時期在貴霜國王迦膩色迦的號召下撰寫的文學作品，這是歷史上首
次將釋迦牟尼一生事跡作了神化和頌揚。接着，各種神化佛陀傳記的經
典層出不窮地創作出來。說出世部的《大事記》，就是第一部獨立完整
的佛陀傳記。這種帶有文學色彩的佛陀傳記故事，還有巴利文《彼岸趣
品》、梵文《方廣大莊嚴經》、漢譯《太子瑞應本起經》、《過去現在
因果經》等。在這些佛陀傳記的經典中，加進了許多傳說故事，遠離了
釋迦的本來歷史面目，使他變成佛教徒們需要的神。也產生了《付法藏
因緣傳》、《根本說一切有部毗耶奈雜事》等記述繪畫佛傳圖像的緣起
和內容的佛經。

託物言志　再現佛陀聖跡

　　隨着佛教的傳播，崇拜佛陀的藝術作品也在印度產生。部派佛教時期的佛傳故事雕刻中還沒有出現佛陀本人的形象，只是採用印度傳統的民間崇拜物，如窣堵波（塔）、聖樹、輪子、蓮花、寶座、華蓋等，作為標誌來暗示佛陀的存在。例如公元前 2 世紀中葉的巴爾胡特窣堵波和公元前 1 世紀初的桑奇大塔上的佛陀本生和傳記的雕刻片斷，以及後來阿瑪拉瓦提等地，也有類似的本生和佛傳雕刻。這時通常用象徵手法表現佛陀一生的大事，如用蓮花表示佛的"誕生"，用菩提樹暗示佛的"覺悟成道"，用法輪表示佛的"初次說法"，用窣堵波象徵佛的"涅槃"。

　　公元 1 世紀，貴霜國王迦膩色迦首次將佛陀的形象鑄造在金幣上，並鑄有"BOBBO"（佛陀）字樣。這時西北印度的犍陀羅地區，開始創作佛像雕刻作品，以及象徵物與佛像相結合的佛傳藝術。犍陀羅的佛傳故事浮雕不僅數量超過了巴爾胡特和桑奇大塔，甚至出現多達100多個場景的長篇佛傳浮雕，形象而完整地表現了佛陀的一生。犍陀羅佛教藝術以其獨特的藝術魅力推動了佛教的傳播，佛陀形象很快傳到了中亞地區、西域，而後傳入中國。在這一傳播過程中，不同地區、不同時代的作品，表現的內容和形式也有所不同。

佛經與佛像　東土留聖跡

　　佛傳和本生的經典、以及佛像在東漢時一起傳到中國。據南梁慧皎著《高僧傳》記載，在佛教傳入之初，東漢明帝遣郎中蔡愔往天竺尋訪佛法，"愔於西域獲經"，其中有"佛本生"、"佛本行"，"愔又於西域得畫釋迦倚像，是優填王旃檀像師第四作。既至洛陽，明帝令畫工

圖寫，置清涼台中及顯節陵上"。自東漢末年至宋代，漢譯佛教經典中
涉及佛傳的典籍數量較多，其中主要譯著有：

　　東漢　曇果、康孟祥、竺大力譯《修行本起經》

　　東漢　康孟說譯《中本起經》

　　三國　吳支謙譯《太子瑞應本起經》

　　西晉　竺法護譯《普曜經》

　　西晉　聶道真譯《異出菩薩本起經》

　　（劉）宋　求那跋陀羅譯《過去現在因果經》

　　（劉）宋　釋寶雲譯《佛本行經》

　　北涼　曇克讖《佛所行贊》

　　（蕭）梁　僧祐撰《釋迦譜》

　　隋　闍那崛多《佛本行集經》

　　唐　地婆訶羅《方廣大莊嚴經》

　　宋　法賢《眾許摩訶帝經》

　　關於中國製作佛像最早的記載，有《歷代三寶記》的東漢孝桓帝"以
金銀作佛形象"；《後漢書·陶謙傳》、《三國誌·吳誌·劉繇傳》的
丹陽人笮融大起浮屠祠，造作佛像等。現有的考古材料也很豐富，內蒙
古和林格爾旗的東漢壁畫墓有"仙人騎白象"圖、山東沂南地區漢代畫
像石和四川忠縣出土的銅搖錢樹上的佛像、江蘇徐州連雲港孔望山摩崖
佛造像等。但這些初傳時期的佛像，都與中國傳統的神仙圖像相混淆。
據文獻記載，由於貴霜國王迦膩色迦的大力推行，使西域地區（今中國
新疆）的于闐（今和田）、龜茲（今庫車）、疏勒（今喀什）、鄯善等
地較早地接受了佛教，現在這些地區都保存有約公元3～4世紀的早期
佛教遺跡和遺物。鄯善米蘭地區寺院遺址的壁畫，已畫有佛傳、本生

（須達拏）的題材。

　　據唐代張彥遠著《歷代名畫記》記載，東晉畫家顧愷之畫《八王分舍利圖》、南梁畫家張僧繇之子張善果畫《悉達太子納妃圖》。在北朝時期開鑿的石窟中都有佛傳和本生故事的繪畫和雕刻，如新疆庫車的克孜爾石窟、吐魯番的吐峪溝石窟、甘肅敦煌莫高窟、天水麥積山石窟、山西大同雲岡石窟、河南洛陽龍門石窟等。佛傳藝術是歷代寺廟常盛不衰的題材，直至明代仍有人依唐王勃《成道記》繪佛傳畫集《釋氏源流》、清人繪有《釋迦如來應化事跡》，兩畫集均有木刻本傳世。

縱覽敦煌　檢閱佛陀傳記

　　敦煌的佛傳故事畫，歷代洞窟皆有繪製，無論其內容還是表現形式都具有強烈的感染力。它與本生故事一道，是敦煌石窟藝術中最引人注目的題材之一。

　　敦煌，位於河西走廊西端，自漢元鼎六年（公元111年）在此設郡並置玉門關和陽關後，便成了中西交通的"咽喉之地"，史稱"華戎所交一大都會"。敦煌不僅是東西貿易的中心，也是東西文化匯合、交融、傳播之地。據史籍記載，十六國、北朝時期少數民族政權無不提倡佛教，敦煌莫高窟創建之時正值北涼統治時期，受中原和涼州流行禪修的影響，也盛行"禪觀"，其中包括觀釋迦牟尼一生的事跡。這個時期石窟中的佛傳畫有出遊四門、降魔、初轉法輪等重要事跡，也有長篇的從釋迦出生到涅槃一生的事跡。

　　隋唐時期，佛教思想和佛教藝術基本完成了中國化的發展過程，中國佛教的各個宗派相繼建立。場面宏大、內容豐富的中國式的佛教經變畫應運而生。出現了簡便易行的修行方法 —— 唸佛，即不必經過禪定苦修,只要唸佛就可往生佛國世界。由於修行方式的變化,隋代佛傳和本生題材在壁畫中大量減少,唐代壁畫中佛傳和本生基本消失,阿彌陀經變、彌勒經變、藥師經變等經變畫取而代之,成為石窟的主要內容。如果說十六國、北朝時期石窟中的塑像和壁畫是應"鑿仙窟以居禪"而作,那麼,隋唐時期石窟的經變畫是為唸佛、求往生佛國淨土而作。隋唐時期在佛龕內或佛龕外對稱地繪乘象入胎和逾城出家,其內容雖屬佛傳,但其繪畫的目的在於表示釋迦牟尼說法,而並不表現釋迦一生傳記。石窟內的佛傳故事畫由多而少,反映了由北朝以禪修為中心,到唐代以釋迦牟尼講法為中心的修行方式的變化。

五代時期,敦煌地區四面都是強大的少數民族政權,常常面臨政治軍事威脅的困境,曹氏政權以佛教為號召,表現出挽救末法的決心,不僅開鑿了規模宏大的洞窟,還超乎尋常地依據《佛本行集經》繪製了長篇佛傳畫。其表現形式也發生了很大變化,出現了多幅、連續的屏風畫,並書有榜題,可謂佛傳中的宏篇巨製。

宋、西夏時期,中國僧人繼兩晉南北朝、唐代之後,又興起了第三次西行求法、拜謁聖跡、翻譯佛經的高潮。這一時期的敦煌佛傳繪畫,以"八塔變相"為特色,是依據宋譯《佛說八大靈塔名號經》和印度波羅王朝流行的八相圖而繪,畫中以八座寶塔象徵佛陀的八大聖跡,代表佛陀一生事跡。出現這種由印度"八相"演變成八塔的形式,與宋、西夏時期華嚴思想和密宗在敦煌的傳播與流行密切相關。

敦煌佛傳故事畫是研究佛傳藝術與發展的重要資料,也是研究佛陀生平的重要資料。各個歷史時期的佛傳故事畫反映了不同時期佛教信仰趨向,為研究佛教史和佛教思想提供了佐證。

目 錄

禪修盛行與佛傳畫初現

十六國、北朝（公元 317～581 年）

　　兩漢魏晉對河西的經營和開發，使敦煌已有深厚的文化根基。十六國時期，敦煌前後歷經前涼、前秦、後涼、西涼、北涼五個政權統治。由於中原社會動盪，加之西北少數民族政權的提倡，佛教迅速在敦煌地區蔓延開來。據《魏書‧釋老志》記載："自（前涼）張軌後，世信佛教。敦煌地接西域，道俗交得，其舊式村塢相屬，多有塔寺"。公元385～401年，龜茲（今新疆庫車）高僧鳩摩羅什在河西涼州（今甘肅武威）譯經授徒，達十七年之久；北涼沮渠蒙遜"素奉大法，志在弘通"，開窟造像，盛況空前。武威天梯山石窟、張掖馬蹄寺石窟和金塔寺石窟、永靖炳靈寺石窟、天水麥積山石窟、敦煌莫高窟，都在這一時期應運而生。受流行修禪的影響，前秦建元二年（公元366年）開始，由東屆此的兩位禪僧樂僔、法良先後在敦煌東南郊開鑿了莫高窟最早的兩個禪窟。

　　禪（梵文 Dhyana，一譯禪那），意思是"思惟修"、"靜慮"，也可稱"禪定"。所謂"禪定"，就是修禪者摒棄一切塵世雜念，通過思想高度集中去觀像和冥思苦想，以求來世成佛。修禪觀像，要"入塔觀像"，要求依次觀各種佛像，其中觀釋迦牟尼佛，要觀其"生身"，觀其本生（前世）等。十六國、北朝時期的敦煌莫高窟除開鑿禪窟外，還開了中心塔柱窟，以供修禪和觀像。

　　《觀佛三昧海經》云："欲知佛生相時者，欲知佛納妃時者，欲知佛出家時者，欲知佛苦行時者，欲知佛降魔時者，欲知佛得阿耨多羅三藐三菩提（即成道）時者，欲知如來轉法輪時相者……"。顯然，觀釋迦牟尼"生身"，就是觀佛陀一生的事跡。開窟造像，"入塔觀像"，對於佛教徒是為了禪定修行，而對於出資開窟的供養人而言，也是一種禮拜和做功德的方式。

　　西魏以後，中心塔柱窟數量減少，出現了覆斗頂、正壁開龕的殿堂式窟新形制。在這些石窟中，還出現了道教神仙的壁畫內容和秀骨清像的藝術風格，如莫高窟第249窟、第285窟。這種新形制、新內容、新風格，顯然是受中原洛陽的影響所致。值得注意的是，第285窟兩側壁也各附有兩個小禪室，還在窟頂四周繪有三十多位禪僧在山中禪窟居禪的形象。修禪與中原的殿堂式窟的結合，說明敦煌禪行仍在沿襲，而中心塔柱窟的減少，則反映了從西魏開始，繁瑣的禪觀已不那麼嚴格。

北周時期敦煌莫高窟開鑿的第 290 窟、第 294 窟、第 428 窟繪有內容豐富、畫面宏大的長篇佛傳故事畫，構成壁畫的主體。其中第428窟共繪大幅説法圖14幅，其內容應是釋迦一生的事跡，可視為佛傳，但至今無法詮釋其內容。第294窟因整窟被煙熏而壁畫變黑，覆斗形窟頂四坡所繪佛傳故事和釋迦本生善事太子入海故事畫詳細內容已無法辨認。唯有第 290 窟的長篇佛傳故事畫保存完整，內容明確，採用敍事性的連環畫形式系統地描繪釋迦一生超凡入聖的事跡，對外來的佛經故事進行了再創作，表現出濃郁的中原風格，故事完整，內容豐富，情節曲折，為此前的佛傳藝術中所少見。

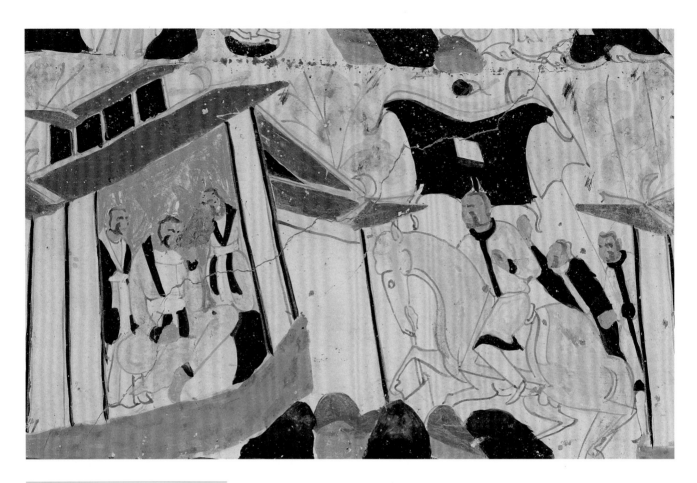

1 太子回宮　思念出家

莫高窟第290窟的長篇佛傳故事畫以細膩
的藝術手法，完整描述了釋迦一生重大
事件。此圖為太子由師門騎馬回宮。年
至十七，才華益顯，在宮中晝夜憂思，
常念出家。

北周　莫290　人字坡東坡

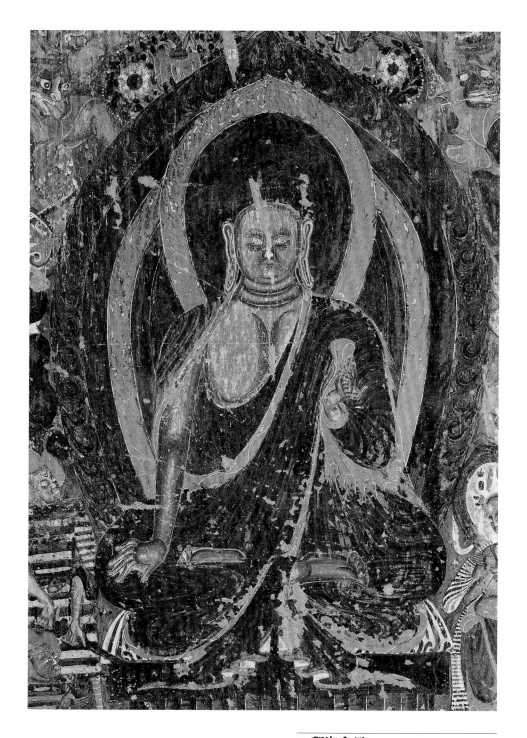

2 釋迦牟尼

釋迦作結跏趺坐，內穿斜領僧祇支，外
披袒右肩袈裟，左手執衣，右手作"觸
地印"，斂神屏息，端坐沉思，專心悟
道。釋迦泰然自若，歸然不動的狀態，
與周圍躁動不安的魔眾形成對比。

北魏　莫254　南壁

第一節　　禪修與觀像相輔相成

十六國、北朝時期敦煌的洞窟既有專供禪修的禪窟，又有根據禪觀的需要，以佛陀為主題，將塑像和壁畫的內容有機地組成一個整體佈局的中心塔柱窟。

莫高窟最早"鑿仙窟以居禪"的禪窟是北涼時期的第268窟，其兩側壁各附有兩個小禪室（即第267窟、第269窟、第270窟、第271窟）。北魏、西魏時期的第487窟、第285窟亦為附有小禪室的禪窟。

北魏時期莫高窟大量建造中心塔柱窟，第259窟、第254窟、第251窟、第257窟、第263窟、第260窟、第265窟、第437窟、第435窟、第431窟、第248窟均為此類石窟。這些石窟中央鑿出方形塔柱，塔身四面龕內塑像，中心塔柱前兩側壁繪釋迦重大事跡的壁畫，形成禪修中"入塔觀像"相互聯繫的觀像內容。

表現佛傳故事的形式分為兩類：一類是中心塔柱的四面龕內塑像，表現佛陀出家、苦修、禪定、説法四相成道的內容。另一類是以壁畫表現佛陀一生的重大事跡，如十六國第275窟繪出遊四門；在第254窟、第260窟、第263窟主室兩側壁的前部，選擇佛陀一生中降魔成道與初轉法輪相對而繪；第431窟的乘象入胎、夜半逾城，都是觀釋迦"生身"的重要內容。近年來還有人認為莫高窟北魏時期的第254窟、第431窟、第263窟、第435窟和西魏時期的第288窟中的白衣佛，表現的即是禪觀中要觀想的"那揭羅曷羅佛影"，也屬於佛傳內容。此外，由於北周第428窟的長篇佛陀傳記故事畫內容不明，故其中的降魔成道和雙林涅槃也歸在此節介紹。

早在古印度部派佛教時期和大乘佛教時期，為紀念和禮拜釋迦，已有單獨表現佛陀重大事跡的佛傳藝術品，如釋迦誕生、出家、降魔成道、初轉法輪、涅槃等；或組合表現佛陀數件重大事跡的佛傳藝術品，如出家、成道、初轉法輪、涅槃四個事跡組合在一起。莫高窟現存十六國、北朝時期石窟共36個，表現佛傳重大典型故事壁畫的洞窟共有6個，由此可見佛傳畫在敦煌壁畫中已經位居重要地位。

乘象入胎、逾城出家　了斷世俗生涯

依佛經所説，釋迦成佛前的世俗生涯是以乘象入胎開始、以逾城出家結束。《過去現在因果經》中説，在古印度的迦毗羅衛國（今尼泊爾境內），國王淨飯王和王后摩耶夫人多年膝下無子，經常為沒有王位繼承人而煩惱。一天，摩耶夫人睡覺時，夢見空中有騎白象的菩薩飛行而來，從她的右脅進入腹中，忽然不見。摩耶夫人從夢中驚醒後，召相師占夢，知有聖神降胎。從此她身心和

悅，無比歡樂。摩耶夫人懷胎十月，在藍毗尼園裏，攀扶着一棵無憂樹樹枝，太子便從她的右脅降生。據推算，這天是公元前 565 年夏曆四月初八日。

太子悉達多成人後，經常冥思苦想，要尋找解救人們痛苦的真諦。29 歲那年的一個夜晚，受到天神的啟示，太子拋棄了王位、愛妻，離國出家修行。他乘宮中人們熟睡之時，在天神護送下騎馬出城。太子來到山裏，剃去鬚髮，開始了他修行的生活。

不言而喻，乘象入胎與右脅降生，是大乘佛教的佛傳經典對釋迦誕生的神化和讚頌。較早的小乘佛教經典《中阿含經》記述了釋迦自己所講的出家經歷："我時年少，童子清淨，青髮盛年，年二十九。……我於爾時，父母啼哭，諸親不樂，我剃除鬚髮，着袈裟衣，至信捨家，無家學道"。此經文中釋迦所言，似更近人情，合乎常理。

現存最早的乘象入胎圖像，見於公元前 1 世紀印度巴爾胡特窣堵波和桑奇大塔上的石雕，此後有公元 2 世紀的阿瑪拉瓦提石雕，公元 2～3 世紀犍陀羅出土的石雕，說明近四個世紀以來相繼都有雕刻。這些雕刻大都表現摩耶夫人睡覺做夢，有一頭大象向摩耶夫人走來，周圍有侍女和伎樂。也有一些雕刻僅表現摩耶夫人做夢，而沒有白象。迄今，在印度佛教藝術中尚未發現有菩薩騎白

象入胎的佛傳藝術。

逾城出家的圖像，始見於印度桑奇大塔東門橫樑石雕，其場面宏大，一側以城市為背景，城門外車匿牽馬，馬的上方有傘蓋，兩旁有送行的人羣向前行進，以暗示釋迦離城出家，但沒有釋迦本人的形象。犍陀羅地區和南印度那伽爾久那康地區都出土有公元 2～3 世紀的逾城出家雕刻，出現了菩薩裝的釋迦騎馬的形象，以及兩個或四個藥叉捧着馬足騰飛的場面，這樣不僅明確了圖像的主題，而且增添了釋迦棄世出家的神秘色彩。古龜茲（今新疆庫車）的克孜爾石窟第110窟的逾城出家圖中，太子騎馬從城門出來，前有車匿牽馬，後有帝釋天相伴，並有四天神捧馬足前行。與犍陀羅地區的構圖十分相似。

莫高窟北魏第431窟中心塔柱南向面上層龕的龕外兩側壁面，分別繪有乘象入胎與逾城出家。乘象入胎繪上身袒露，下繫長裙的菩薩跪坐在一頭奔跑的白象背上，菩薩身繫的天衣和華蓋所繫的長幡飛舞飄揚，還有口銜瓔珞的雙龍伴行。逾城出家繪上身袒露，下繫長裙的菩薩騎馬而行，上面有華蓋和天花飛舞，表示釋迦在空中行走，畫面上雖無天神捧馬足，但依然表現出虛空行走的氣氛。像這種將乘象入胎和逾城出家對稱地畫在一起的表現形式，在印度和中國同時期的其他石窟中似不曾見。山西大同雲岡第 37 窟和第 35

窟中，僅見單獨的乘象入胎和夜半逾城的畫面。

敦煌地區與印度乘象入胎題材的表現內容並不相同，印度是菩薩化作白象投胎，只有白象而無菩薩形象，故印度將此題材稱為"託胎靈夢"，不稱它為"乘象入胎"。而敦煌地區則是菩薩騎象來入胎，這可能與兩國人的不同理解有關，大概中國人認為白象是動物，它不可能進入人腹之中，只有作為神的釋迦才能乘象入胎。而印度佛教以白象作譬喻，象徵菩薩有大慈悲力。當然，無論印度和中國都有只表現摩耶夫人睡覺做夢，不表現白象或菩薩騎白象的畫面。

出遊四門　感悟人生

據佛經說，釋迦在當太子時，儘管他在迦毗羅衛國的深宮中過着嬪妃成羣，弦歌聲色的奢華生活，但他"夙夜專精志道，不思欲樂"，經常陷入冥思苦想之中。淨飯王為了打消他出家的念頭，讓他出城遊樂。太子及其僕從剛出東城門，便遇到天神化作的老人，只見此人"頭白齒落，皮緩面皺，肉消脊僂"。太子問："此為何人？"僕從言："老人。"太子問："甚麼是老？"僕從又作了回答。太子嘆息不已，於是回宮，"愍傷一切"。此後，太子依次出遊南門、西門，又遇到天神變化的病人和死人，他每次要問病人謂何？死人謂

何？得知病人、死人的痛苦後，回宮更加鬱鬱寡歡，感傷"眾生有老、病、死苦惱大患"。最後太子出遊北門，遇到天神化作的沙門，僕從說："聽說沙門之道，即捨家棄子，捐棄愛慾，斷絕六情。守戒無為，得一心者，則萬邪滅矣。"太子說："善哉，唯是為快。"太子出遊四門後，一心修行，"誓欲出家"的意志更加堅定。不久，他在天神的啟示下，終於棄世出家。

出遊四門故事以及天神啟示的情節，是大乘佛教對釋迦棄世出家的美化和神化。早在《阿含經》中，有一處提到生老病死的問題，但那是佛陀為僧徒說法時所舉的例子，他講自己因看到生老病死而生感慨，目的在於說明人生"無常"的道理。然而在後來記述佛陀傳記的大乘佛經中，出遊四門成為佛陀生涯中的大事，恣意加以渲染。在早期佛教藝術作品中，這一故事不多見，目前僅見於公元1世紀印度桑奇大塔北門西柱、公元5世紀山西大同雲岡石窟第6窟石雕等。新疆克孜爾石窟第175窟的出遊四門，將太子騎馬出遊，與見老人、見病人、見死人、見比丘，匯集於同一畫面。

敦煌第275窟營造於十六國時期，是莫高窟開鑿最早的洞窟之一。其南壁繪有出遊四門，為橫卷式，以連環畫形式表現，由西至東，尚能看到出東門見老人、出北門見沙門兩個畫面，其餘出

南門見病人和出西門見死人的兩個畫面，因殘破已無法辨認。以見老人為例，畫面的左側，以高樓和門闕代表王城的城門，太子悉達多騎馬走出城門，馬前太子的侍從正在奏樂。畫面右側為太子見到的老人，僕從正指着老人，回答太子的問題，上有飛天飛舞讚嘆。其他每個畫面的人物和場景與見老人的畫面基本相同。

第275窟的出遊四門作平列式構圖，與犍陀羅藝術比較接近，人物的服飾和人體表現"染低不染高"的暈染技法，具有強烈的西域形式風格，而其城門作門闕的建築形式，每個畫面塗刷一條榜題，以及畫面物體沒有層次進深的技法，卻是中國傳統形式的。所以，此圖具有西域和中原相結合的特徵。石窟藝術是外來藝術，其壁畫雖有外來因素，但已呈現出漢民族文化特色。

從這則故事中可以看出，生活在公元前6世紀的釋迦，看到了印度社會動盪不安，看到了人民大眾在痛苦中的無助和掙扎，他面對社會的現狀憂心忡忡，想解救人民於水火，並在苦苦尋找解救人民脫離苦難的道路。他受當時沙門思潮的影響，走了出家、修行、悟道之路，是必然的。

降魔成道　魔障盡除成正果

據佛經説，釋迦經過六年苦修，雖身體已經極度虛弱消瘦，而修行卻毫無進展，依然得不到解脱。他毅然放棄苦修，到尼連禪河洗去身上的污穢，接受了牧女奉獻的乳糜，恢復了元氣，然後繼續上路。途中接受名叫吉祥的刈草人施捨的吉祥草，來到尼連禪河西岸菩提伽耶地方，在一棵枝繁葉茂的菩提樹下鋪開柔軟的吉祥草，安坐其上，發誓説："不成佛道，永不起來！"釋迦經過四禪行，悟得真諦，即將成道。此時魔王波旬率三魔女破壞釋迦成道，但在釋迦的神通力之下，三個妖艷的魔女變成三個醜陋的老嫗。魔王又調動魔軍，用武力大舉進攻。魔軍現出種種猙獰面貌，"豬魚驢馬頭，駝牛兕虎形"，"或一身多頭，或身放煙火"，"或長牙利爪"，"執戟持刀劍"，"呼叫吼喚，惡聲震天地"，但釋迦"如看兒童戲"，又施法力，使魔軍"飛矛戟利稍，凝虛而不下，雷震雨大雹，化成五色花，惡龍蛇毒，化成香風氣"。釋迦堅定沉着，不離座位，降服了魔王波旬。此時，地神從地下湧出，高聲宣佈："我證，我證。"證明魔王失敗。釋迦終於修成正覺，成為至高至尊的佛陀。

降魔成道是佛陀傳記中的一件大事，也是印度佛教藝術中最常見的題材。為了紀念和崇敬佛陀，在佛陀成正覺的菩提伽耶的地方建立了大窣堵波，保存了佛陀成道處的金剛寶座，還在各地雕刻了許多石雕。如公元 1 世紀初的桑奇大塔西門橫樑背面的降魔，中間用空座表現釋迦，座後是菩提樹，畫面右半部是魔軍，正驚惶逃竄，富有戲劇性。又如現藏德國柏林印度博物館公元 3 ～4 世紀的雕刻降魔成道中，鋪着吉祥草的台座上，佛陀結跏趺坐，右手為觸地印，左手執衣角，周圍的魔眾手持棍棒、三叉戟、槍、蛇，恐嚇釋迦。佛座前，地神女從地中湧出，向釋迦合十致意，並為釋迦勝利證言。儘管雕刻精細，但生動不足。再如建於 6 世紀的阿旃陀石窟第26窟的降魔成道雕刻，釋迦結跏趺坐於佛龕內，凝視前方，泰然自若，上方刻出菩提樹，龕外四周被魔軍包圍，龕下是魔女誘惑，及被釋迦神通力擊退的魔女，其他魔眾執武器，向釋迦進攻，具有較強的動勢和緊張的氣氛。綜觀上述降魔成道的雕刻作品，從早期以象徵物為中心，發展到以佛陀為中心；從僅表現武力，發展到武力攻擊加女色誘惑，說明這一常見的佛傳題材，在保存原有基本特徵的基礎上，又作了較大的藝術加工和渲染。

莫高窟第254窟、第260窟、第263窟、第428窟的釋迦降魔成道的內容和構圖基本相同。畫面中央花樹華蓋之下，釋迦端坐在鋪草寶座上，雙目低垂，右手撫膝，左手上提衣角；佛陀一側的拔劍者為魔王波旬，他身後的魔子正在阻諫於他；畫面前的左側為三個美麗的魔女，右側為三魔女變成的三老嫗；魔女和老嫗身後的魔軍，有的頂盔披甲，有的露形裸體，有的獸頭人身，有的以腹為頭，有的身上出煙，有的身繞長蛇，各執矛、銷、弓、箭、刀、斧、石等各種器械，向佛陀進攻。佛座前倒地者為戰敗的魔軍。

敦煌的降魔成道與印度相比較，敦煌以佛陀為中心，釋迦禪定，兩側分佈魔眾，魔王加害、魔女誘惑、魔眾攻擊等情節，上有花樹為華蓋、下有鋪草蓐的寶座等特徵，是吸收了印度的藝術模式。但是，敦煌的降魔成道已形成了自己的特徵。其中莫高窟第254窟的壁畫尤為佳作，畫面佈局滿而不亂，張弛適度，運用誇張和對比的手法，生動地刻畫了釋迦和魔眾的不同神情，體現出佛經的思想。釋迦任憑魔眾施展女色引誘、刀槍威脅的伎倆，始終堅如磐石，好似在坐觀他們醜態百出的表演；魔眾看似來勢兇猛，卻又兵器折落，看似猙獰兇惡，卻又驚惶失措。這兒並不用魔眾逃竄表現失敗，而採用近似喜劇性手法，將魔王發動的一場排山倒海的進攻，變成滑稽可笑的以失敗告終的鬧劇。畫面通過充滿力量和動勢的魔眾的進攻，襯托出釋迦的安詳、莊重、鎮靜，顯示他神通的威力，證明了他的勝利，預示了他已修成正覺。總之，第254

窟運用傳神的手法，成功地把握和表達了佛經"降魔成道"的精神。

真實的釋迦，雖有高遠的目標，堅強的意志，但他並非不食人間煙火的神，而是具有七情六慾的人，對過去尊貴的地位，奢華的生活，甜蜜的愛情，親屬的眷戀，是無法忘懷，揮之不去的。當他入靜禪定時，這些往事勢必會不由自主地一幕幕浮現出來，干擾他的思索。當他孤獨一人在冥思苦想的時候，在萬籟俱靜的黑夜裏，樹林中任何飛鳥走獸的響動，可能驚擾他的思路，使他產生幻覺。釋迦作為一個超凡脫俗的聖人，其不同尋常之處，是他以常人無法想像的堅強決心和意志，戰勝了自己頭腦中影響修行禪定的障礙，克服了外部惡劣環境的干擾，終成大志。大乘佛傳的降魔故事神化了這一過程，將影響釋迦修行的心理障礙和外部干擾形象化，並通稱為"魔"，而將他經過反覆鬥爭，終於戰勝自我、戰勝干擾的事跡，稱之為"降魔"。

鹿野苑初轉法輪

據佛經說，釋迦牟尼成佛後，想到自己雖已悟到真諦，可是眾生還在無明之中受苦，必須用自己智慧的思想，去解救受苦的眾生。先度脫誰呢？這時，他想起了曾追隨過他的五名侍者，於是他前往波羅奈國鹿野苑，去尋找正在那

裏修行的憍陳如等五人，向他們宣講"四聖諦"與"八正道"。五人聽後豁然開朗，衷心感佩，欣然接受了佛法，成為佛陀最初度化的五比丘。通過初次講法，佛陀接受了第一批弟子，奠定了佛教最初的原始教義，開始了佛法的傳播，標誌着佛教的誕生。至此，護持佛教久駐世間的"三寶"都已具足：佛寶，即佛陀；法寶，即四聖諦等教說；僧寶，就是五位比丘。佛教最初的教團終於形成，釋迦也開始了他長達近四十年的弘揚佛法，教化眾生的活動。

佛教把佛陀初次說法稱為"初轉法輪"，喻義佛法從此以後永轉不止，不斷傳播。輪是古印度一種威力強大的武器，人們還將它同日輪及太陽所象徵的宇宙相聯繫，作為聖物來崇拜。自從把法輪賦予佛教意義後，法輪便成為佛法的象徵之物。又因為釋迦初次說法反覆講法三次，故又稱"三轉法輪"。佛陀初次說法的薩爾納特鹿野苑地方被信徒視為聖地，相傳阿育王在薩爾納特建立石柱，以作紀念。玄奘在《大唐西域記》中記載，他在"鹿野伽藍"曾見過這根石柱，"前建石柱，高七十餘尺。……是如來成正覺已初轉法輪處也"。1904年在當地發現了這根著名石柱的獅子柱頭，柱頭鐫刻有法輪和雄獅。這個主題，在印度留下許多雕塑作品。如桑奇第一塔西門第二橫樑雕刻的"最初的說

法＂，中央的台座上置一個偌大的法輪，以象徵佛陀説法，兩側的鹿羣，象徵初次説法所在地鹿野苑場景，法輪左右裹着包頭布的眾神，均合十讚嘆，畫面中沒有比丘。又如印度加爾各答博物館收藏的雕刻＂佛陀初次説法＂，是公元1世紀的作品，正中一根方柱上托着三個交叉的輪，柱礎上刻兩個足跡，以象徵釋迦説法，兩側有四個比丘，合十禮拜，比丘身後有菩薩，上有飛天。再如犍陀羅出土、現收藏於加爾各答博物館的雕刻＂最初的説法＂，係公元 2 世紀的作品，中央為結跏趺坐的釋迦，坐於鋪草的方座上，右手作施無畏印，左手已殘，似執着衣角，上有樹葉搭成的傘蓋。佛陀的左右兩側分別為三身和二身比丘，都着袈裟，結跏趺坐。在佛陀右手之下的佛座上，還放置一個蓮座承托的三寶標和法輪，佛座前蹲伏兩頭小鹿。比丘身後為眾神。

這個重要的佛傳題材經歷了一個逐步完善的過程。印度原始佛教時期，以象徵物法輪、台座、鹿羣等暗示佛陀及其説法，但説法圖中沒有説法的佛陀與聽法的比丘。至大乘佛教時期，在犍陀羅的雕刻作品中增加了佛陀和比丘的形象，有了明確的説法者和聽法者，又保留原有的象徵物，以交代故事的情節和場景，使佛陀初次説法圖主題明確，畫面完整。這樣的構圖漸成定式，並廣為

流傳。

敦煌莫高窟第260窟、第263窟的鹿野苑初轉法輪的內容和構圖基本相同，畫面的中心是結跏趺坐的佛陀，坐在鋪草的佛座上，右手施無畏印，左手執衣角。佛陀的上方有聖樹和華蓋，佛座前的方盤中置三個法輪，兩側蹲伏雙鹿。佛兩側有聽法者，其中有五名着袈裟僧衣的比丘，天空中有四個飛天盤旋飛舞。這兩鋪初轉法輪圖像的構圖，顯然受到了犍陀羅佛傳作品的影響，但印度的作品顯得沉重，敦煌的作品僅佛陀一人獨坐，其餘聽法的比丘和菩薩全作侍立虔誠聆聽狀，上面又有飛天飛舞，這樣處理不僅使畫面莊重而有層次，而且顯得自然輕快。

雙樹涅槃　示現圓滿境界

據佛經説，釋迦80歲那年，年老體衰，身體不適，作了最後一次説法後，來到拘尸那迦城附近的娑羅樹林的雙樹下，側身右臥，又對比丘和弟子們作了最後的一番叮嚀，閉上雙眼，進入涅槃境界。涅槃（梵文 Nirvana），原意為熄滅、寂靜，意譯為＂圓寂＂、＂滅度＂。佛教中的涅槃是指釋迦經過修持達到正覺，進入了沒有生死、痛苦、煩惱的＂常樂我淨＂的永恆境界。小乘和大乘佛教都有專門論述釋迦涅槃的經典，其內容雖不相同，但均謂佛是在拘尸那國力

土生地阿利羅跋提河邊娑羅雙樹間示現涅槃的。不過，小乘涅槃經講：佛涅槃前三個月便先預告大眾聽取最後的遺教；而大乘涅槃經卻說：佛將入涅槃的前一天招集大眾說法，以一日一夜間說了一部《大般涅槃經》後入滅。

早在印度原始佛教時期，為了紀念這位創始佛教的聖人，就在釋迦涅槃處，以傳統的方式建造窣堵波（即佛塔）作為標誌。在佛像產生以前，印度巴爾胡特窣堵波、桑奇大塔西門的雕刻上，就用窣堵波象徵佛陀涅槃。公元1世紀以後，犍陀羅藝術中出現了佛陀涅槃的形象，釋迦作側身右臥，右手支頤，雙足相累，身後和頭前為舉哀比丘、金剛力士、末羅貴族，足後為弟子迦葉。這樣的人物佈局和構圖，是犍陀羅藝術許多佛涅槃圖的基本模式。至公元4世紀，古龜茲（今新疆庫車）的克孜爾石窟出現了大量佛涅槃的繪塑作品，其畫面出現的人物及佈局和構圖，明顯受到犍陀羅藝術的影響。江蘇連雲港孔望山摩崖石刻的涅槃造像，佛陀作仰面而臥，佛周圍圍繞人數眾多的舉哀比丘。河南洛陽龍門石窟普泰洞，佛作仰面而臥，兩手直伸。這種仰面而臥的姿勢，可能是這些地方將涅槃理解為死亡所致。

敦煌現存北周時期有兩鋪涅槃圖像，繪於莫高窟第428窟和西千佛洞第8窟。第428窟是一個大窟，共繪大幅說法圖14幅，其中可辨認者只有太子降生、涅槃、降魔、盧舍那佛、釋迦多寶。大多數學者認為，根據已知內容，並聯繫此窟主室前壁繪畫的釋迦本生故事薩埵飼虎和須達施象的本生故事內容考慮，此窟主題顯然是表現佛的今世（佛傳）和前世（本生），所以，這些所謂的"說法圖"，應是釋迦的不同說法相，它們應相互有聯繫，內容應是釋迦一生的事跡，可視為佛傳。但至今無法詮釋其內容，只能將已知的太子降生、涅槃、降魔作為典型事跡介紹。圖中釋迦作半仰臥的睡姿，兩手直伸，釋迦身後有兩排垂淚涕哭的舉哀者，前排頭後有圓光者是比丘，後排無圓光而留有頭髮，並穿一色圓領小袖白衣者，是末羅貴族的世俗弟子。弟子身後的四棵娑羅樹開着小白花，以烘托出畫面悲傷的氣氛。

敦煌的兩鋪涅槃圖像與犍陀羅和古龜茲的涅槃圖十分相似，但第428窟圖像的佛陀作半仰臥的睡姿，反映了與中原的一定關係，說明敦煌北朝涅槃圖像，是根據印度和西域藝術的基本特徵，又吸收了中原地區的藝術成分而創作的。

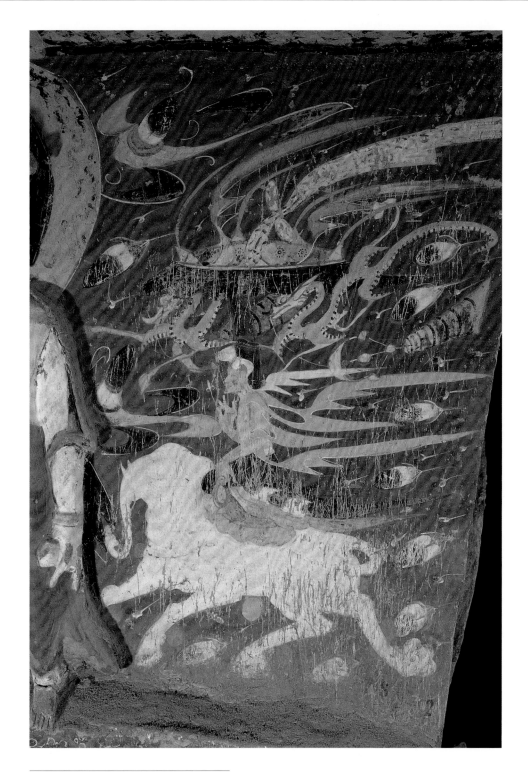

3 乘象入胎

菩薩乘白象，上有華蓋遮蔽，雙龍相
隨，投入迦毗羅衛國的王后摩耶夫人腹
中，後來誕生的即是釋迦。菩薩身繫天
衣和華蓋上的長幡飛舞飄揚，還有口銜
瓔珞的雙龍伴行，白象奔馳的姿態和周
圍漫天飛舞的天花，以及迎風飄拂的巾
帶，襯托出菩薩急切投胎的心情，增添
了整個畫面的動感。

北魏　莫431　中心柱南向面上層

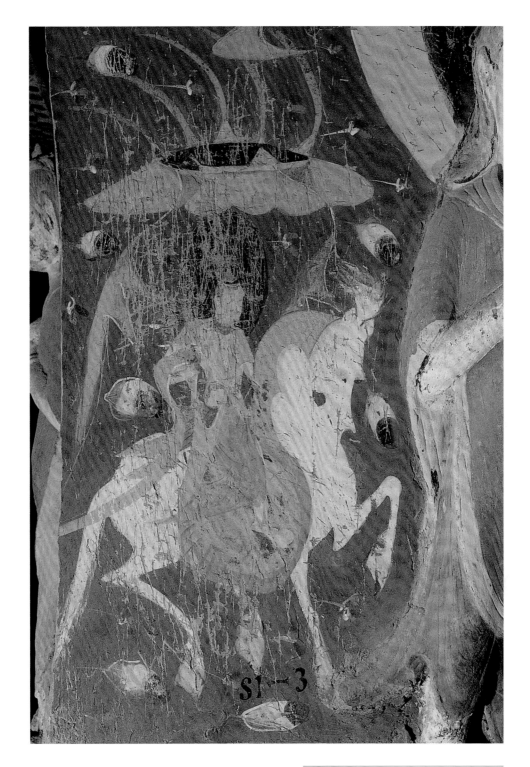

4 逾城出家

釋迦本名悉達多（意成功）。悉達多太子在出外遊觀後決意出家，於半夜乘白馬犍陟離宮，逾城而走，開始了漫長的修行生活。畫面突出表現了白馬疾進時的力量和輕快，給人以優雅之感。這是莫高窟最早的逾城出家圖，構圖簡約，沒有任何背景陪襯。

北魏 莫431 中心柱南向面上層

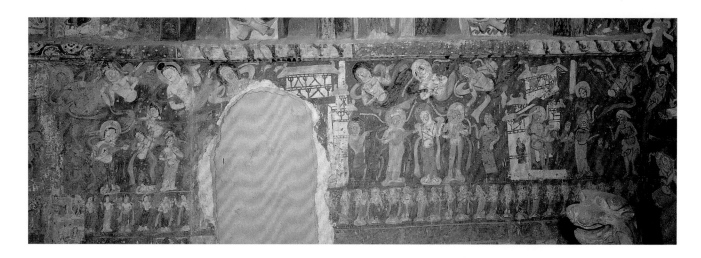

5 出遊四門

太子思念出家，國王十分憂慮，於是令
太子出遊散心。畫面為橫卷式連環畫，
人物和景物作平列構圖。僅存騎馬出城
的菩薩裝太子見老人、見僧人的情節，
其餘畫面已殘損。人物的形象、服飾及
暈染技法均受西域藝術影響，風格古樸
渾厚。

北涼 莫275 南壁

6 東門遇老人

太子出遊四門時，騎馬穿越東門出城，
遇一白髮佝僂的老人。太子雙目垂視，
雙手前伸，作詢問之態；一旁的侍者，
手指老人，回首向太子解釋甚麼是
"老"。伎樂天人彈琴奏樂，歌頌讚嘆。

北涼 莫275 南壁

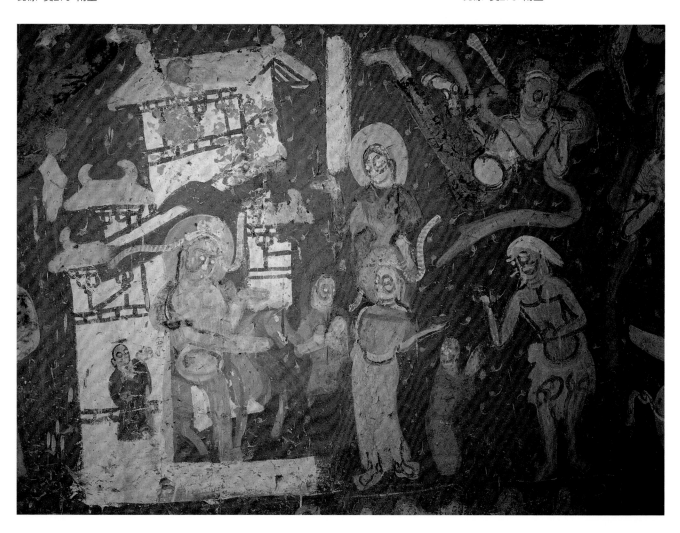

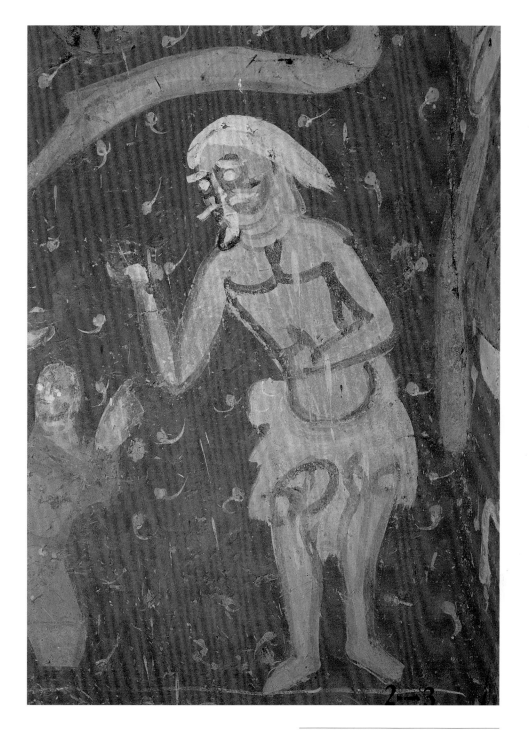

7 老人

太子遇見的老人，披長髮，鬚髮如霜，
袒裸繫破裙，光腿跣足，佝僂低頭而
立。身軀暈染部分因變色形成暗褐色，
呈現粗獷奔放的風格。老人的萎瑣衰耄
之相躍然壁上。

北涼　莫275　南壁

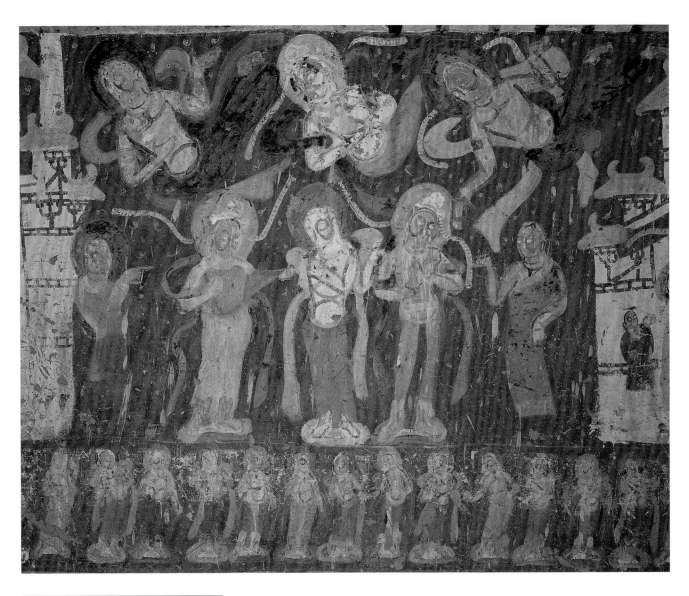

8 北門遇僧人

太子出遊北門遇到着袈裟、偏袒右肩的
僧人。畫面左側被清代穿洞鑿毀，僅存
部分城闕門樓。門前一侍者，手指僧
人，回答太子的提問。虛空中飛天散
花，伎樂彈撥吹奏，氣氛歡快，彷彿是
在讚頌太子因遇到僧人得到啟示，將要
出家。

北涼 莫275 南壁

9 第254窟佛傳故事畫

第254窟為中心塔柱窟，塔柱正面開一
大龕，其他三面各開上下兩層龕，龕內
外塑像。南北兩壁上部對稱地開龕塑
像。南壁前部繪降魔成道和薩埵太子捨
身飼虎，北壁繪難陀出家和尸毗王割肉
貿鴿。此窟對稱地繪佛傳、本生故事
畫，並置於中心塔柱兩側最醒目的位
置。

北魏 莫254 南壁

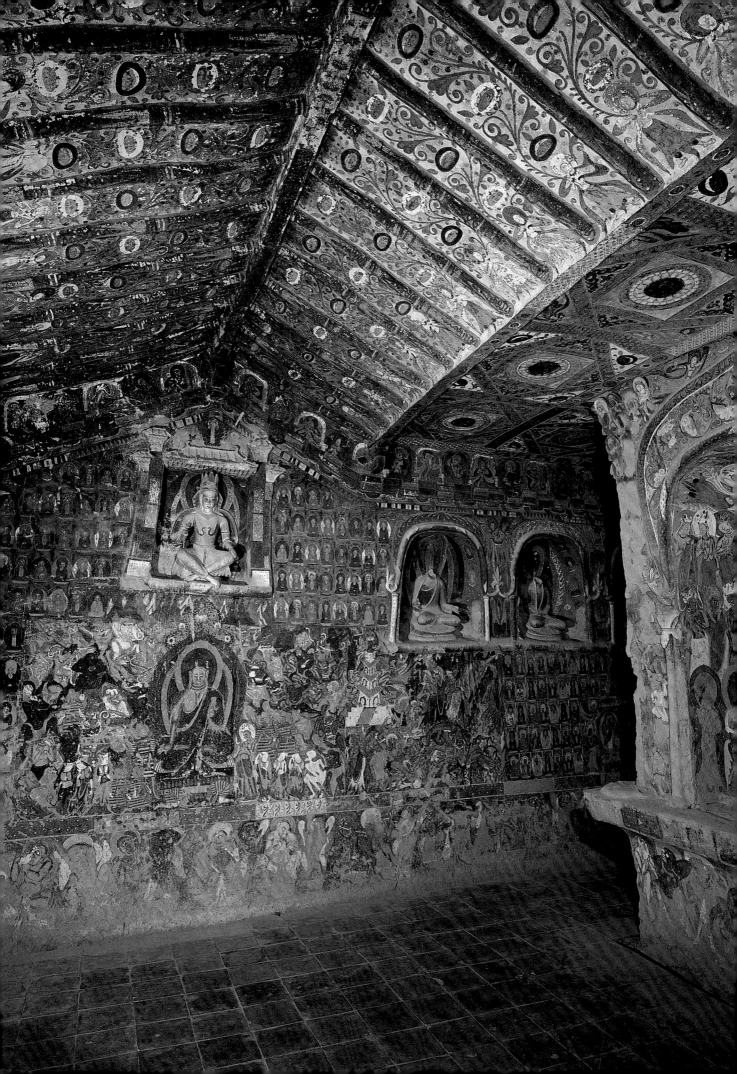

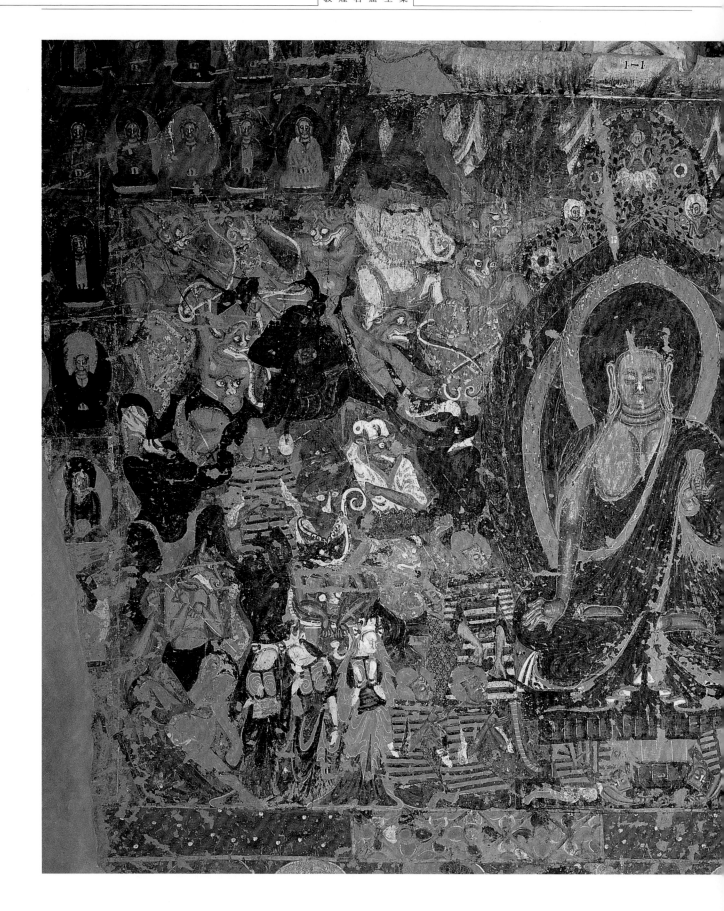

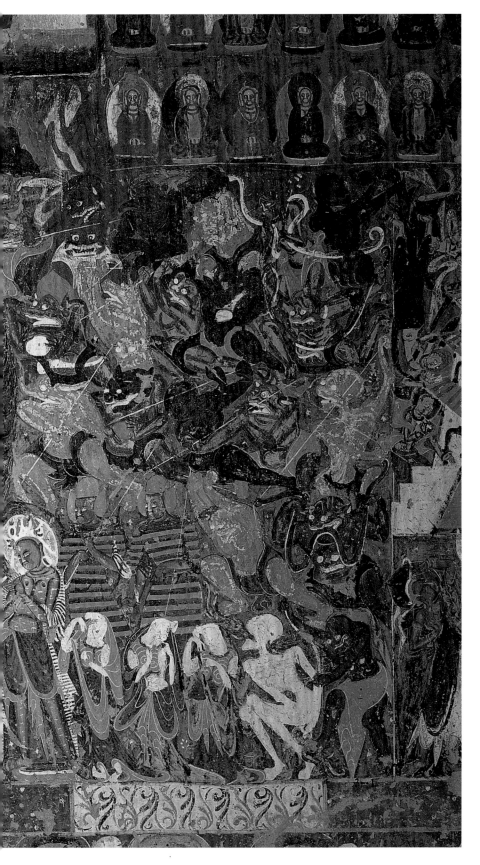

10 降魔成道

畫面正中釋迦結跏趺坐於菩提樹下的吉
祥草座上，將要悟得大道。下部左側魔
王波旬欲拔劍加害釋迦，其身後魔子在
勸阻，另有妖艷的三個魔女欲以女色淫
誘釋迦；右側釋迦以神通力使魔女變成
老嫗。上部左右兩側是執各種武器的魔
眾欲以武力威脅，動搖釋迦成道的決
心。最終魔眾失敗，佛座前魔王五體投
地降服。釋迦在降魔後，終於徹悟解脫
生死輪迴痛苦的真諦。此圖表現釋迦降
魔成道的故事細膩傳神，是同類題材中
的精品。

北魏 莫254 南壁

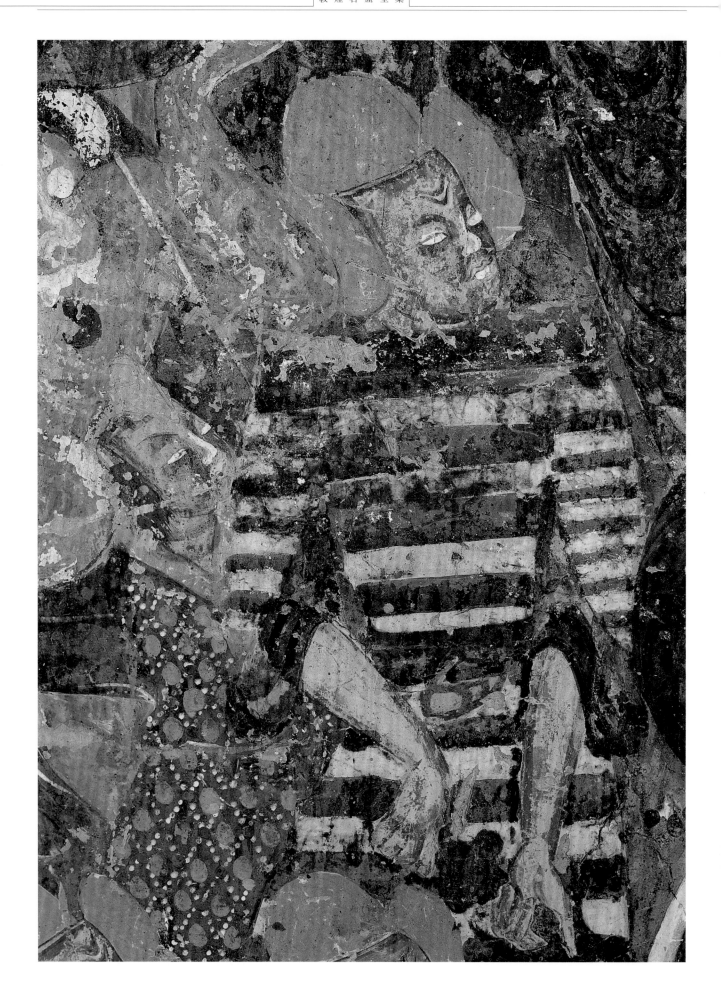

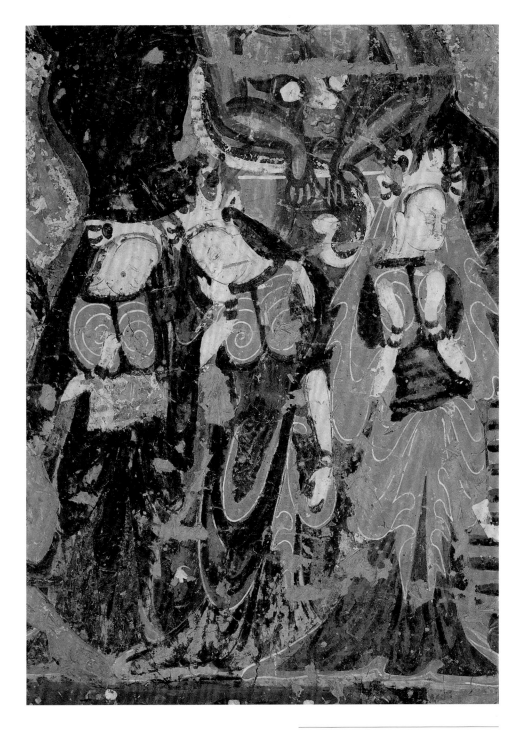

12 魔王三女

魔王的三個女兒着華麗入時的龜茲裝，
戴寶冠，披大巾自頭冠自然垂下，上身
穿半袖，外套褙子，下束長裙。魔女妖
艷巧媚，賣弄風騷，正在以自己美色迷
惑釋迦，企圖破壞他成道的決心。
北魏 莫254 南壁

11 魔王與魔子

魔王波旬戴兜鍪，穿戰甲，登長靴，怒
視釋迦，欲拔劍加害。魔王之子薩陀在
魔王身後，穿交領菱格紅色長袍，正在
勸諫魔王不要破壞釋迦成道，免得自招
禍咎。
北魏 莫254 南壁

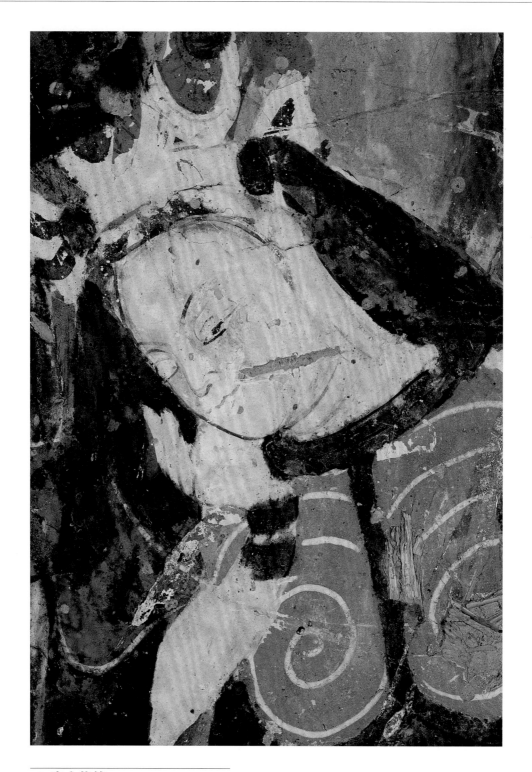

13 魔女傳情

魔女濃妝艷抹，面施脂粉，撓腮斜睨，
眉目傳情，生動地描繪出魔女妖媚之
態。

北魏 莫254 南壁

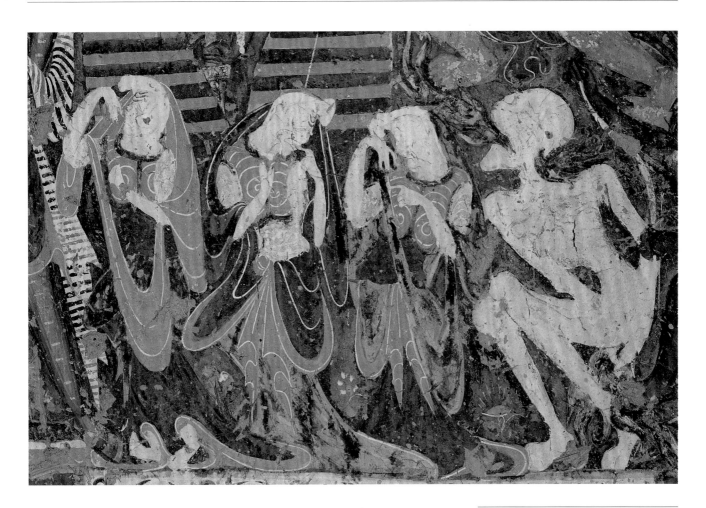

14 老嫗與骷髏魔軍

釋迦以神通力，使美貌妖艷的三個魔女
變成三個醜陋的老嫗，其狀"頭白面
皺，齒落垂涎，肉消骨立，腹大如鼓，
柱杖羸步"，自慚形穢，無地自容。右
側魔軍作骷髏之形，口中吐火，身放煙
焰，以恫嚇釋迦。

北魏　莫254　南壁

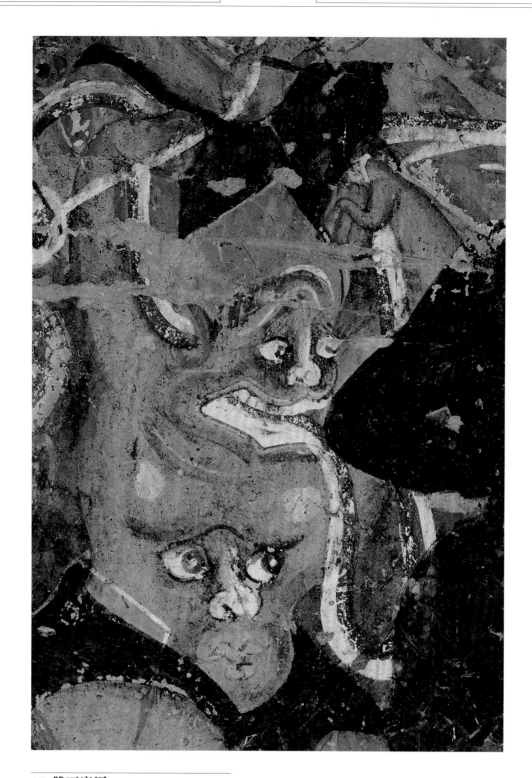

15 雙面魔軍

魔軍人身雙頭，裸上身，穿犢鼻褲，頭
似虎形，腹似牛頭，以乳頭為角，以臍
為口，長蛇從魔軍右耳進去，又從口中
出來。魔軍一手舉蛇頭，一手擎蛇尾，
向釋迦撲將過來。

北魏 莫254 南壁

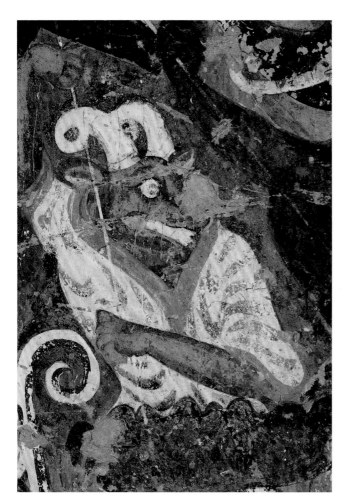

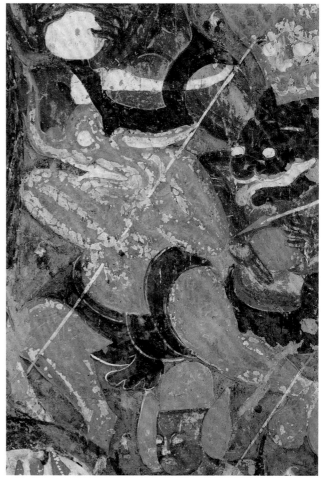

16 羊頭魔軍

魔軍人身羊頭，着交領衣，怒目圓睜，
齜牙裂嘴，高舉長矛，欲向釋迦投擲。

北魏 莫254 南壁

17 象頭魔軍

頭似長鼻象頭，通體呈綠色，着褐色犢鼻
褲，體格健壯，手執長矛，似要投向釋
迦，可惜剛投出的矛頭已被折斷。其狀氣
勢洶洶，看似兇惡，實又滑稽可笑。

北魏 莫254 南壁

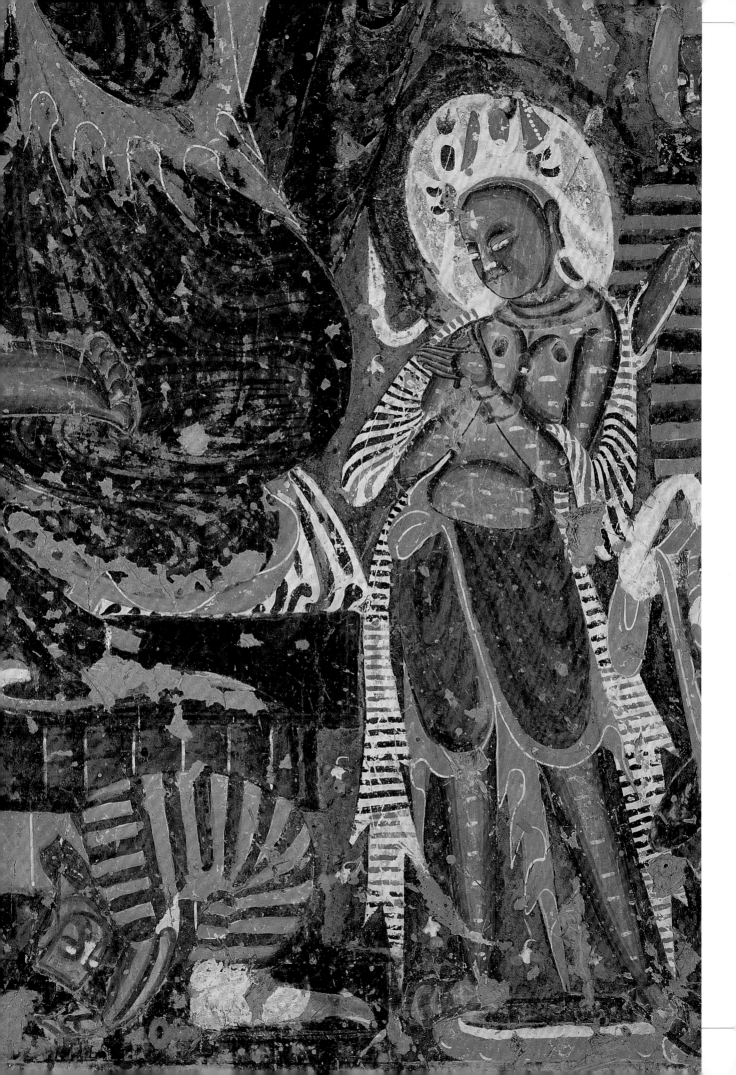

19 降魔成道

此圖畫面與前面的第254窟圖佈局相似，
但人物安排略見疏朗，氣氛沒有前圖那
麼緊張。畫面曾被西夏壁畫覆蓋，後被
剝出，故部分保存了原畫描繪細膩，色
彩鮮明的風格。

北魏 莫263 南壁

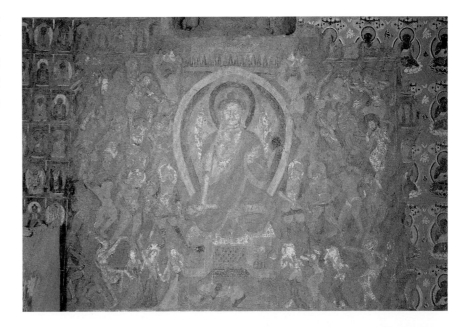

20 魔眾

這個攻擊釋迦而告失敗的魔眾，右臂前
伸，左手插腰，低頭轉向後面，似感到
自慚形穢。其腰肢的扭動及手臂和腿部
的動作，具有西域舞蹈的韻律。

北魏 莫263 南壁

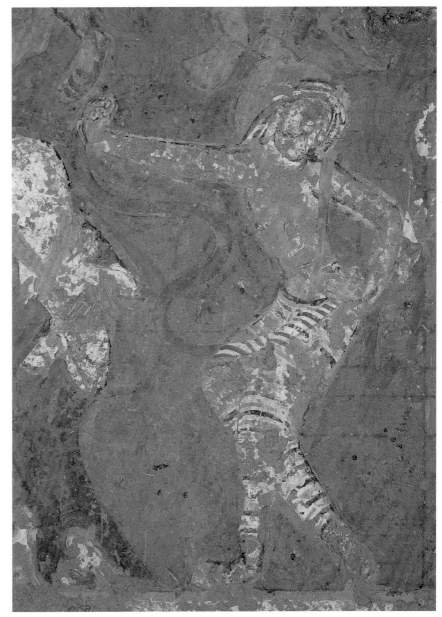

18 降魔成道之菩薩

釋迦終於戰勝了魔眾和魔女，降魔成道
以後，達到了各種神通的境界。菩薩低
頭藐視已經被降伏的五體投地的魔眾。

北魏 莫254 南壁

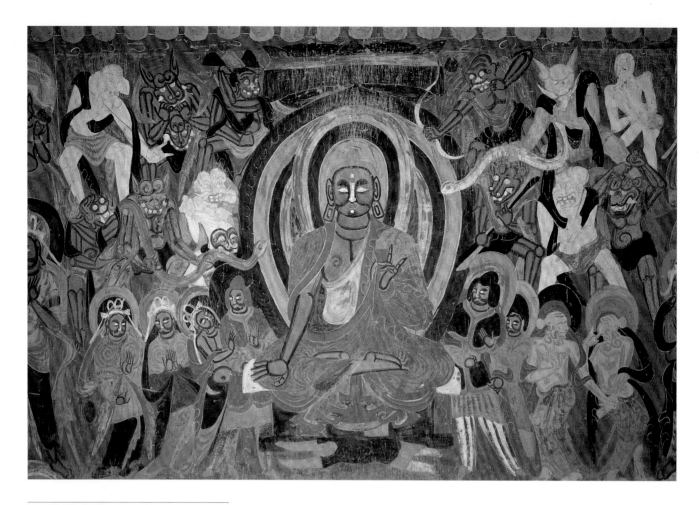

21　降魔成道

此圖與第263窟的佈局相近，整個畫面氣
勢宏大，藝術效果更為強烈。

北周　莫428　北壁

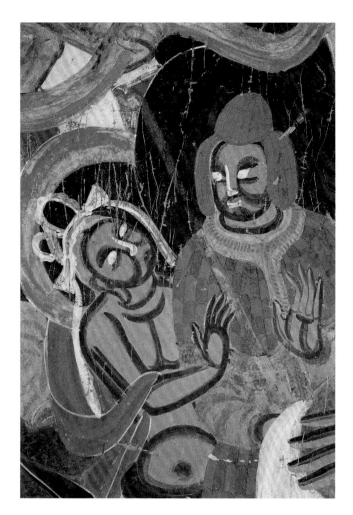

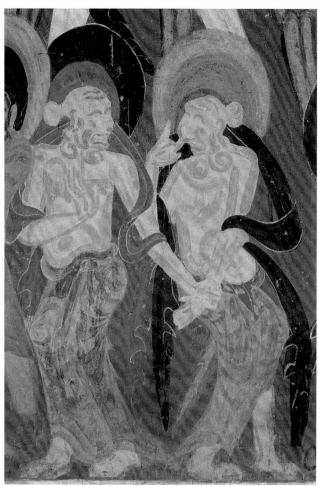

22 魔子勸阻魔王

魔王穿盔甲,執長劍,他身後的魔子着
菩薩裝,戴三珠寶冠,上身袒裸,下繫
長裙,正在勸阻魔王不要破壞釋迦成
道。

北周 莫428 北壁

23 魔女

兩個美麗的魔女,被釋迦神通力變成又
醜又怪的老嫗。她們正攜手對視,互相
訴說,感嘆美貌不再。人物刻畫運用了
戲劇性的誇張手法。

北周 莫428 北壁

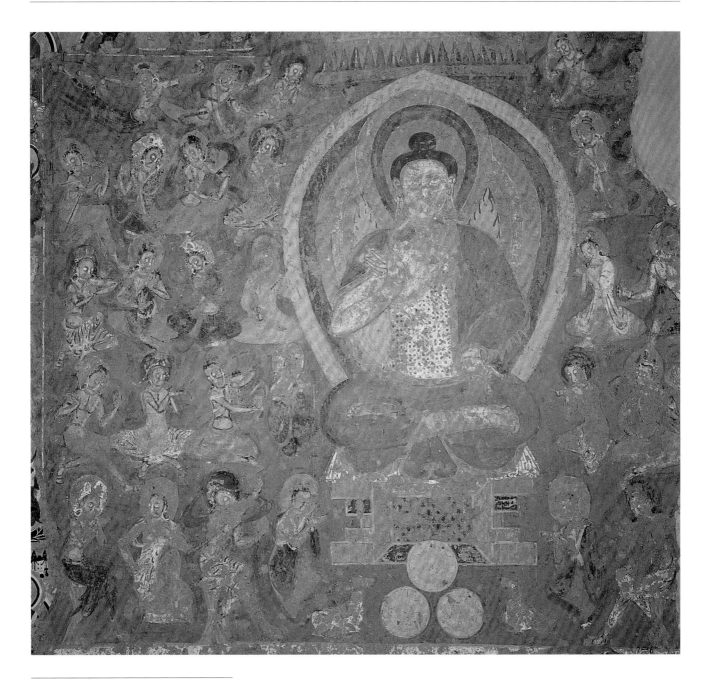

24 初轉法輪

表現釋迦覺悟成佛後，首先向在波羅奈
國鹿野苑修持的憍陳如等五人説法。五
人聽法後，皈依佛陀，成為比丘。畫面
上釋迦端坐説法，座前有三個法輪，法
輪兩側伏着雙鹿。在眾多舞蹈和奏樂的
伎樂天中，有五身比丘正在聆聽釋迦説
法。虛空中諸天伎樂為佛陀第一次説法
而飛舞讚嘆。

雜阿含經　過去現在因果經

北魏　莫263　北壁

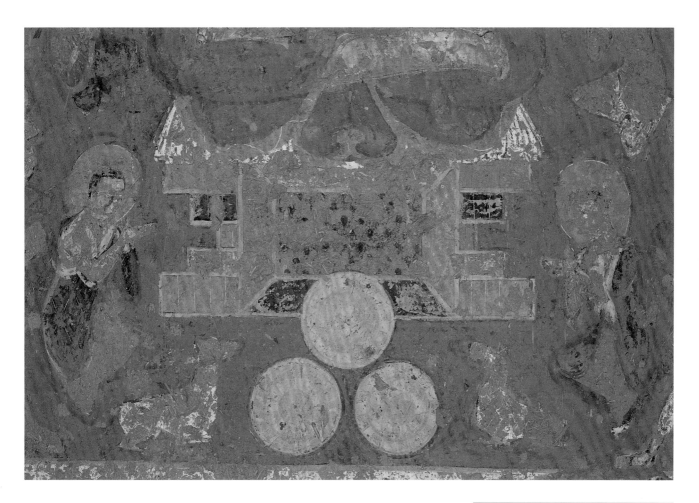

25　鹿野苑說法

前圖局部。畫面中的雙鹿代表釋迦第一次為五人說法的場所——鹿野苑。鹿野苑本是古印度帝王養鹿的地方，也是仙人苦行的場所。輪是古代印度戰爭中威力強大的武器，佛教以輪代表 "法輪"，譬喻釋迦牟尼所說之法威力無邊，能擊碎一切不善之法。釋迦在鹿野苑的第一次說法，反覆講了三次他所悟的苦、集、滅、道 "四諦"。

雜阿含經　過去現在因果經

北魏　莫263　北壁

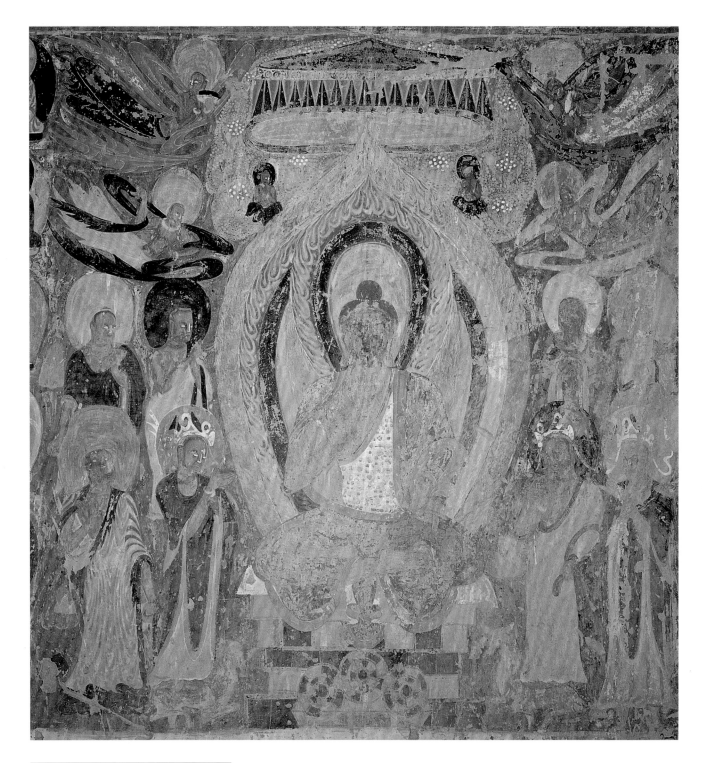

26 鹿野苑説法

此圖與前圖初轉法輪的內容基本相同。
在佛陀兩側八身聽法者中,有五身比
丘,即聽法後被釋迦度化的憍陳如等五
比丘。

雜阿含經　過去現在因果經
北魏　莫260　北壁

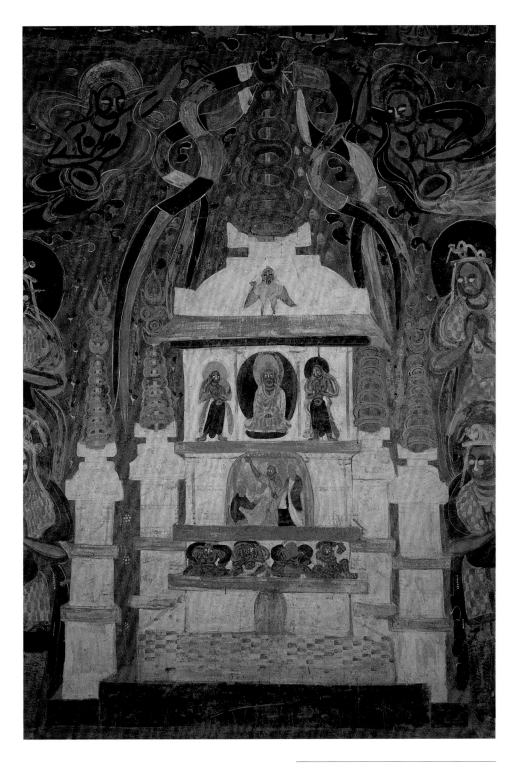

27 金剛寶座式塔

金剛寶座塔由中央和四隅五座方塔組
成，是紀念釋迦牟尼的五分法身塔，所
以中央大塔基座的上層繪四力士，塔身
下層繪釋迦降生，上層繪釋迦成道，塔
的兩側四天王護衛，空中飛天盤旋飛
舞，天樂齊鳴。

北周　莫428　西壁

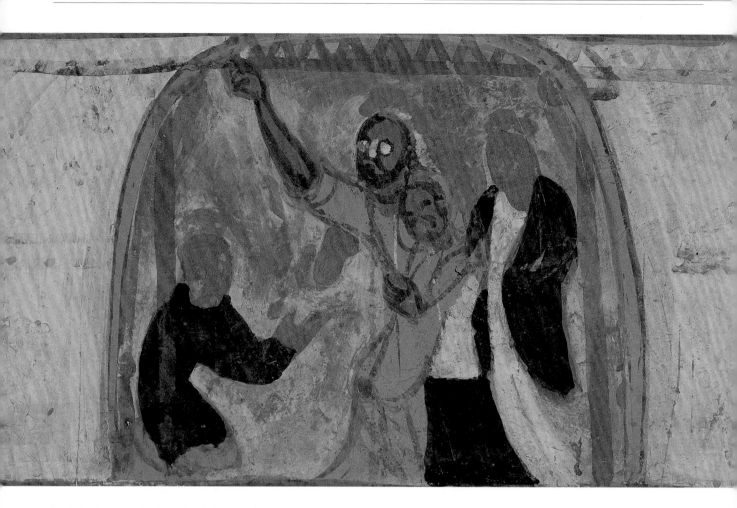

28 釋迦降生

金剛寶座塔下層繪釋迦降生。侍女緊抱
摩耶夫人,夫人高舉右臂,太子從右脅
下降生,下有侍女跪地雙手承接。

北周 莫428 西壁

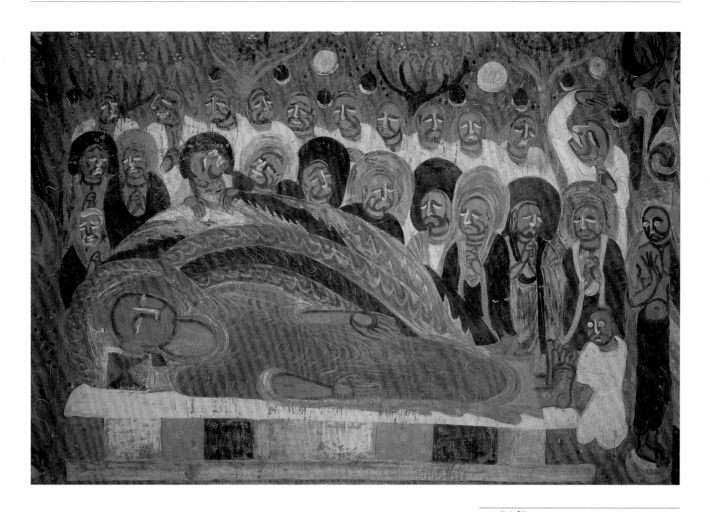

29 涅槃

釋迦牟尼經過數十年的修行和説法，終
於擺脱了生死輪迴的苦境，達到“常樂
我淨”的永恆境界——涅槃。這是莫高
窟最早的涅槃圖。釋迦頭枕方枕，雙手
垂直，臥於牀上。身後有兩排舉哀者，
前排是着袈裟的出家弟子，後排穿俗裝
的在家弟子，個個傷心悲泣。釋迦足後
穿白衣的跪者，是百歲貧婦得知釋迦涅
槃，趕來作最後的供養。弟子身後有四
株婆羅樹，開滿白色小花，烘托了哀悼
的悲傷氣氛。

北周 莫428 西壁

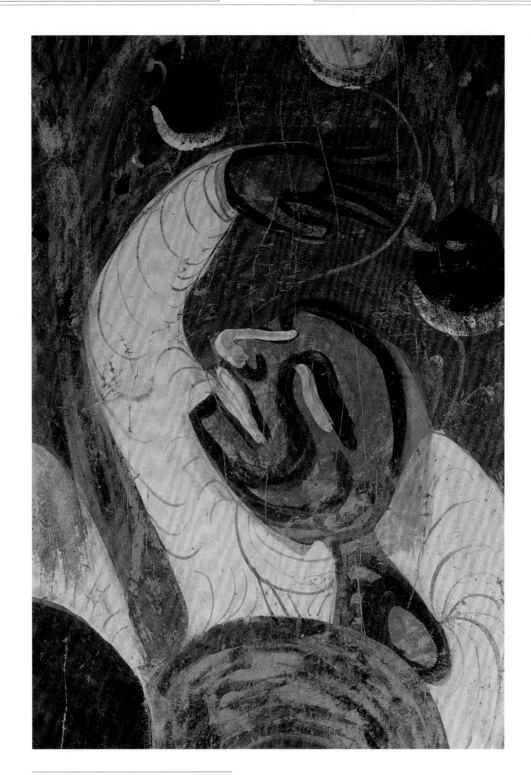

30 舉哀者

舉哀弟子高鼻深目,咧嘴嚎啕大哭,右
手上舉拍打前額,痛不欲生,真切地表
現了弟子對於導師的深切哀戀之情。舉
哀者着窄袖圓領白色衣服,是印度末羅
族的世俗男子裝束。

北周 莫428 西壁

第二節　宏篇巨製細繪釋迦故事
—— 北周第 290 窟佛傳故事畫

公元 534 年，北魏分裂為兩部分，形成東西對峙的狀態。建都西安的西魏、北周政權，勵精圖治，推行政治改革，富國強兵，由弱到強，為隋朝統一中國打下了堅實的基礎。與此同時，北周諸帝也都崇信佛教，就是崇儒抑佛的武帝，最初也十分信佛。北周境內名僧雲集，各地佛教石窟與寺院的興建，盛況空前。從現存遺址看，秦州（今甘肅天水）由大都督李允信在麥積山建造了規模宏大的七佛閣；原州（今寧夏固原）開鑿了須彌山石窟；此外甘肅武山拉梢寺、永靖炳靈寺等處均有開窟或摩崖造像。瓜州（今敦煌）開鑿了一批洞窟，其中有建平公于義造一大窟，即今莫高窟第428窟。由此可見北周佛教之盛。公元 574 年北周武帝滅佛，至公元 579 年北周宣帝又"初復佛像"。短暫的滅佛沒有使邊陲的敦煌莫高窟遭受破壞，至今保存了北周時期的洞窟 14 個，是莫高窟北朝時期石窟中保存最多的。

印度情節複雜，敍事完整，畫面眾多的長篇佛傳故事美術，首先出現於約公元前150～前100年的巴爾胡特浮雕，這時是無佛像的佛傳故事。約公元 1～2 世紀的犍陀羅佛傳故事浮雕多達 100 多個場景，出現了有佛陀像的長篇佛傳故事。

中國遺存的北朝時期表現佛傳故事的造像碑也比較多，如著名天水麥積山第33窟的10號碑。各地石窟寺表現佛傳內容的藝術品也不少，如山西雲岡石窟第6、7、8、12、48、53窟，河南洛陽龍門石窟的古陽洞和蓮花洞，河北邯鄲南響堂山第 2 窟，新疆拜城克孜爾石窟，柏孜克里克石窟，甘肅慶陽北石窟新 1 號石窟，寧夏固原須彌山石窟等。但保存長篇佛傳故事畫或雕塑的，僅有山西大同雲岡石窟第 6 窟和新疆拜城克孜爾石窟第110窟。前者完成於公元 494 年之前，佛傳故事分別鑴刻於中心塔柱四面，與主室四壁。原來應不少於 51 幅，現存41幅。後者大約建於公元 6 世紀，佛傳故事繪於正壁和左右兩側壁，原有畫面近 60 幅，現可辨識的畫面內容約有 20 餘幅。莫高窟第 290 窟的長篇佛傳故事畫以保存完整，情節描繪細膩，藝術手法更具有強烈的感染力和衝擊力，而堪稱這一時期佛傳畫的代表作。

細膩描繪釋迦事跡

第 290 窟佛傳故事畫主要依據東漢譯《修行本起經》繪製。東漢末至南北朝漢譯佛傳經典較多，第 290 窟的佛傳故事畫繪畫的內容，既不採用西晉竺法護在西北地區譯的《普曜經》，也不用距北周時間最近，由名僧僧祐撰《釋迦譜》的經本，而選用佛陀傳記經本中最早的譯本《修行本起經》作為依據，其用意是為了表明佛教傳入中國的歷史很悠久。

第290窟為中心塔柱型窟,主室後部中央鑿出方形中心塔柱,由窟底通連窟頂。塔身四面各開一圓券形淺龕,龕內外塑像。主室中心塔柱前的窟頂為人字坡頂,主室後部的窟頂為平頂。此窟佛傳故事畫繪於人字坡頂的兩面斜坡上,及中心塔柱前的一段狹長的平頂上。

整個佛傳故事畫面呈長卷式構圖形式,上下分段呈"S"形佈局,這是敦煌北周時期故事畫出現的特有構圖形式。共有87個畫面,系統描繪了釋迦牟尼從託夢投胎至初轉法輪的事跡,按照時間順序,大致可以分為三個部分:

第一部分,共46個畫面,表現釋迦出生前後的種種祥瑞現象。最初為摩耶夫人夢見乘白象者投胎,預示聖人將降臨人間。接着摩耶出遊,過流民樹下,

眾花開放,夫人攀緣樹枝,太子便從右腋下不同尋常地誕生了。他落地即能行走,舉手説話,此時天雨花香,龍王親自為太子沐浴。母后懷抱太子乘車回宮,父王率眾出迎,又有寶藏顯現。父王禮拜太子,神像傾倒,此後逐個描繪天降三十二瑞應。凡此種種異常瑞象,將釋迦非同常人的形象逐步渲染出來。最後通過阿夷觀相,點明釋迦乃是聖神再世,未來將要成佛。這裏,故事畫運用連續鋪排、層層渲染的手法,為後面釋迦厭世出家作了鋪墊。畫面中增加了《修行本起經》經文中所沒有的九龍灌頂、太子誕生時白馬生駒和黃羊生羔的情節,顯然是為了加大渲染的效果。

第二部分,共36個畫面,表現釋迦居宮厭世,棄國出家。畫面通過釋迦思念出家及淨飯王阻止他出家的矛盾,逐

東坡

北

南

西坡

南

北

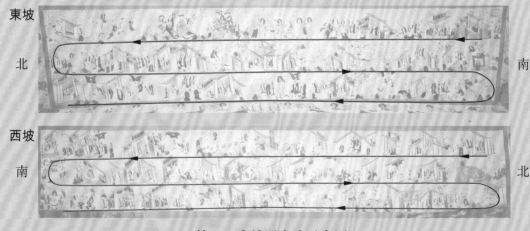

第290窟讀圖方法示意圖

故事情節作"S"形佈局,從東坡上段南端起,由下段北端轉接至西坡,最後由西坡下段南端轉接中心塔柱前東向龕上方的平頂處的畫面。

步展開故事。一方面，為釋迦在宮中多次憂思出家；另一方面，是淨飯王為使釋迦繼承王位，反覆召集羣臣策劃，以阻止他出家。但釋迦雖居宮享樂，受命學書、試藝、納妃、再娶、遊玩，都無法改變他出家修行的決心。故事發展到釋迦受命監農觀耕，淨飯王看到他在樹下坐禪，不覺下馬禮拜，說明了淨飯王阻止釋迦出家的苦心已告破滅。又通過裘夷入夢、釋迦撫慰、車匿備馬、逾城出家、車匿空還、舉國悲慟、追尋太子等一系列畫面，表現釋迦誓志出家願望的最終實現，結束了故事的矛盾。這一部分故事跌宕起伏，引人入勝。通過連續運用矛盾衝突的手法，增強了故事畫的戲劇性、觀賞性。

第三部分，僅有 5 個畫面，以概括的手法表現了釋迦得道成佛和初轉法輪，圓滿大結局。這部分畫面大量捨棄了佛經中釋迦出家之後求道、修行、得道、降魔、成佛的許多具體事跡，最後的畫面表現釋迦牟尼成佛後初轉法輪，並安排在中心塔柱的正上方，顯然是為了突出這個內容。

莫高窟每個洞窟都作統一整體佈局，一般運用繪塑結合的手法，由主體塑像與壁畫共同構成一個完整的主題。按照《修行本起經》的記述，釋迦牟尼在迦毗羅衛國，釋氏精舍尼拘陀樹下，應眾赴會者之請，解答"本行何術"，

"所事何師"，"始修何法，得成為佛"的問題，而講述了他自己過去成佛的緣起和經歷；最後，他又講了成佛的目的是要"度脫眾生"。說明《修行本起經》是釋迦牟尼佛講述自身修行成佛緣起的佛經。據此來分析第 290 窟的內容佈局，不難看出手作施無畏印和與願印的主尊說法像即是表現釋迦牟尼佛在說法講經，主尊說法像之前人字坡頂和平頂上的佛傳故事畫，即是主尊釋迦佛所講之形象的《修行本起經》。主尊說法像與壁畫佛傳故事相結合的內容，表現了一個主題：即堅持修行，求得佛道，度脫眾生。上述內容佈局的特點，很容易起到感染禮佛者的效果。在盛行禪觀的北周，禮佛者在禮拜中心塔柱的主尊釋迦牟尼佛像及四壁千佛之後，目光自然會移到窟頂，被佛祖堅持出家修行，求道成佛的事跡所吸引、感染。觀後自然會深入領悟釋迦所說之法，專心修行，以求成佛。這樣，也就達到了佛陀所說的度脫眾生的目的了。

有關莫高窟第 290 窟佛傳故事畫的詳細情節與故事發展順序，可參見附錄一。

佛道之爭中誕生的長篇佛傳故事畫

何以三鋪長篇佛傳故事畫都出現在北周時期呢？這個耐人尋味的問題，可從北周時期佛、道二教的激烈鬥爭中找

到答案的線索。

佛教作為外來的宗教，傳入中國後，長期遭到中國傳統的儒家、道家思想的抑制，特別是北周時期，佛、道兩教鬥爭尤為激烈，連帝王、大臣都參加了這場鬥爭。據《北史》記載，天和四年（公元569年），武帝集"百僚、道士、沙門等討論釋老之義"。此後，數次召集百官、道士、沙門討論佛道問題。天和五年（公元570年），司隸大夫甄鸞上《笑道論》三卷，嘲諷道教荒誕不經，因不合武帝本意，被當庭焚毀。到了建德二年（公元573年），武帝"集羣臣及沙門、道士等，帝升高座，辯釋三教先後，以儒教為先，道教次之，佛教為後"。接着第二年就"初斷佛、道二教，經像悉毀，罷沙門、道士，並令還民"。

北周時期，佛、道二教，為取得自身的合法地位，進行了長期的互相攻伐和辯論。佛、道之爭涉及許多問題，其中有兩個重要問題：其一，佛、道二教孰先孰後？道教徒強調"道教舊來本有，佛法近處西來"。佛教徒則反駁認為"其漢魏晉巨，佛化已弘，宋趙符燕，久習崇盛"。其二，佛教教主釋迦牟尼和道教教主老子究竟誰為聖。每個宗教的教主在其教內都具有至高無上、不可動搖的地位。所以，教徒維護教主，就是維護宗教本身。相反，不同教

派的鬥爭，自然要拿對方教主大做文章，以達到排斥對方之目的。所以教主問題也就成為佛、道雙方攻伐的核心問題。道教炮製的《老子化胡經》，歷來是道教徒攻擊佛教釋迦牟尼的有力武器。佛教徒自然要反唇相譏，貶低老子，同時還假借孔子之口，推崇釋迦為聖人，所謂"孔子以佛為聖"，真是不遺餘力讚頌釋迦。北周時期莫高窟的第290窟、第294窟、第428窟三個洞窟繪畫長篇釋迦傳記，顯然是通過讚頌釋迦的事跡，提高教主的威望，樹立釋迦牟尼至尊的地位，以求鞏固佛教的地位。

印度佛陀　中國形象

佛傳故事畫描繪的是發生在印度的佛傳故事，而莫高窟第290窟則採用大量中國傳統的繪畫技法，表現出有濃郁中國風格的印度佛傳故事。

第290窟故事畫描繪了二百多個人物，世俗人物均以漢式衣冠服飾為主。國王、太子、大臣、嬪妃，除騎射時穿胡服外，都着漢裝。淨飯王和善覺王戴通天冠、穿交領大袖袍服，並有曲領中單和蔽膝，足登大履。悉達多太子梳雙童髻，亦穿王服。大臣戴籠冠，着長袍。摩耶夫人、王妃裘夷及眾宮女都穿交領大袖襦服和長裙。梵志一類外道人物則穿胡漢混合裝，戴西域民族的捲沿高帽，外披大裘，庶民和侍從則穿常服

袴褶。甚至伎樂飛天亦不乏寬袍大袖的漢服。

故事畫中的建築幾乎都是漢地式樣。單體建築分台基、屋身、屋頂三部分。台基由青磚壘砌，屋頂為四阿式和四阿重檐式，上覆青瓦，飾鴟吻。成組建築形式則以一、二座主體建築為主，繞以曲尺形的圍牆，形成院落。建築形式已與隋代壁畫中的建築十分相近。

故事畫中的車輿和器物，甚至一些習俗也都是中國風格。如摩耶夫人乘坐的交龍車（雲車）、二妃乘的馬車（輜車）、釋迦出西門看到的喪車。很多畫面中國王和太子用的傘蓋和羽扇，盛甘露的陶甕等都是漢晉繪畫中中原常見的器物形象。喪車上方畫引導死者升天的乘龍持節的方士，車前有祭祀死者的犧牲，是道家神仙思想和傳統喪葬習俗的反映。此外，故事畫中一個不漏地繪畫《修行本起經》中的三十二瑞應，目的雖然是為了神化剛出生的悉達多太子，但瑞應畫與敦煌漢代以來流行的圖讖瑞應傳統信仰有關，是相信瑞應降吉祥的表現。而印度犍陀羅浮雕和山西雲岡石窟、新疆拜城克孜爾石窟的長篇佛傳故事畫中都沒有瑞應圖像。

佛傳故事畫大都採用中國式的繪畫技法和繪畫風格。人物和物像大多以土紅線畫出，敷色極為簡淡，只用了黑、白、土紅、石綠等色，藝術形象卻十分生動。線描在此畫的造型中有重要意義，畫家通過一根一根富有表現力的線條來反映人物的動勢、情態、風采和物像的質感，在線條的粗細、轉折變化和運筆的疾、徐過程中體現物像的精神面貌。人物的面部、身體採用中國式的"染高不染低"的暈染技法，即採用深於膚色的顏色，暈染面部的兩頰、上眼瞼、下頦和身體的高處，以表現立體感。

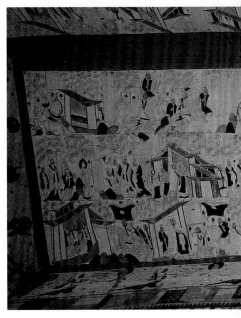

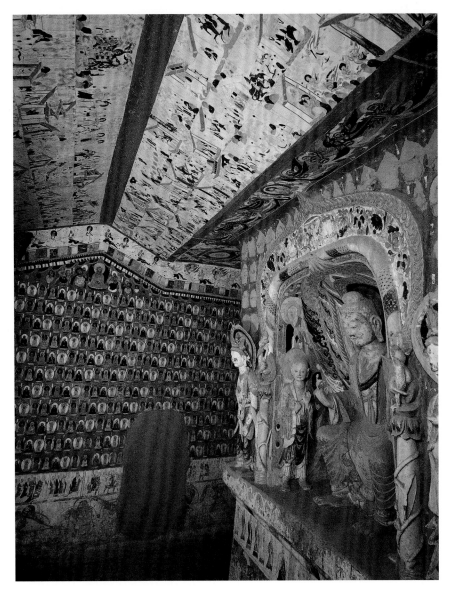

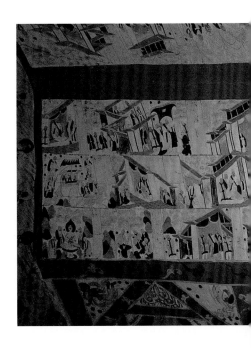

31 第290窟佛傳故事畫

此窟的中心塔柱東向龕塑釋迦牟尼及脅
侍菩薩像。佛傳故事畫繪於中心塔柱前
的平頂及人字坡上,兩坡的畫面各分
上、中、下三段,總長27.5米,以連續
畫面表現八十七個情節,每個畫面以建
築、山巒、樹木等景物間隔。

修行本起經‧菩薩降身品、試藝品、遊
觀品、出家品

北周 莫290

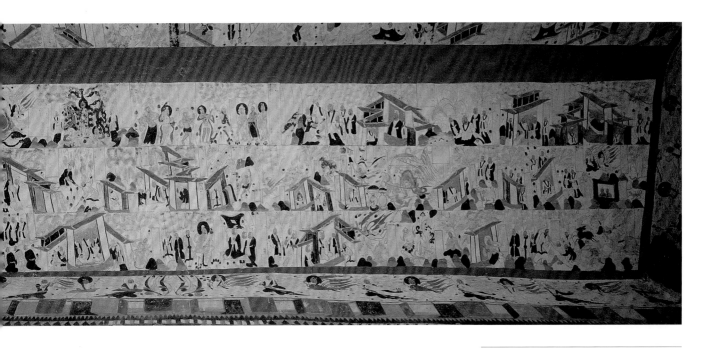

32 第290窟人字坡東坡佛傳故事畫

修行本起經・菩薩降身品

北周 莫290 人字坡東坡

33 第290窟人字坡西坡佛傳故事畫

修行本起經・試藝品、遊觀品、出家品

北周 莫290 人字坡西坡

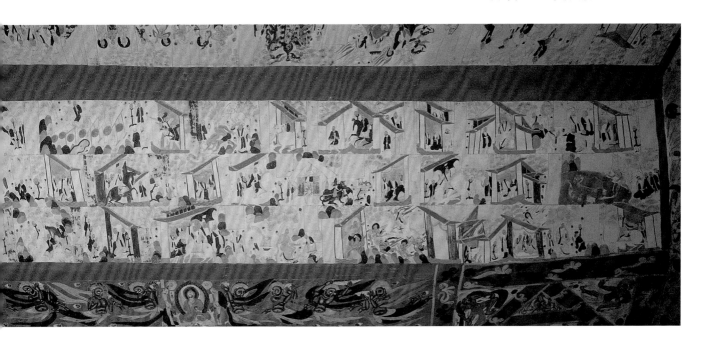

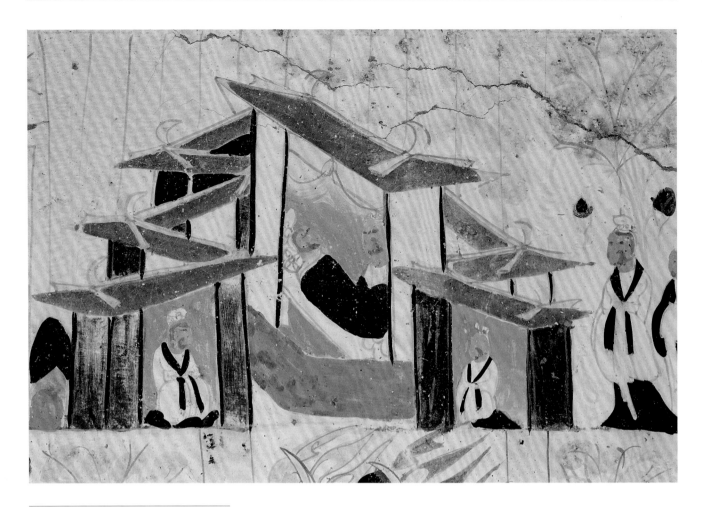

34 入夢受胎

摩耶夫人沐浴塗香，着新衣後，回宮歇
息，夢見空中有乘白象者，來就母胎。

北周 莫290 人字坡東坡上段

35 摩耶説夢

摩耶夫人從夢中驚醒,向淨飯王傾訴:
剛才夢中見一乘白象者從空中飛來,彈
琴鼓樂,散花燒香,來到我身上後,忽
然又不見了。

北周 莫290 人字坡東坡上段

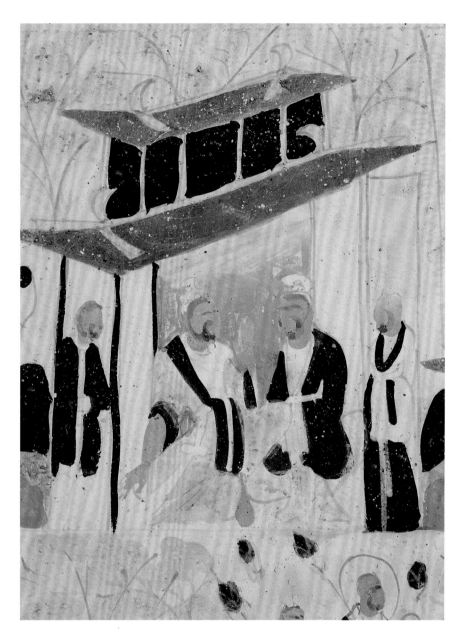

36 摩耶出遊

摩耶夫人身懷太子十月已滿,到四月八
日夫人出遊,正值陽光明媚,花紅柳
綠。

北周 莫290 人字坡東坡上段

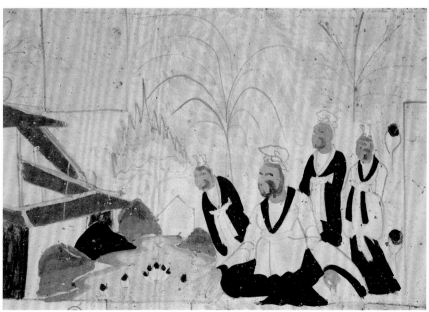

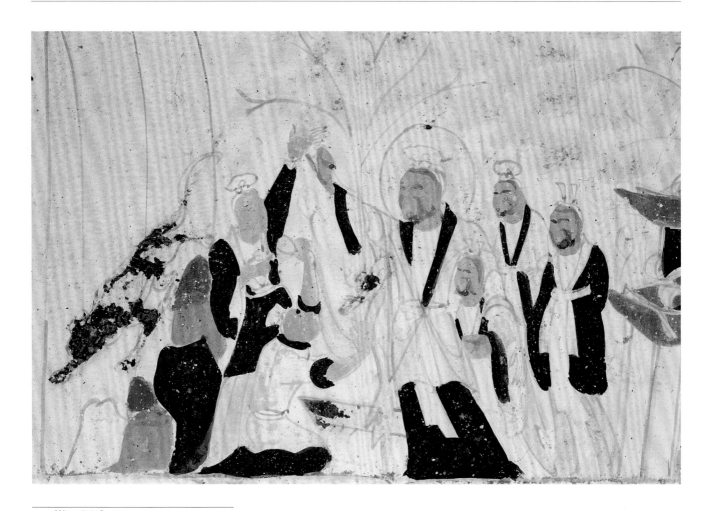

37 樹下誕生

當晚明星出時，摩耶夫人手攀樹枝，太
子便從右脅下出生。

北周 莫290 人字坡東坡上段

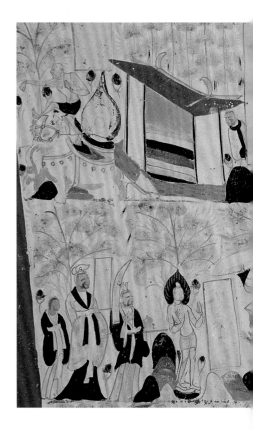

40 佛傳故事片斷

上段從右至左：摩耶夫人抱太子，乘交
龍車還宮。淨飯王與羣臣百姓出迎。宮
室內堆放物品，表現"五百伏藏"一時
悉現；白象馱珠寶，表現"海行興
利"。下段從左至右：淨飯王見釋梵四
王、諸天龍神彌滿空中，肅然起敬，下
馬禮拜太子。梵志抱太子入神廟，諸神
像均顛覆。還宮後，為太子占相。

北周 莫290 人字坡東坡上段、中段局部

38 步步生蓮

太子墜地,自行七步,步步生蓮,舉手
而言:"天上天下,唯我為尊。"此時
天地大動,釋梵四王與其眷屬部眾紛紛
前來侍衛禮敬。

北周 莫290 人字坡東坡上段

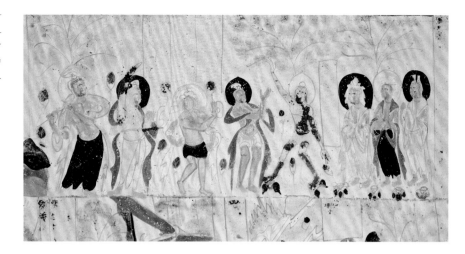

39 九龍灌頂

太子立於蓮花座上,有九條龍圍繞,自
上而下吐出冷熱香水,為至聖者釋迦洗
浴。

普曜經·欲生時三十二瑞應品

北周 莫290 人字坡東坡上段

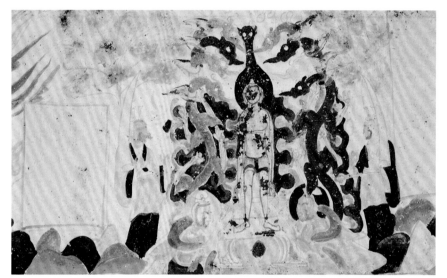

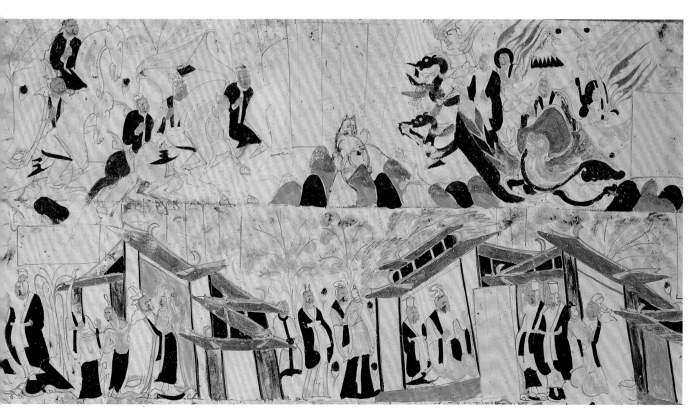

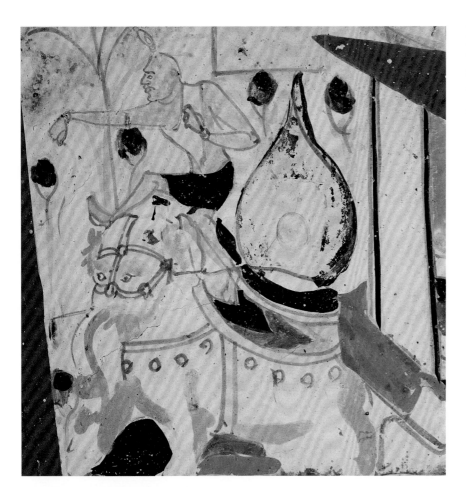

41 海行興利

一人上身赤裸,肩搭帔巾,揮鞭驅象前
行,白象馱寶珠,光芒四射。表現太子
誕生後出現吉祥徵兆。
北周 莫290 人字坡東坡上段

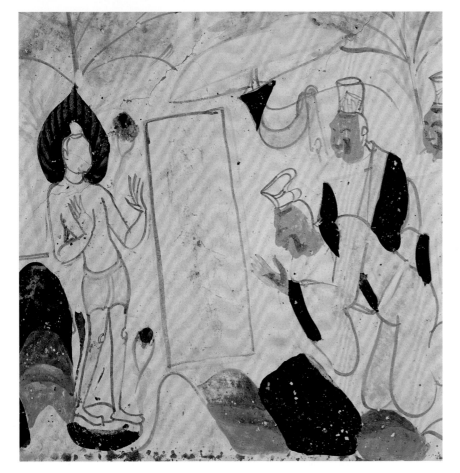

42 國王禮拜太子

淨飯王見到太子心生敬意,不覺跪地,
合十拜謁,太子站在蓮花台上,抬起雙
手致意。此處太子形象已非嬰兒,而是
成人,是以神化、誇張的手法表現太子
的非凡。
北周 莫290 人字坡東坡中段

43 禮拜神廟

梵志戴捲沿氈帽，披大衣，抱襁褓中的
太子步入神廟。畫面現存土紅色線條為
起稿線，定稿的墨線大都已脫落。難得
的是，太子半邊臉保存了墨線，表現的
是剛剛出生的嬰孩卻長着成人的面相，
這是神化釋迦的手法。
北周　莫290　人字坡東坡

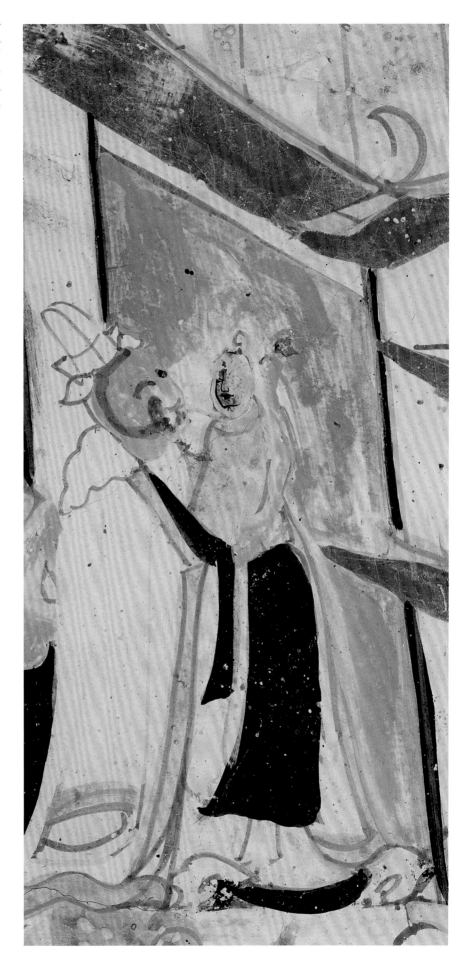

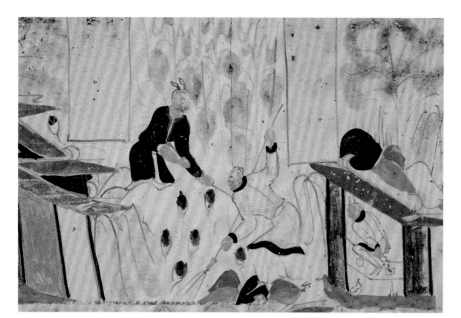

44 天降瑞應之一

大乘佛教把釋迦降生視為是神的降世，出現吉祥的徵兆，佛經稱為天降三十二種瑞應。圖中掃地，表現"道巷自淨"；平地上生長大蓮花，表現"陸地生蓮花，大如車輪"與"大地震動丘墟皆平"；廁所內一人蹲身解手，表現"臭處更香"。

北周　莫290　人字坡東坡

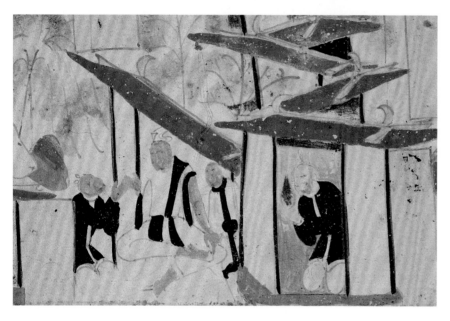

45 天降瑞應之二

宮室中人物對話，表現"地中伏藏悉自發出"。一人跪地捧寶，表現"中藏寶物開現精明"。

北周　莫290　人字坡東坡

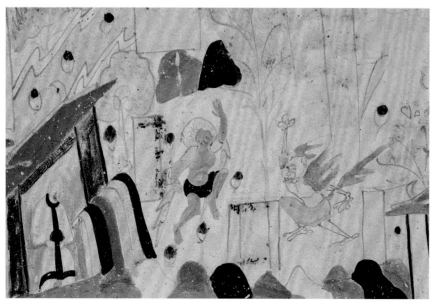

46 天降瑞應之三

圖左上方繪蜿蜒的河流，表現"眾川萬流停注澄清"；房屋前的架子上掛着各色衣物，表現"篋笥衣被披在椸架"；兩個舉臂跳躍的天神，表現"風霽雲除，空中清明"和"天為四面細雨澤香"。

北周　莫290　人字坡東坡

47 天降瑞應之四

左上方繪太陽和彎月，表現太子出生
"日月星辰皆住不行"；宮室內坐太
子，天神從天而降，表現"沸星下觀，
侍太子生"；宮室上空懸掛幢和長幡，
表現"天梵寶蓋彌覆宮上"；天神駕馬
車，振臂飛奔而來，車前有二瓶，表現
"天神牽七寶交露車至，天百味飯自然
在前，寶甕萬口懸盛甘露，八方之神奉
寶來獻"。

北周 莫290 人字坡東坡

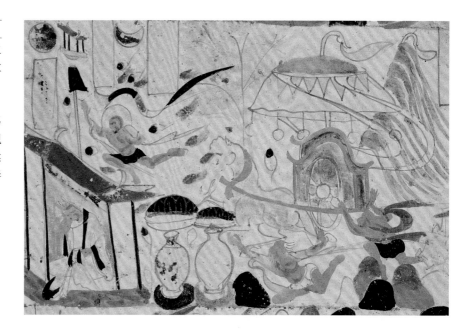

48 天降瑞應之五

太子所住宮室上有兩名捧物天女，表現
"天萬玉女把孔雀尾拂現宮牆上"；宮
前有兩名捧物天女，表現"天諸玉女持
金瓶，盛香汁，列住空中侍"；空中兩
身彈奏箜篌的飛天，表現"天樂皆下，
同時俱作"；羣山中地牢內有二裸身
者，表現"地獄皆休，毒痛不行"；樹
下長蛇爬行，樹上有鳥飛翔，表現"毒
蟲隱伏，吉鳥翔鳴"。

北周 莫290 人字坡東坡

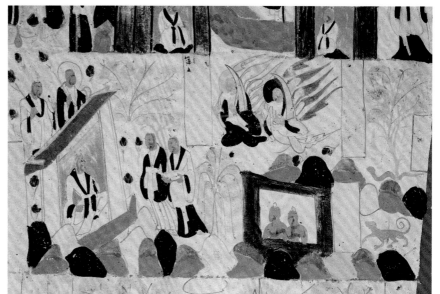

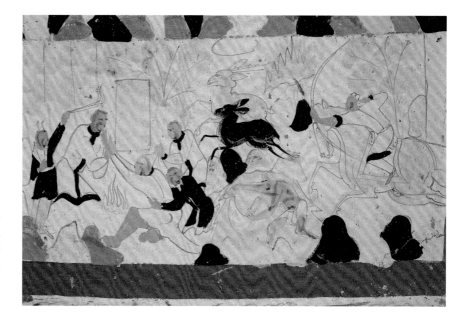

49 天降瑞應之六

山林間狩獵者策馬開弓射鹿，湖中漁家
張網捕魚，跌倒者互相攙扶，表現"漁
獵怨惡性一時慈心"。

北周 莫290 人字坡東坡

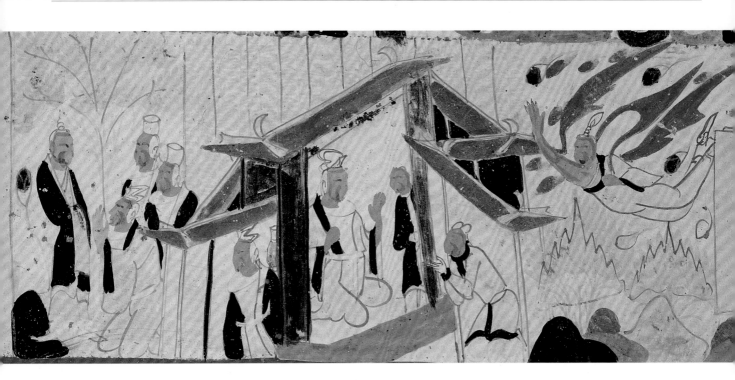

50 道人阿夷瞻省太子

圖中自右至左道人阿夷見天降種種吉祥
瑞應，便知有佛出世，從香山飛來迦毗
羅衛國宮門，要門衛通報，求見白淨
王，瞻省太子。國王聞阿夷說初生太子
至尊至聖，向太子跪禮。

北周 莫290 人字坡東坡

51 阿夷觀相

阿夷以一百壯士之力抱起太子，觀太子相，只見太子三十二奇相，八十種好，身如金剛，知太子將來必成佛無疑。阿夷觀後將太子之相告知淨飯王。

北周 莫290 人字坡東坡

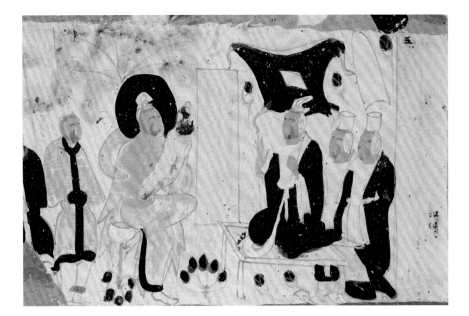

52 阿夷禮太子

阿夷為太子看相後，再禮拜太子。太子梳雙丫髻，着對襟大袖襦服，內襯白領中單。剛出生的太子，作如此處理，是神化釋迦的誇張手法。

北周 莫290 人字坡東坡

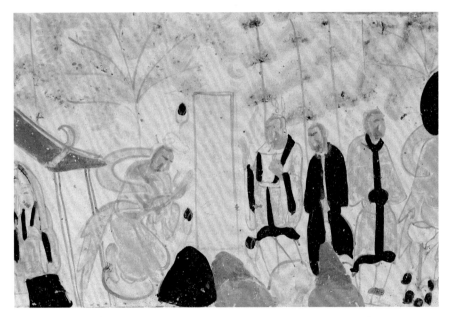

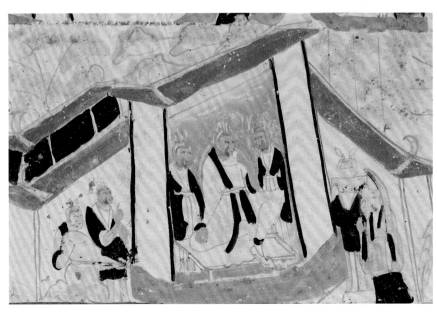

53 為太子修四時殿

淨飯王為防止太子學道成佛，修春、夏、秋、冬四時殿，供太子娛樂。太子閒適地坐於殿中，殿外有人隨琵琶說唱，另一側有伎樂吹排簫、彈箜篌。

北周 莫290 人字坡東坡

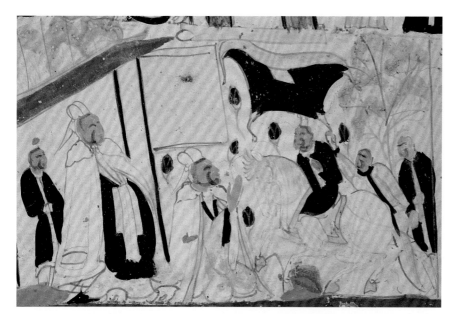

54 太子赴學

淨飯王得知太子不思娛樂,令太子投師
學書。教師出門拜迎太子,太子問:
"閻浮提有書六十四種,今用何書教示於
我?"教師惶恐答曰:"六十四種書聞所
未聞,我唯持二書,以教人民。"答畢
便告退而去。

北周 莫290 人字坡東坡

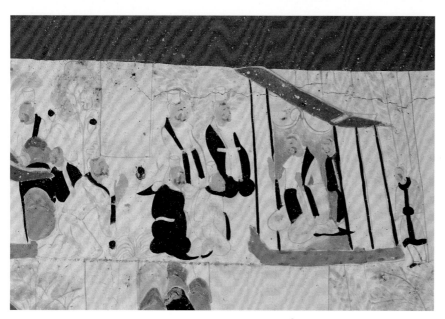

55 議太子娶妃　召善覺求聘

淨飯王召見羣臣與鄰國國王善覺,議太
子娶聘之事,淨飯王向跪拜的善覺王
說,欲娶聘其女為太子妃。

北周 莫290 人字坡西坡

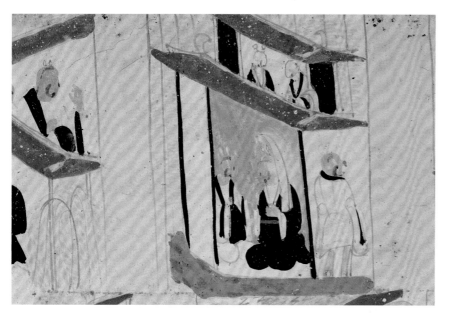

56 裘夷觀藝　太子赴戲場

善覺王為女兒嫁聘之事憂愁,女兒裘夷
(耶輸陀羅)獻計:"女卻七日,自求
出處,國中勇武技術最優勝者,爾乃為
之。"比試之日,裘夷到國門上觀看。
太子來到比試技藝的戲場。

北周 莫290 人字坡西坡

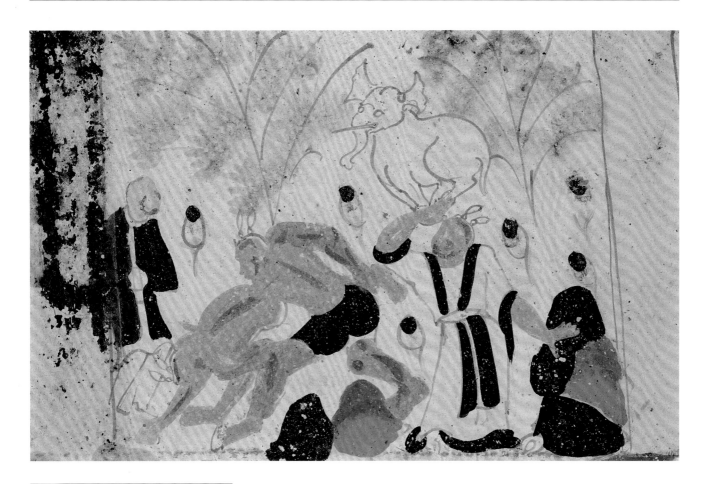

57 擲象與相撲

太子梳雙丫髻,穿雙襟大袖襦服,着
履,將死象舉擲城外,使象死而復生。
太子與兄弟難陀相撲得勝。

北周 莫290 人字坡西坡

58 箭射七鼓

羣山和樹林中每十里安置鐵鼓為箭靶,
共置七鼓。太子之弟調達可穿一鼓,中
二鼓;難陀可穿二鼓,中三鼓。太子拉
弓,聲傳四十里,首發穿過七鼓;再
發,穿鼓入地,泉水湧出;三發,穿鼓
中鐵圍山。觀者驚嘆:"見所未見!"

北周 莫290 人字坡西坡

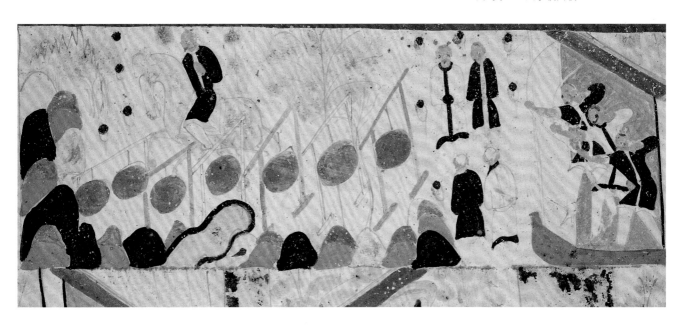

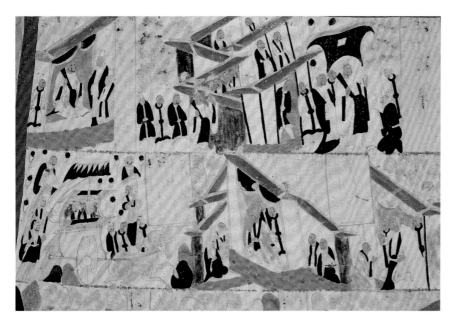

59 佛傳故事片斷

上段右起：傘蓋下的善覺王聞太子獲勝，向淨飯王告知女兒所在。宮牆外，穿襦服、腰繫蔽膝的太子，向牆內拋擲珠瓔，正中裘夷，便娶她為妃。淨飯王聞太子娶妃後依然不樂，召羣臣再議為太子娶聘。下段左起：太子再娶的兩名妃子乘馬車而來。淨飯王問裘夷太子是否快樂？裘夷跪答太子夙夜專精志道，不思慾樂。

北周 莫290 人字坡西坡

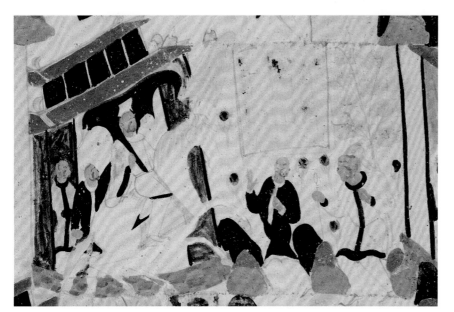

60 路遇老人

太子騎馬出遊，始出東門，這時首陀會天（天神）欲令太子速疾出家，於是化作老人，踞於道旁。太子問侍從："此為何人？"侍從回答說："老人。"當太子得知老人的痛苦後，感嘆說：我雖富貴，豈能免此衰老。於是掃興回宮。

北周 莫290 人字坡西坡

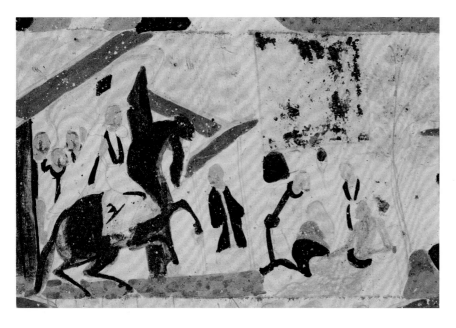

61 路遇病人

過了一段時間，太子又想出遊，他騎馬才出南城門，天神化為病人，臥在路旁。太子問侍從："這是甚麼人？"侍從回答說："病人。"太子長嘆一聲，說：吾雖富貴，擁有世間最好的珍寶，也仍然會生病，與這個病人有甚麼不同？又掃興回宮。

北周 莫290 人字坡西坡

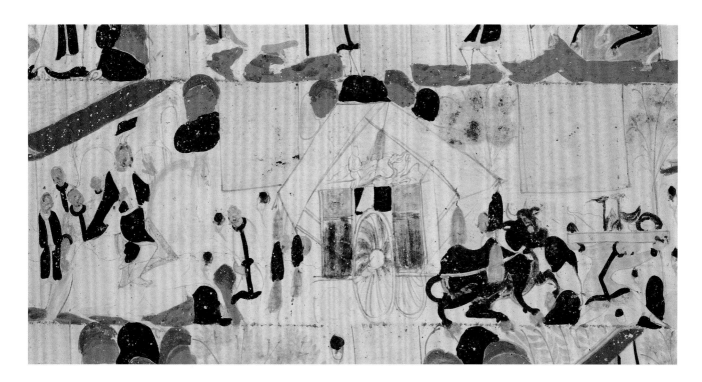

62 路遇死人

太子出遊，騎馬才出西城門，正遇見靈車出城。太子問侍從說："這是怎麼回事？"侍從說："是死人。"太子長嘆說："我也會死的。"於是掃興回宮。

北周 莫290 人字坡西坡

63 路遇僧人

太子騎馬出北城門，天神復化作沙門，步履安詳。太子問侍從此為何人？侍從回答是"沙門"，並告以沙門之為道，捨家妻子，捐棄愛慾。斷絕六情，守戒無為，得一心者，則萬邪滅矣。太子說："唯是為快。"

北周 莫290 人字坡西坡

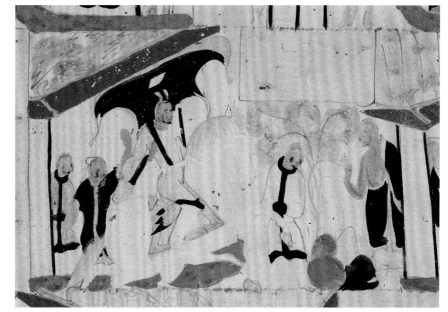

64 佛傳故事片斷

上段自左起：太子回宮後，憂思不樂，後到閻浮樹下監農，見眾生輾轉相食，頓生慈心，當即於樹下得第一禪。下段自右起：淨飯王騎馬出迎太子，見太子在樹蔭下，神曜非凡，不覺下馬作禮；宮室內，裘夷向太子說夢，太子聽後決心出家。

北周 莫290 人字坡西坡

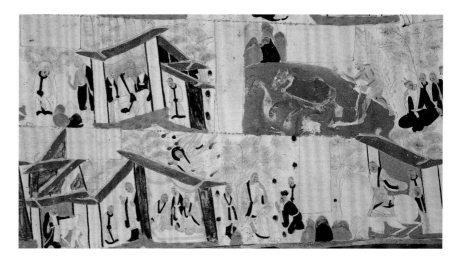

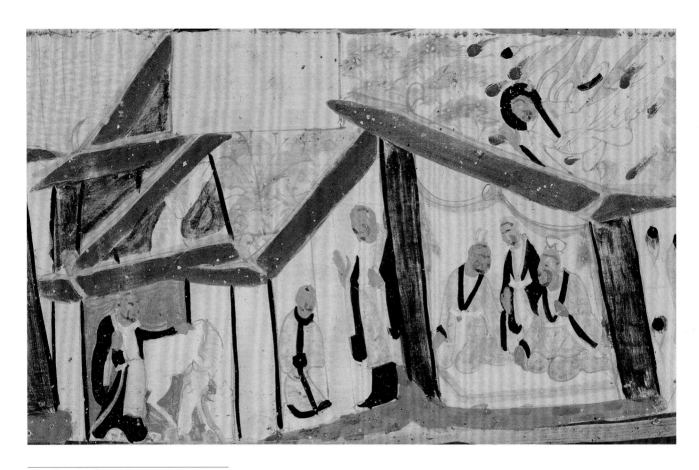

65 決心出家

太子年至十九，四月七日夜，諸天充滿
虛空，勸太子出家。時裘夷做五夢驚
醒，說在夢中見須彌山崩、月明落地、
珠光忽滅、頭髻墜地，人奪我寶蓋。太
子想：此夢正應我身，我當出家。即急
呼馬夫車匿備馬，白馬蹦跳，無法近
身。太子拍撫馬背，口說頌言，使馬安
靜下來。

北周 莫290 人字坡西坡

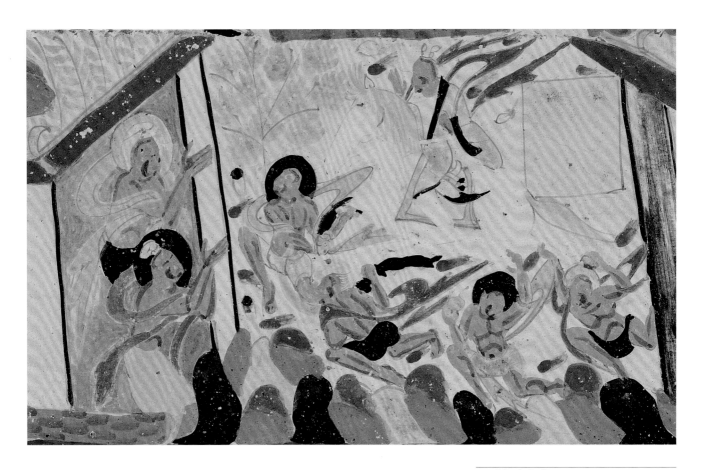

66 逾城出家

太子上馬，四神舉起馬足，飛行至城
門，城門神拜問："何故離去？"太子
以偈言回答，於是城門自開，太子出門
飛去。

北周 莫290 人字坡西坡

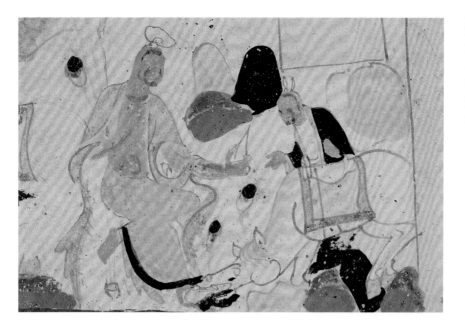

67 辭別太子

太子離迦毗羅衛國，行四百八十里，下馬後解下寶衣、瓔珞、寶冠，交給車匿，命他牽馬回國，車匿與白馬都不願離去，白馬跪下舐足，嘶鳴悲啼。

北周 莫290 人字坡西坡

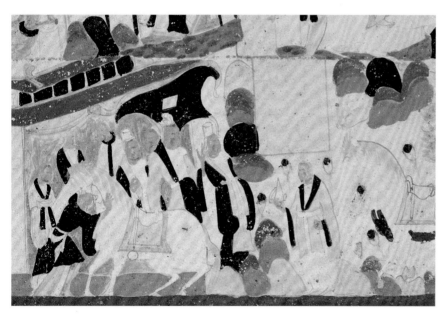

68 車匿還國

國王以為太子回國，舉國出迎，卻只見車匿和白馬，太子妃裘夷抱馬痛哭，淨飯王悲痛不已，臣民莫不悲傷。

北周 莫290 人字坡西坡

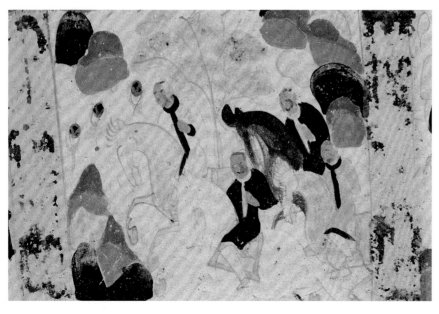

69 追尋太子

國王派遣憍陳如等五人追尋太子，他們在深山中隨侍太子數年。

北周 莫290 人字坡西坡

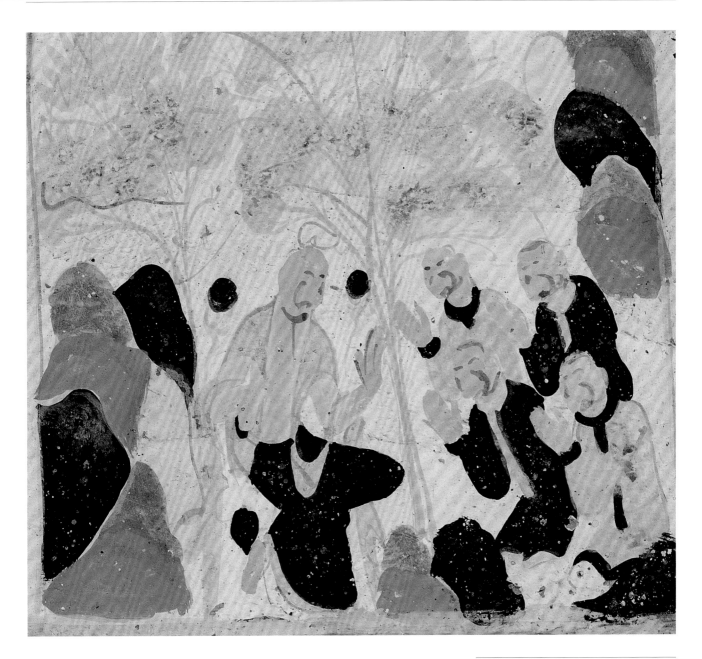

70 皈依釋迦

憍陳如五人尋見太子，不覺下跪禮拜太
子。

北周 莫290 人字坡西坡

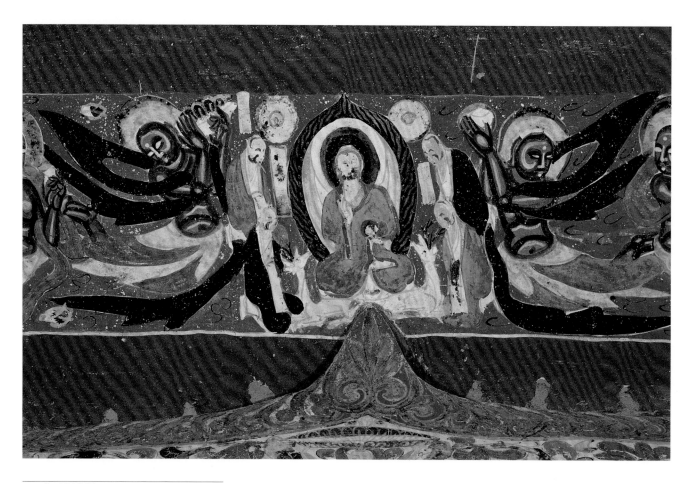

71 初轉法輪

釋迦牟尼來到波羅奈國鹿野苑中，首先
為憍陳如五人説法，五人聽法後鬚髮自
落，袈裟着身，即為沙門。釋迦牟尼的
第一次説法，稱為初轉法輪。

過去現在因果經

北周 莫290 中心柱東向龕前平頂

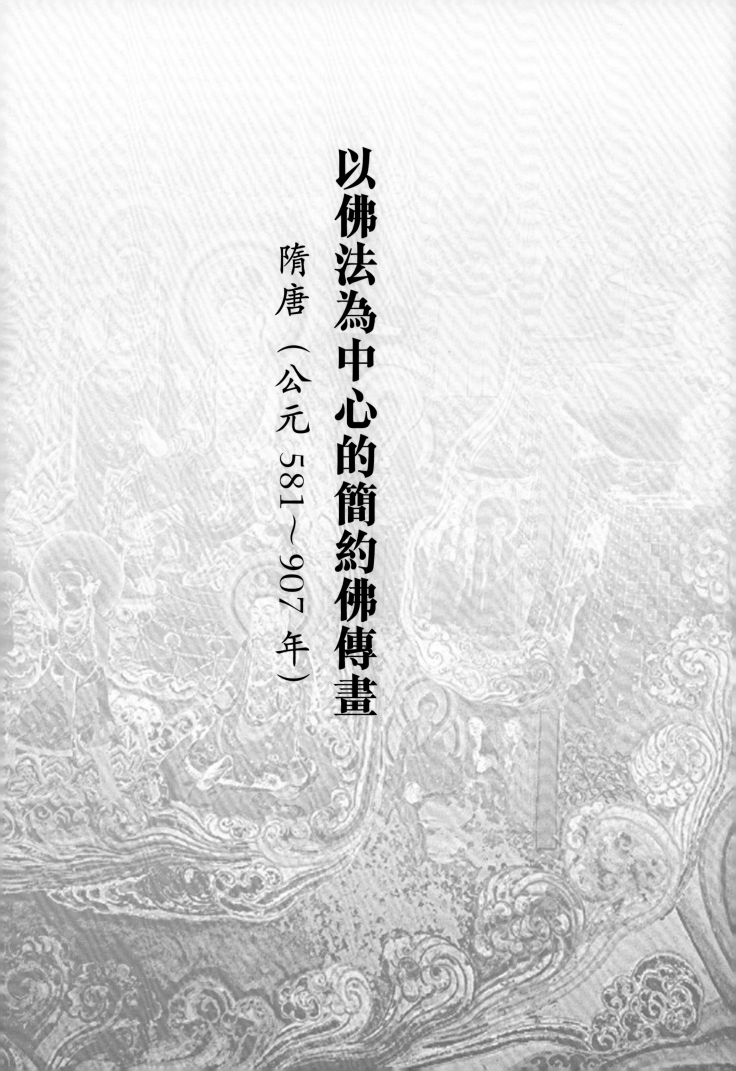

以佛法為中心的簡約佛傳畫

隋唐（公元 581～907 年）

公元 581 年，隋王朝結束中國近四百年的分裂狀態，建立了統一的大帝
國。從此結束了南北朝時期"南重義理，北重禪行"的狀態，開創了南北綜
合、"定慧雙修"的新階段。佛法經過漢魏兩晉的發展，南陳和隋之間已開中
國各宗派之先聲，為唐代佛教的進一步興盛創造了條件。唐代佛教經高宗李
治、女皇武則天、玄宗李隆基三朝的弘揚與保護，佛寺林立，名僧輩出，譯經
極盛，宗派大興，達到前所未有的鼎盛時期。這個時期在接受外來佛教的同
時，形成了中國獨特的佛教理論和佛教藝術，完成了佛教的中國化過程。

隋代至唐初，是敦煌壁畫承上啟下的重要時期。雖然繼續繪畫北朝常見的
一些壁畫題材，但出現了大乘經變的新題材，且逐漸成為隋唐及隋唐以後各時
期壁畫的主要內容。它們幾乎都是分佈於洞窟正壁左右的兩側壁的主要壁面，
或相對各繪畫一鋪阿彌陀經變和彌勒經變，或相對繪畫淨土經變（阿彌陀經
變、西方淨土經變、彌勒經變、藥師經變的總稱）和其他大乘經變，如法華經
變、涅槃經變等。而北朝興盛一時的佛傳故事畫逐漸讓位於大乘經變，進入了
簡約時代。

敦煌出現佛傳簡約的現象，與隋唐時期佛教的中國化有密切關係。佛教中
國化主要特徵，表現在盛行普度眾生的大乘佛教。佛教認為佛經都是釋迦牟尼
宣講的佛法，不同佛經則是釋迦牟尼佛在不同場合，不同時間講的佛經。為了
適應隋唐盛行的普度眾生的大乘佛教，釋迦牟尼講授的大乘佛經自然也傳播甚
廣。高僧大德通過對大乘經典的註疏、論著、纂集，作義理發揮，紛紛建立各
自學說，弘揚這些大乘佛經。這時與弘揚大乘佛教經典相配合的更為形象地、
深入人心的宣傳方式，就是創造了獨特的中國式的佛教藝術——經變。

籠統地說，將一切佛經變成圖像，都可稱為"經變"、"變"、"變相"。
中國獨創的經變，專指以大乘佛經繪製的圖像。在經變中，通過雄偉壯觀的宮
殿樓閣，綺麗多姿的山水景致，宏大壯闊的佛陀說法場景，豐富燦爛的色彩，
細緻入微地刻畫，表達大乘佛經中佛國淨土的美妙與極樂。顯然金壁輝煌的經
變形象生動，簡明易懂，一目了然，更具感染力，為佛教贏得了更多的信眾。
於是經變在各地的佛寺中盛行起來，當時的唐代西京長安、東京洛陽不僅是政
治中心，也是佛教傳播中心。根據《歷代名畫記》記載，在東西兩京的各大佛

寺都是滿壁遍繪大乘佛教的西方淨土變、彌勒變、藥師變、法華變、涅槃變、維摩變、華嚴變、文殊變、普賢變、本行經變等諸多經變，著名畫家也多在佛寺中一展身手。大一統帝國的京華盛行的大乘佛教經典和佛教思想，包括其經變畫很快也風靡各地。《歷代名畫記》所載的經變，逐漸成為敦煌石窟隋唐洞窟中的主要壁畫題材。此外，在《歷代名畫記》還記載了一個不容忽視的現象，兩京地區的一些佛寺中依然繪畫佛本行（佛傳）經變，說明表現佛傳故事的佛教藝術從未中斷過。而敦煌唐代壁畫中的釋迦傳記故事題材卻在隋唐時期忽然減少，以幾幅簡單的佛傳題材取代了北朝的宏篇巨製，形成了顯著的時代特徵。由此看來，這僅是敦煌地區佛教藝術的地方特殊性而已。

敦煌石窟隋唐佛傳故事畫的題材寥寥，僅有釋迦乘象入胎、逾城出家、降魔成道、初轉法輪、降伏毒龍、釋迦回城說法等，以簡單明了的事跡記述佛陀的一生。其佈局都是以主尊像為中心，左右對稱，分佈兩側。說明此時所畫的釋迦事跡，目的只是通過簡約的佛傳畫面，去代表釋迦的主尊身分，表現以釋迦說法為中心的主題。因為在盛行大乘佛法的時代，人們相信人人都能成佛，只要發願往生淨土世界，通過簡便易行速成的修行方法，死後就能如願。已不必像十六國北朝時期那樣必須累世修行才能成佛，也不必像過去那樣通過煩瑣艱難的禪修才能成佛。由於這時一改過去追求禪修、觀相成佛為追求快速唸佛、現世報應的風氣，所以表現以佛陀修行和成佛的事跡為中心的、宏篇巨幅的佛傳藝術，也就要被以釋迦說法為中心的經變藝術所取代。這裏的主尊佛陀釋迦代表佛法，即是法身。禮拜入窟供養釋迦牟尼，觀看這些大乘經變，就是聆聽到了佛陀所說的大乘佛經的佛法。

由此可以看出，隋唐時期由佛陀釋迦牟尼講授的普渡眾生的大乘佛經，是以佛法為中心，敦煌壁畫中出現與大乘佛教經典相配合的大量大乘經變畫，也就必然形成了以佛法為中心的主題。而簡約的佛傳故事畫也取代了大篇佛陀傳記故事畫，配合弘揚大乘佛教這一主題。因此敦煌出現的佛傳畫簡約的顯著變化，也就不難理解了。

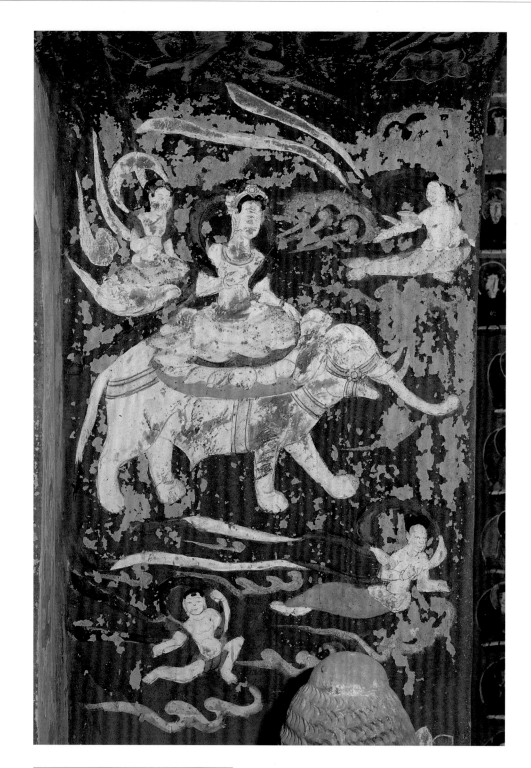

72 乘象入胎

菩薩結跏趺坐於白象背蓮花座上，白象
張嘴昂鼻，步履輕緩，彷彿是在虛空中
悠然慢行，配以四周略顯古拙的飛天，
把入胎這一極具動感的場景表現得優雅
閒適。

隋 莫322 西壁龕內北側

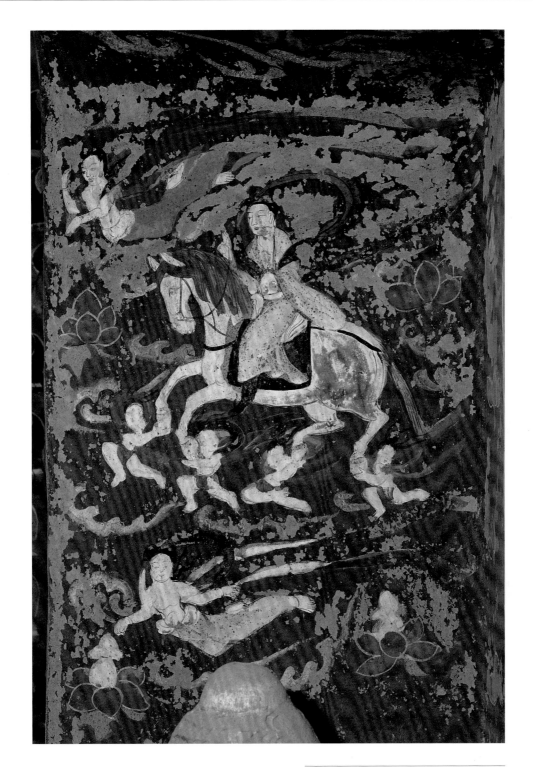

73 夜半逾城

這幅夜半逾城圖，在表現形式上雖然也
藉助飄帶隨風舞動來增強畫面的動感，
但從白馬躍進的姿態和承托四天王稚嫩
可愛的形象來看，把逾城出家緊張的情
節處理得如此舒展輕鬆，極富戲劇效
果。

隋 莫322 西壁龕內南側

第一節　走向簡約的佛傳畫

隨代至唐初是敦煌壁畫承上啟下的重要時期。一方面受長安和中原地區盛行大乘經變的影響，開始繪畫巨幅經變。各種新題材的大乘經變畫已經佔據洞窟正壁左右的兩側壁的主要壁面，逐漸成為洞窟壁畫的主體。

另一方面，北朝時期盛行的本生和佛傳故事畫，在隋唐時期依然延續不斷，而興盛一時的佛傳題材讓位於大乘經變，出現了簡明扼要，畫面簡約的現象，由此進入了佛傳簡約的時代。隋代至唐初莫高窟繪有佛傳故事畫的洞窟共有十二個，題材僅有釋迦乘象入胎、逾城出家、初轉法輪、降伏毒龍等。雖然題材較簡單，但都是以彩塑主尊像為中心佈局，以塑繪結合的手法表現簡約的佛經故事。這些洞窟正壁龕內的彩塑及壁畫表現的主題，是主尊釋迦牟尼及其大菩薩、十大弟子參加的說法會。其中十個洞窟繪乘象入胎和逾城出家圖像，這一佛傳題材無論繪於龕內或龕外，都毫無例外地左右對稱，繪於主尊的兩側壁面上。隋代第 417 窟正壁龕下繪畫雙鹿和法輪，同樣是用繪塑結合的手法，構成了釋迦初轉法輪的佛傳故事。

驟然增多的乘象入胎和逾城出家題材

莫高窟北魏時期僅有第 431 窟繪有乘象入胎、逾城出家題材，至隋代和唐初時期驟然增多，隋代莫高窟第 397 窟、

第 375 窟、第 278 窟和唐初第 57 窟、第 283 窟、第 383 窟、第 322 窟、第 209 窟、第 329 窟、第 386 窟等十個洞窟中都繪有這一題材，並且都以主尊為中心，呈左右對稱佈局。

乘象入胎的畫面中釋迦都着菩薩裝，頭後有圓光，結跏趺坐或半跏趺式，坐於奔跑的白象背的蓮花座上。白象裝飾華麗，象四足有蓮花承托，有的甚至還有天神手托象足下的蓮花，以示飛行。象牙一般為兩支，有的多至四支或六支，牙的尖端均有二天女佇立，手持琵琶、箜篌或其他樂器演奏，象鼻端還有一蓮花。菩薩前有供養菩薩執長柄香爐或柳枝，後有天女或執樂器演奏，或持長幡供養。

逾城出家畫面的釋迦裝束與乘象入胎一樣，着菩薩裝騎於白馬上，下有四天神托舉馬蹄向前飛奔。在釋迦周圍祥雲翻捲，天花飛旋，飛天翱翔，蛟龍瑞獸，充塞虛空。

佛傳經典寫釋迦化乘六牙白象入胎，只是渲染其從兜率天宮出發，及入胎的情節，而沒有具體描述菩薩乘坐白象從虛空中飛行降胎的過程。有的學者認為原來印度只有化作白象的圖像，沒有菩薩乘坐白象入胎的圖像。因此，菩薩乘象的圖像為後來所出，可能是受"逾城出家"圖像中太子騎率白馬飛行的啟發創作出的。同樣，印度既沒有佛傳

經典對白象足下有蓮花的承托和白象牙端有伎樂的描述，也無相應的佛傳藝術圖像。象牙端佇立天女，象鼻飾有蓮花，是受《觀普賢菩薩行法經》的啟發而產生的。此經云，佛陀將要涅槃，菩薩發問，佛陀涅槃後，眾生如何修行。佛陀回答，應行普賢菩薩所行。於是佛陀講述如何觀普賢菩薩行，還詳細描述了普賢菩薩的形象，"以智慧力化乘白象，其象六牙……下生七蓮花，象色鮮白……於六牙端有六浴池，一一浴池中生十四蓮花……一一花上有一玉女，顏色紅輝有過天女，手中自然化五箜篌，一一箜篌有五百樂器以為眷屬，有五百飛鳥、鳧雁、鴛鴦皆眾寶色，生花葉間，象鼻有花……象即能行腳，不履地，躡虛而遊……"普賢菩薩是民間十分有影響的大菩薩，而《觀普賢菩薩行法經》又是著名的法華三部經之一，釋迦"乘象入胎"則借用普賢菩薩化乘白象的形象，應該是為了強化釋迦的神話色彩吧。在一些大乘佛傳經典中，都用較長篇幅着力對釋迦入胎和出家時的環境和氣氛加以渲染，以達到使釋迦事跡具有超人性、神秘性的目的。這些渲染歸納起來都是在虛空之間遨遊，有無數諸天龍神、釋梵四天，前導護送，有眾菩薩與眷屬圍繞，侍從供養，繒彩幡蓋，彈琴鼓瑟，梵音弦歌，燒眾名香，散天妙花，整個天空好不熱鬧。隋代和唐初

的乘象入胎和逾城出家的圖像，則生動地再現了佛經神化釋迦的環境與氣氛。

初轉法輪　塑繪法自印度來

　　莫高窟隋代第417窟，正壁龕內塑一佛、二弟子、二菩薩。主尊佛像結跏趺坐，作說法相，龕內壁畫八弟子。龕外兩側塑半跏趺坐菩薩。龕下壁面中央繪畫三法輪和雙鹿，兩側還能看到繪有林木的殘跡，法輪與林木之間的畫面已無法辨認。此窟是以繪塑結合的手法表現釋迦初轉法輪的代表性作品。龕內釋迦兩側繪塑了迦葉等十大弟子，而不是在鹿野苑聽法的憍陳如等五比丘。龕下壁面中央現存三法輪和雙鹿，兩側的林木，應是對釋迦初次說法的鹿苑園林環境的描繪。在法輪、雙鹿與林立之間無法辨認的畫面，則有可能是憍陳如等五比丘。這幅初轉法輪圖，有印度桑奇大塔西門上初轉法輪中的園林與犍陀羅初轉法輪中的法輪、雙鹿相結合的特點。

　　此窟除表現釋迦初轉法輪這個題材外，在洞窟的正壁兩側上部畫維摩詰經變，窟頂由裏向外依次畫彌勒上升經變、藥師經變、流水長者救魚本生、薩埵太子捨身飼虎本生、睒子本生故事。此窟將本生、佛傳、經變的題材內容集於一窟，顯然表現了主尊釋迦不僅在做第一次說法，而且還在宣講各種大乘佛經。那麼洞窟這種佈局應是突出表現了

釋迦講法的身分，具有法身的象徵意義。

降伏毒龍圖像與巴米揚石窟相似

據佛經說，釋迦在鹿野苑初轉法輪後，認為優樓頻螺迦葉聲望很高，根器良好，可加度脫。但迦葉學仙道，生性傲慢，難以折服。為度脫迦葉，釋迦以神通力示現十八大變，終於調伏迦葉，使迦葉三兄弟帶領各自弟子，共一千二百人皈依佛門。

降伏毒龍是釋迦度脫迦葉十八變中的第一變。故事講釋迦向迦葉借宿火室，迦葉說火室有毒龍，會加害於人，勸阻釋迦不要入住。釋迦仍堅持住進火室，在火室中，毒龍身上出火，佛也出火，兩火俱盛，火室被焚。迦葉看到火光衝天，誤以為釋迦被害。這時佛以神通力，降伏毒龍。毒龍力衰，自願歸伏。佛向毒龍說，你若歸伏，當進入我的鉢中，龍即入鉢。佛托着盛有毒龍的鉢向迦葉出示，迦葉敬服。

降伏毒龍是公元 2～3 世紀犍陀羅佛教藝術中常見的題材，有兩種形式，一種是以佛陀的圓光象徵釋迦，另一種出現釋迦本人的形象，並手托着盛有毒龍的鉢。但無論哪種構圖，都表現迦葉及其弟子救火的場景。阿富汗巴米揚石窟在穹隆頂中心畫一較大的結跏趺坐佛，一手托着內盛白色毒龍的鉢，一手似施無畏印。新疆克孜爾石窟的這一題材的壁畫也有十處之多，有兩種形式，一種與巴米揚石窟完全相同，另一種為坐佛身纏一龍，火室旁有迦葉與弟子救火的場景，與犍陀羅藝術相近。

莫高窟隋代壁畫中降伏毒龍圖像共存兩鋪，繪於第 305 窟、第 380 窟。第 305 窟圖像中央在寶蓋和菩提樹下的蓮花座上，釋迦作結跏趺坐，右手托鉢，鉢內盛盤曲的毒龍，龍首上昂，左手罩於毒龍上方，表示已降伏毒龍。四位大菩薩侍立釋迦兩側，作舉花供養禮讚狀，此圖左右兩側和上面均畫千佛。第 380 窟圖像繪於北壁中段，中央坐佛右手施無畏說法印，左手托鉢，置於腿上，鉢內盛龍，龍首上揚，張口吐舌。二弟子和二菩薩侍立在坐佛兩側。莫高窟降伏毒龍圖像僅有坐佛托鉢，沒有救火場景，周圍畫千佛。這種佈局與巴米揚石窟比較接近，但兩圖均有脅侍像，並作左右對稱安排，這是域外所不見的。

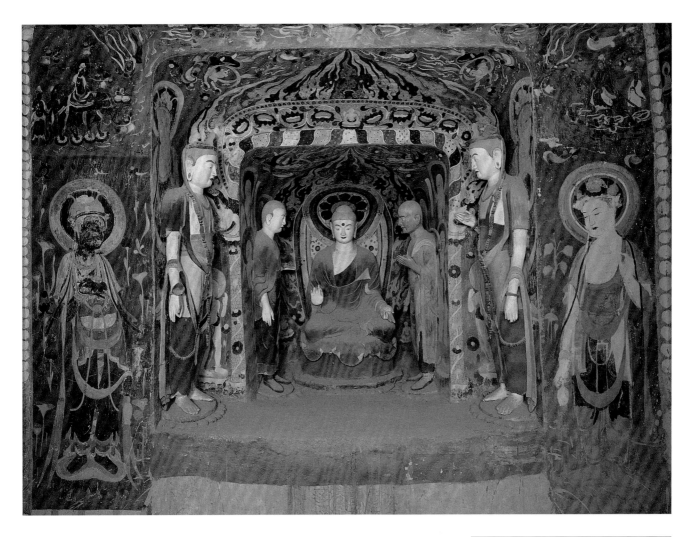

74 第383窟佛傳故事畫

西壁開雙層斜頂圓券龕,內塑一跏趺坐
佛、二弟子、二菩薩像。龕外南側(左
側)上繪佛傳故事中之乘象入胎,北側
(右側)上繪夜半逾城,兩側下繪菩薩
像。

隋 莫383 西壁

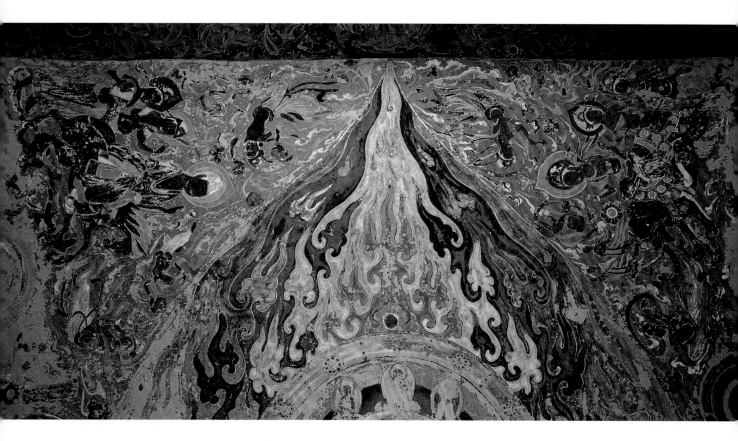

75 龕內佛傳故事畫

西壁佛龕內層龕的龕頂，中央是化佛和
火焰紋佛光，北側（右側）繪乘象入胎，
南側（左側）繪夜半逾城，畫面紛繁而熱
烈。由於繪在窟頂，只有仰視才可觀
賞，位置與同類題材故事畫有所不同。

隋　莫397　西壁龕頂

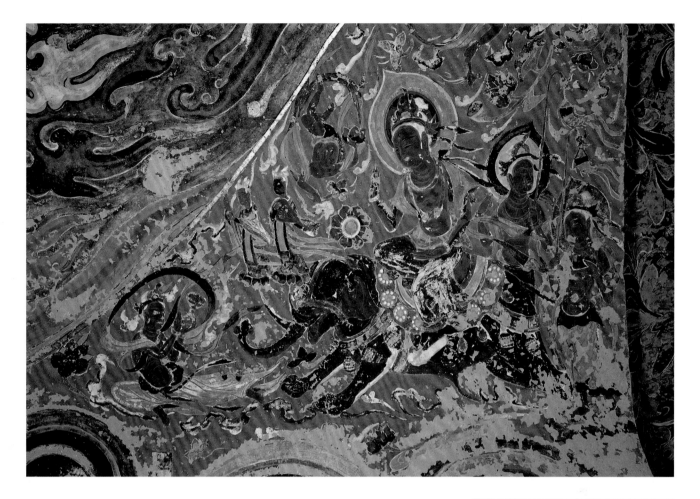

76 乘象入胎

菩薩半跏趺坐於象背的蓮花座上，前往
摩耶夫人處投胎。飛天引導於前，天女
相送在後，白象的牙端各立一伎樂天
女，彈奏樂器。天空中流雲飛舞，天花
飛旋，配合白象疾馳的步伐，極富動
感。

隋 莫397 西壁龕頂北側

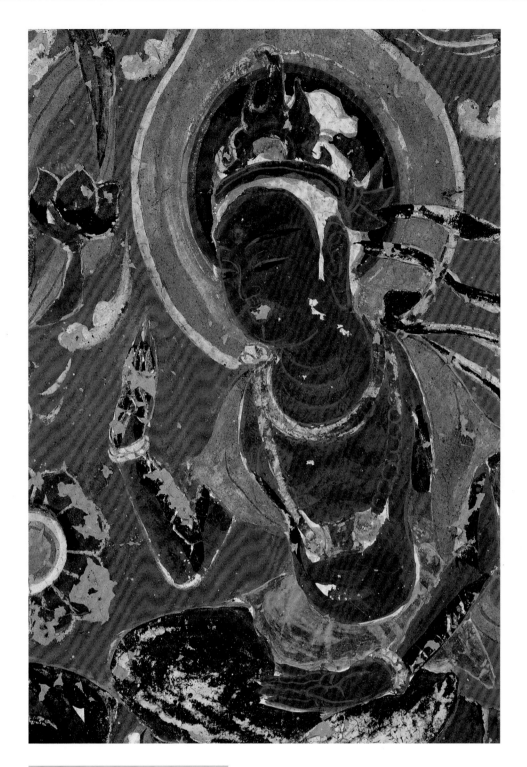

77 乘象菩薩

此圖為前圖的局部。菩薩戴火焰珠冠，
面龐豐圓潤潔，俊秀恬靜，身姿優雅。
面部與肌膚經過細膩的暈染，雖然顏色
褪變嚴重，但仍顯得和諧自然，並未遮
住菩薩的俊秀睿麗。

隋 莫397 西壁龕頂北側

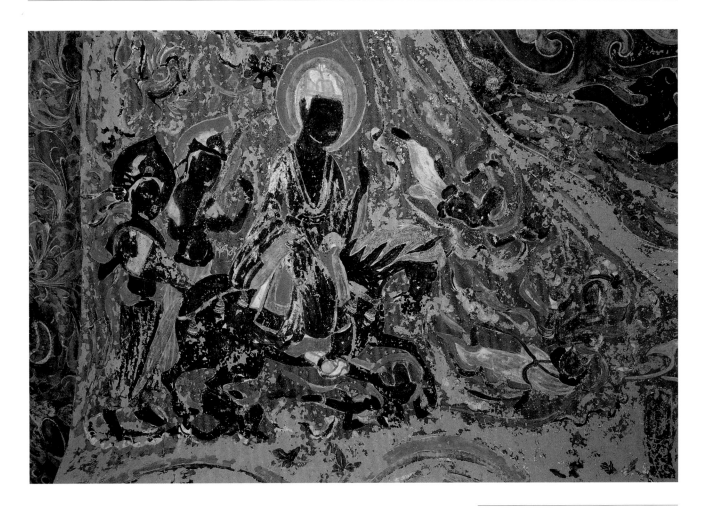

78 夜半逾城

悉達多太子騎馬逾城出家，前有二飛天
持花引導，身後天女奏樂相送，白馬低
首揚蹄，二天王承托馬蹄，白馬逾城飛
翔。天王翻轉靈動的身姿，表現出疾馳
飛逾的動感。

隋　莫397　西壁龕頂南側

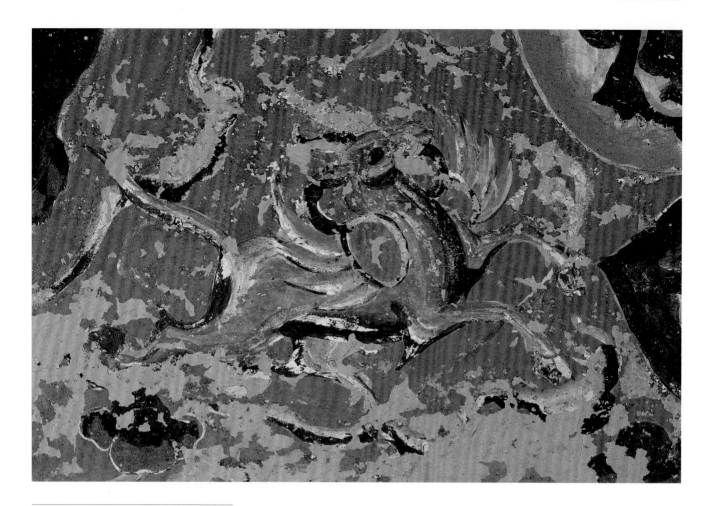

79 天鹿

天鹿，亦稱天祿，昂首奮蹄，肩生兩
翼，飛行於虛空中，其誇張的身姿，不
僅表現其風馳電掣般的速度，也增添了
釋迦逾城出家的祥瑞氣氛。

隋 莫397 西壁龕頂南側

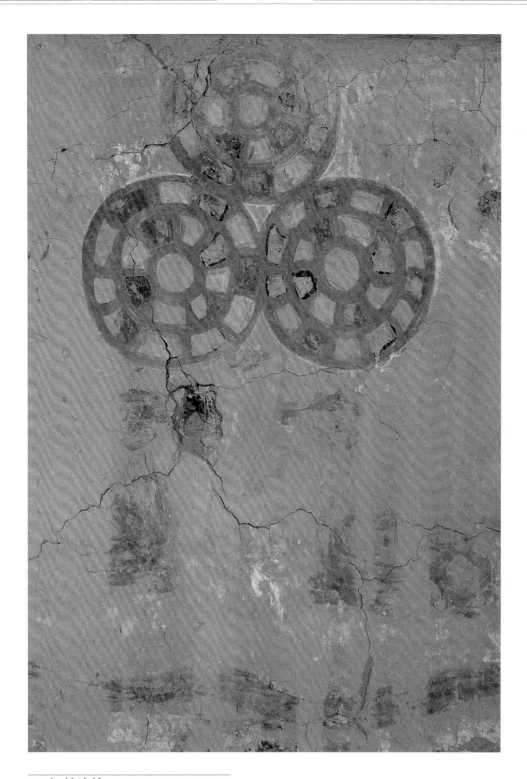

80 初轉法輪

正中三個輪子,下面有雙鹿,以簡潔明
了的物像,寓意釋迦在鹿野苑初轉法輪
的聖跡。

隋 莫417 西壁龕下

81 第305窟降伏毒龍故 見下頁 ▶
　　事畫

第305窟西壁,中部開一圓券形龕,兩
側上部畫千佛,龕北側為藥師佛說法
圖,龕南側為說法圖式的釋迦降伏毒龍
的故事,下部是供養人和圖案。

隋 莫305 西壁

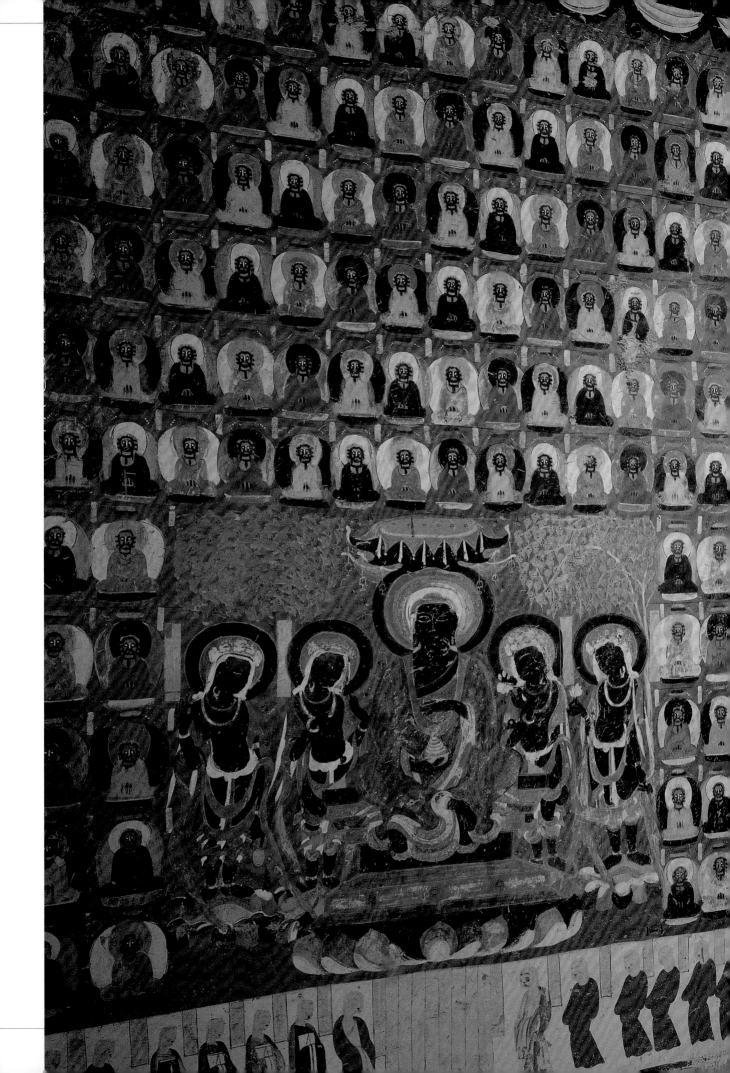

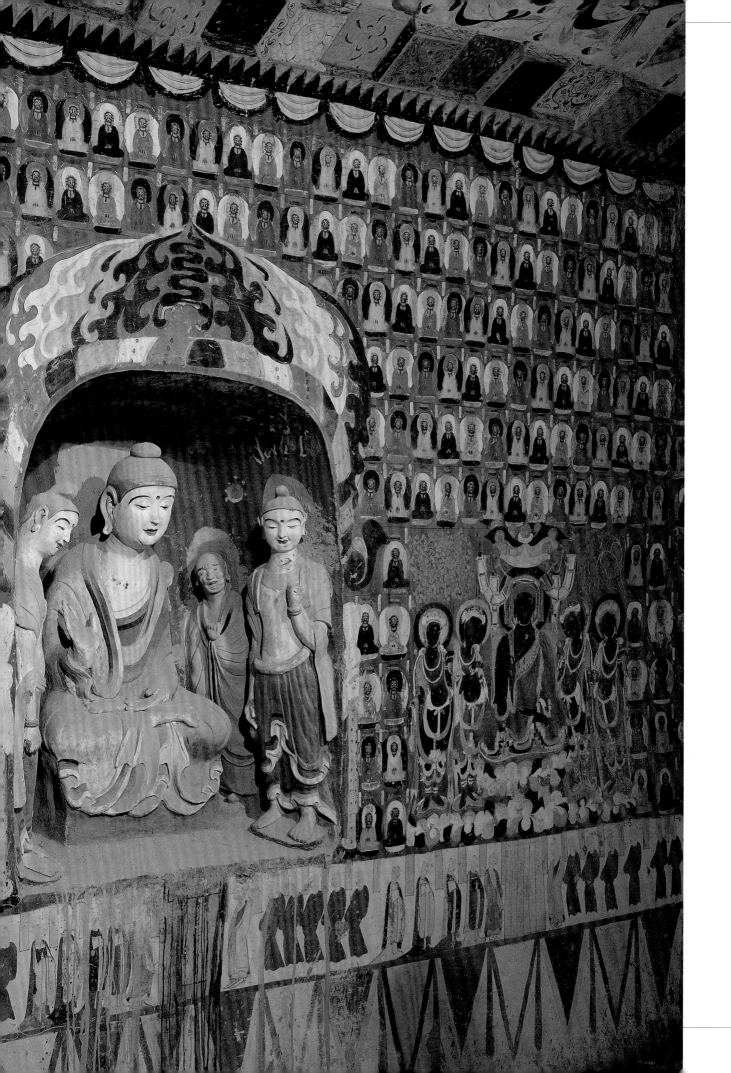

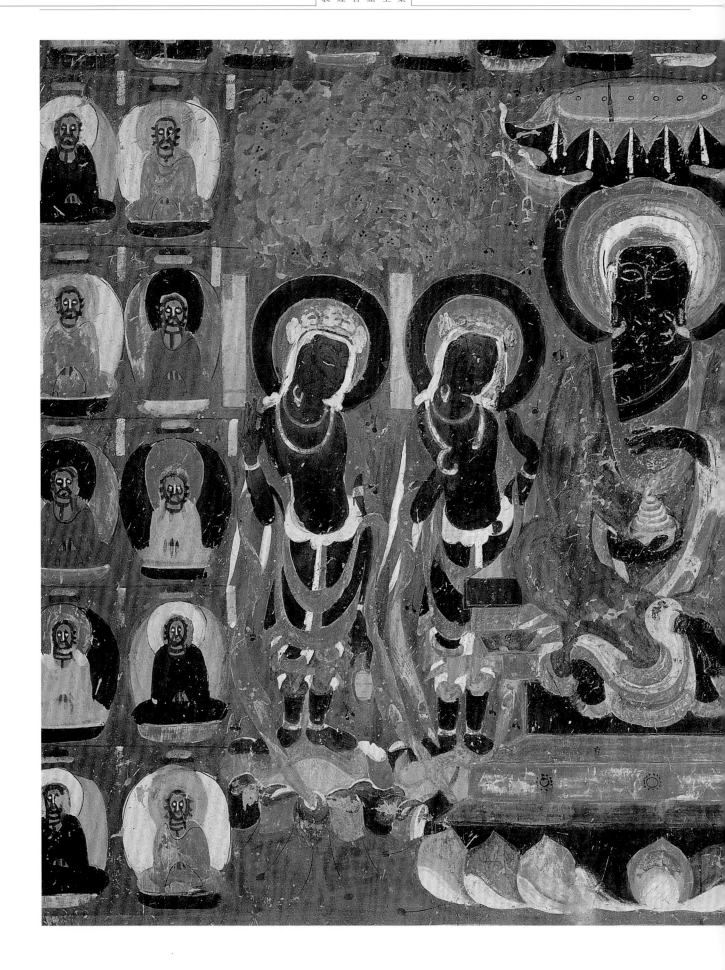

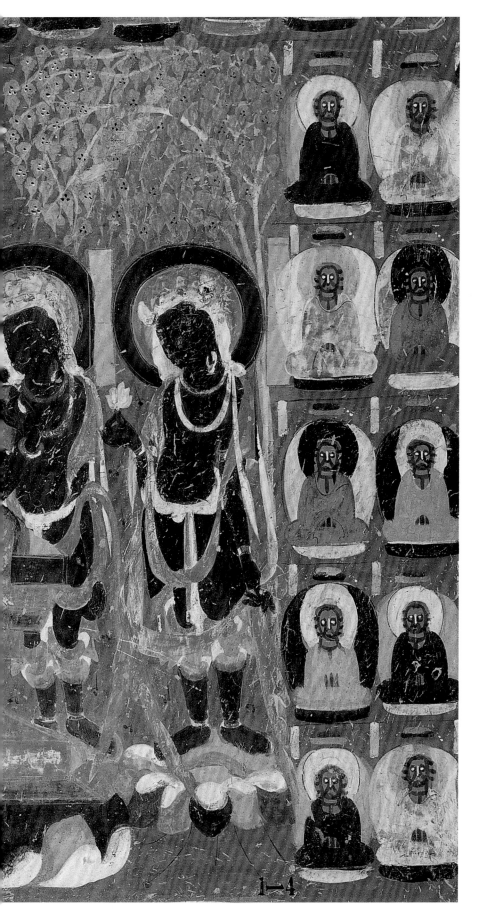

1—4

82 降龍入鉢

說法圖式的釋迦降伏毒龍故事。雙樹寶蓋下釋迦端坐，手中托着盛龍的鉢器，左右脅侍菩薩作持花供養。故事講釋迦想要度脫著名的迦葉為僧，便來到迦葉所在地，提出要入住當地的火室。迦葉說火室內有毒龍，會加害於人。釋迦說：“沒有龍能害我。”釋迦進入火室，降伏毒龍，化置鉢中。迦葉折服，遂率眾弟子皈依佛教。後來迦葉成為最著名的佛弟子之一。

隋 莫305 西壁南側

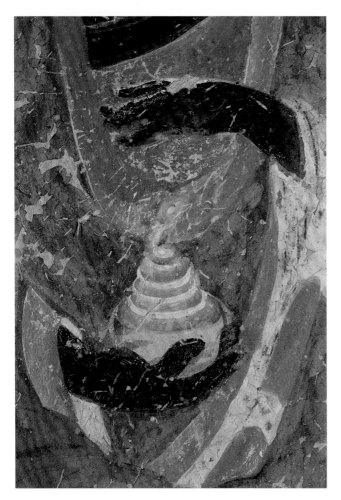

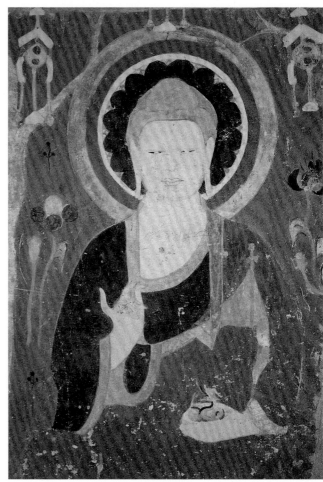

83 入鉢毒龍

釋迦右手托着盛有毒龍的鉢器,左手罩
在龍首上方。毒龍盤曲於法鉢之中,龍
首高昂,似抬頭看着釋迦,表現毒龍已
被降伏,皈依釋迦。

隋 莫305 西壁南側

84 佛説法

釋迦佛沉穩鎮定,莊嚴靜穆,右手作説
法印,説偈降伏毒龍,左手托鉢,已將
毒龍化置鉢中。莫高窟降伏毒龍圖像僅
有坐佛托鉢,沒有救火場景。周圍畫千
佛,與巴米揚石窟比較接近。

隋 莫380 北壁

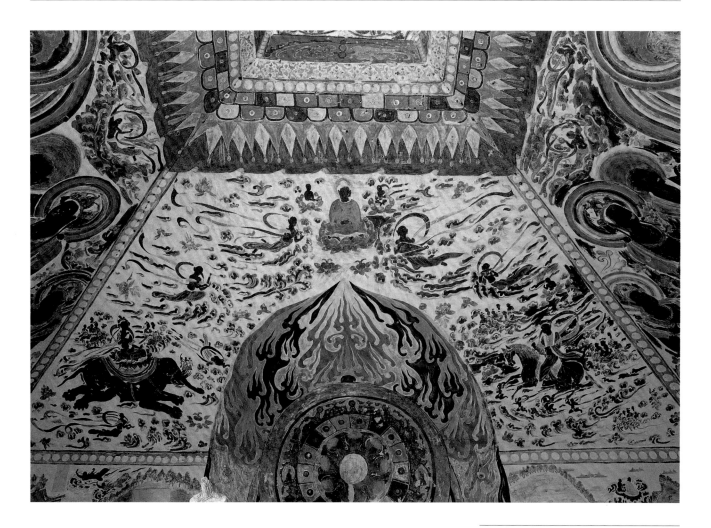

85 窟頂佛傳故事畫

覆斗頂西坡，火焰紋佛背光兩側畫乘象
入胎和夜半逾城，上方是結跏趺坐佛
像。整個畫面，飛天起舞，巾帶飄拂，
彩雲漫捲，天花亂墜，氣氛熱烈。

初唐　莫209　窟頂西坡

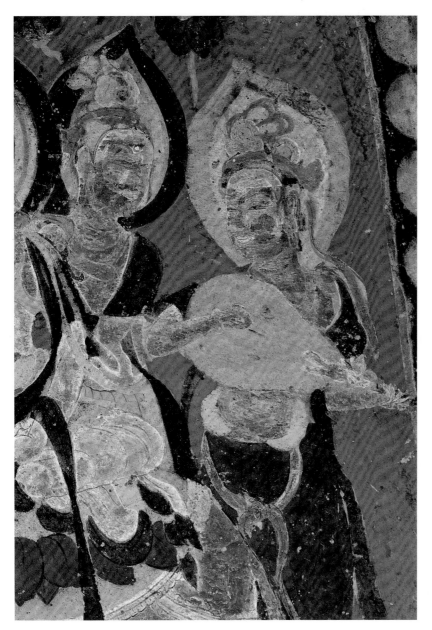

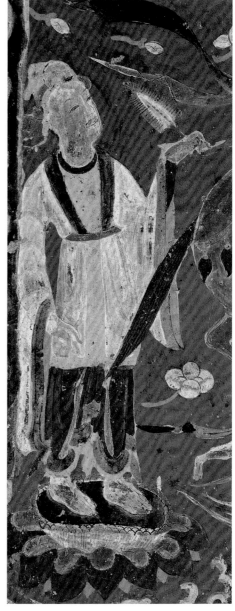

86 伎樂菩薩

乘象入胎圖中白象身後的伎樂面龐豐
圓，高鼻秀眼，長眉入鬢，情致溫婉嬌
雅，全神貫注地彈奏琵琶。身旁的菩
薩，凝神注目，沉浸在美妙的仙樂氛圍
中。

初唐 莫57 西壁龕外北側

87 帝釋天

夜半逾城圖中的帝釋天。着漢裝大袖襦
服，揚首舉目，輕搖拂塵，相送悉達多
太子逾城出家。

初唐 莫57 西壁龕外南側

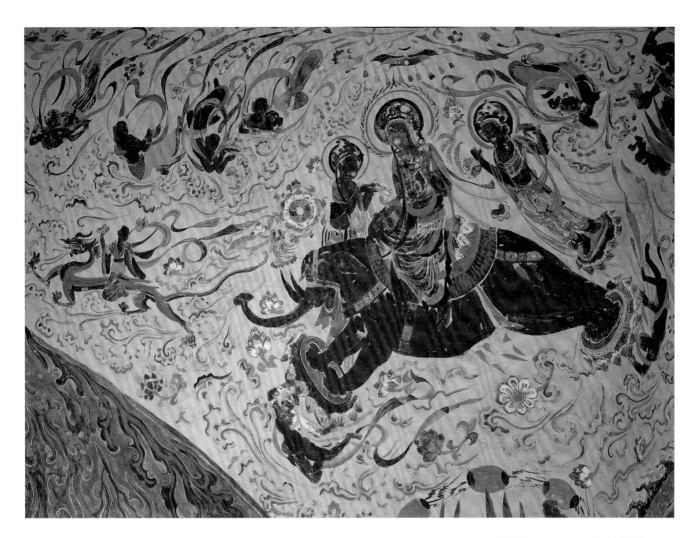

88 乘象入胎

菩薩半跏趺坐在白象背上，象鼻上翹，足踏彩蓮奔跑，在飛天的承托下，翱遊虛空。通過白象的姿態極力渲染急迫投胎的情景。自由翱翔的飛天，乘龍引導的飛仙，以及漫天飄浮的祥雲、鮮花，襯托出熱烈的氣氛。是敦煌壁畫中最具感染力的乘象入胎圖。

初唐 莫329 西壁龕頂北側

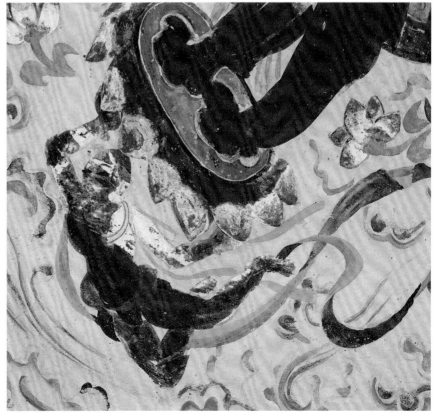

89 天人

乘象入胎圖中，護送菩薩投胎的天人如在水中遨游，雙手向上托舉踩踏彩蓮的象足，長巾飄拂，流雲飛動。

初唐 莫329 西壁龕頂北側

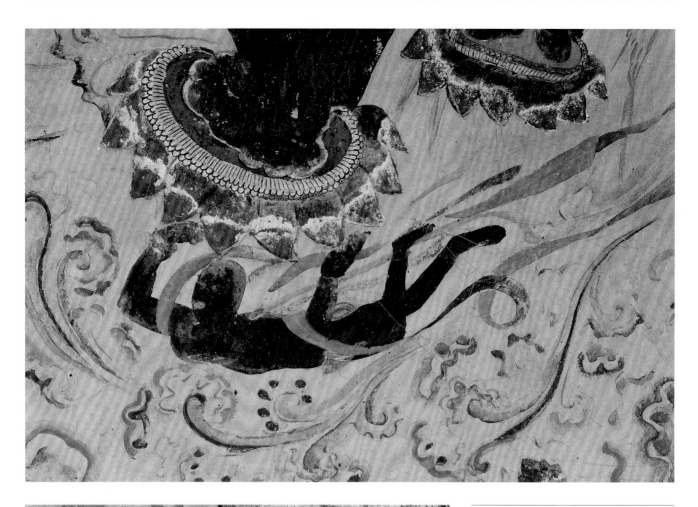

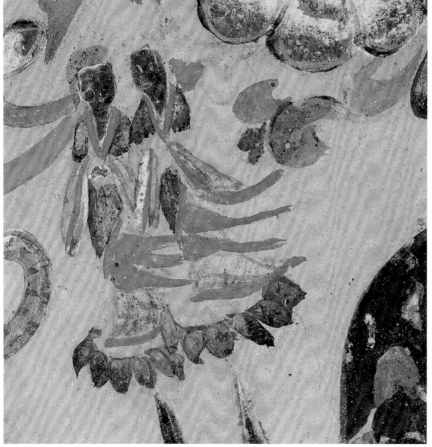

90　天人

承托白象後足和蓮花的天人，身如俯衝
入水之勢，藉助流動的彩雲和順勢翻捲
長拂的飄帶，表現天人疾馳前行的速度
感。

初唐　莫329　西壁龕頂北側

91　象牙頂端天人

二天人足踏彩蓮，安立於象牙頂端，似
相顧而語，神情坦然。順風而動的襟
帶，表現在虛空中前行的動感。

初唐　莫329　西壁龕頂北側

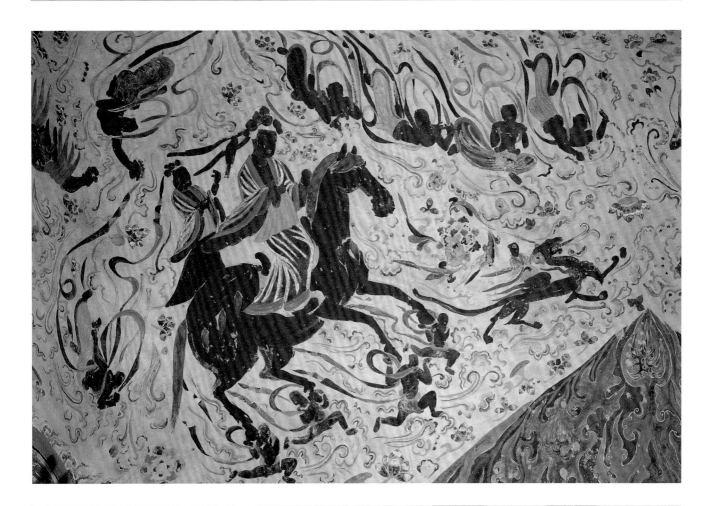

92 夜半逾城

此圖與前乘象入胎圖相對應。在鮮花飛
旋、漫天彩雲飄浮的虛空中，釋迦騎乘
白馬，四天王承托馬蹄，騰空逾城飛
行，伎樂、飛天、飛仙相送，仙樂齊
鳴，氣氛熱烈祥和，意境優雅。
初唐　莫329　西壁龕頂南側

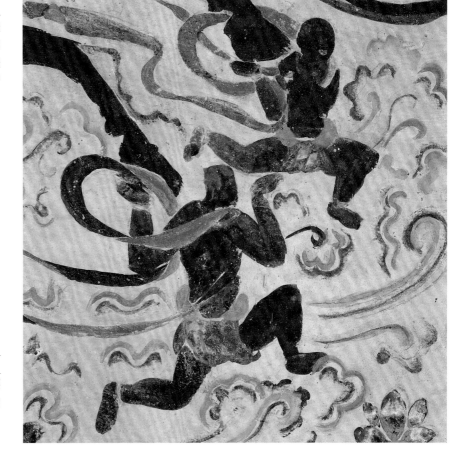

93 托馬天王

承托馬蹄逾城的二天王。赤身裸體，腰
繫短褲，身披長巾，手持馬蹄，在虛空
中作奔跑狀，動感十足。
初唐　莫329　西壁龕頂南側

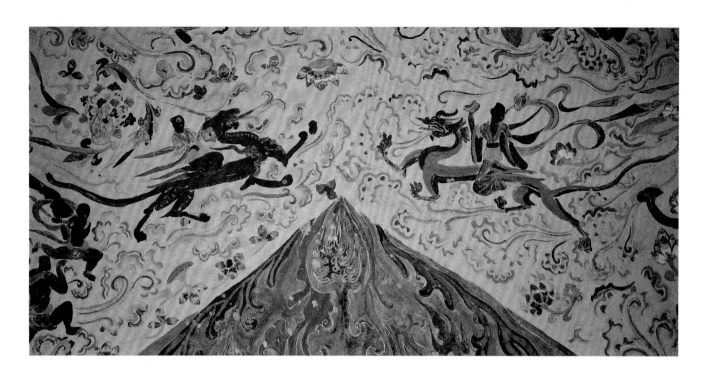

94 乘龍飛仙

在虛空的飛天行列中，有乘龍飛仙相對
飛行。這一形象原本是漢代以來道家引
導人們羽化升天的乘龍仙人，在此出現
強調了乘象入胎和逾城出家時在天空翱
遊的氣氛。

初唐　莫329　西壁龕頂中央

第二節　佛傳故事畫稀少時期

進入唐貞觀年間，直至唐末，經變畫已經成為敦煌壁畫的主流，佛傳故事畫較唐初更少出現，莫高窟僅有盛唐第217窟、晚唐第156窟數例而已，題材也更為簡明，以釋迦為四眾說法、釋迦回城、羅睺羅出家、釋迦降魔成道等寥寥畫面，高度概括了釋迦牟尼艱難曲折的生平經歷。其中第217窟的釋迦回城繪於彩塑主尊說法像的龕內，同樣是採用繪塑結合的手法顯現佛傳故事。這時的佛傳故事依然是要通過釋迦簡約的事跡，點明主尊的釋迦身分，以強調洞窟以佛陀釋迦牟尼為中心說法的主題。

釋迦回城　充滿親情

據佛經說，當釋迦得道成佛後，想起自己和至親尚未得到度化，於是便帶領目犍連等眾弟子回到出生地迦毗羅衛城，度化了父親淨飯王、姨母波闍波提（又名瞿曇彌）、妻子耶輸陀羅（又名裘夷）、兒子羅睺羅、異母弟難陀等有緣眾生。

莫高窟盛唐第217窟西壁龕頂表現了釋迦為四眾說法、釋迦回迦毗羅衛城、羅睺羅出家的情節。在高大的城門前，釋迦率弟子踏雲而歸，姨母伸手相迎，充滿親情，並有神話氣氛，畫面至今色彩鮮艷。

降魔成首　昭顯軍功

莫高窟晚唐第156窟是著名的歸義軍節度使張議潮功德窟，建於唐咸通二至八年（公元861～867年），也是張議潮驅逐吐蕃，收復河西失地，被唐王朝授予統轄河西十一州歸義軍節度使之後修建。張議潮建窟的目的是要顯赫門庭，炫耀軍功。在這樣的歷史背景下，繪於前室窟頂顯要位置的佛傳故事畫之一的降魔圖，其目的顯然並不是要表現釋迦傳記，而是藉降魔圖降伏外道魔眾，譬喻張氏歸義軍統治者驅逐外族吐蕃的歷史功績，也是慶賀唐王朝的勝利。繪於前室窟頂是為了突出這個畫面的內容。

圖中的主尊釋迦像可能因貼金而被破壞。佛陀坐於須彌座的蓮花上，佛座已不再有前朝圖像中常見的鋪設吉祥草，上方也沒有華蓋式的菩提樹。佛身和佛頭後的身光和項光裝飾得工整精緻，光焰四射。佛座前左側三名魔女"側抽蟬鬢，斜托鳳釵，身掛綺羅，臂纏瓔珞"，"來到佛前，歌舞齊施，管弦競奏"。右側的三魔女"一時化作老母"，"面皺如皮裹髑髏"，"渾身錦繡變成布裙，頭上梳釵變作一團亂蛇。腰曲腳長，一似過秋谷觴"。相貌醜陋不堪，相扶而走。畫面上不僅表現了佛陀兩側奇形怪狀的魔眾，而且以不同常人的膚色上紅、綠、赭各色，塗染魔鬼的軀體，且用分塊染色的技法表現魔鬼肌肉發達有力，增加了魔鬼發威時猙獰恐怖的氣氛。環繞佛光周圍畫一圈蓮花，表現佛陀以神通力，使"箭欲發時花自生"，在蓮花的護衛下，任憑魔眾刀槍劍戟百般進攻，都無法動撼釋迦。為表現魔王波旬反覆進攻釋迦，最後終歸失敗，畫面上魔王波旬親自披掛上陣，出現四次之多：佛座右側，波旬揮動寶劍，欲殺釋迦，被兩個魔王子相勸阻攔；佛座左側波旬彎弓射箭，欲射釋迦；失敗後的波旬在佛座前左側頭腳倒懸；在佛座前右側冠落靴掉，跌倒在地。在佛座前從地下湧出身着菩薩裝的地神，指着倒地的魔王，證言他已告失敗。此圖的構圖、佛座、佛光、衣着都表現了降魔圖的民族化。

另外，在中唐第112窟主室東壁門上的晚唐第23窟甬道頂也存有降魔圖各一鋪，其構圖和畫風與第156窟相似。

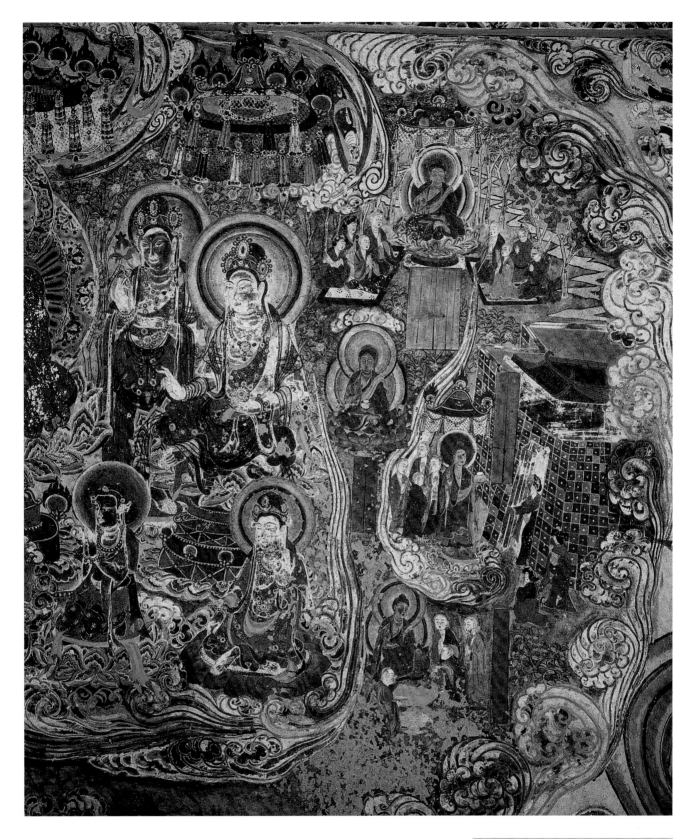

95 釋迦回城

釋迦說法圖北側以雲氣分隔，自上而下
繪佛傳故事之釋迦為四眾說法、釋迦回
迦毗羅衛城、釋迦之子羅睺羅出家等三
個畫面。

盛唐 莫217 西壁龕頂北側

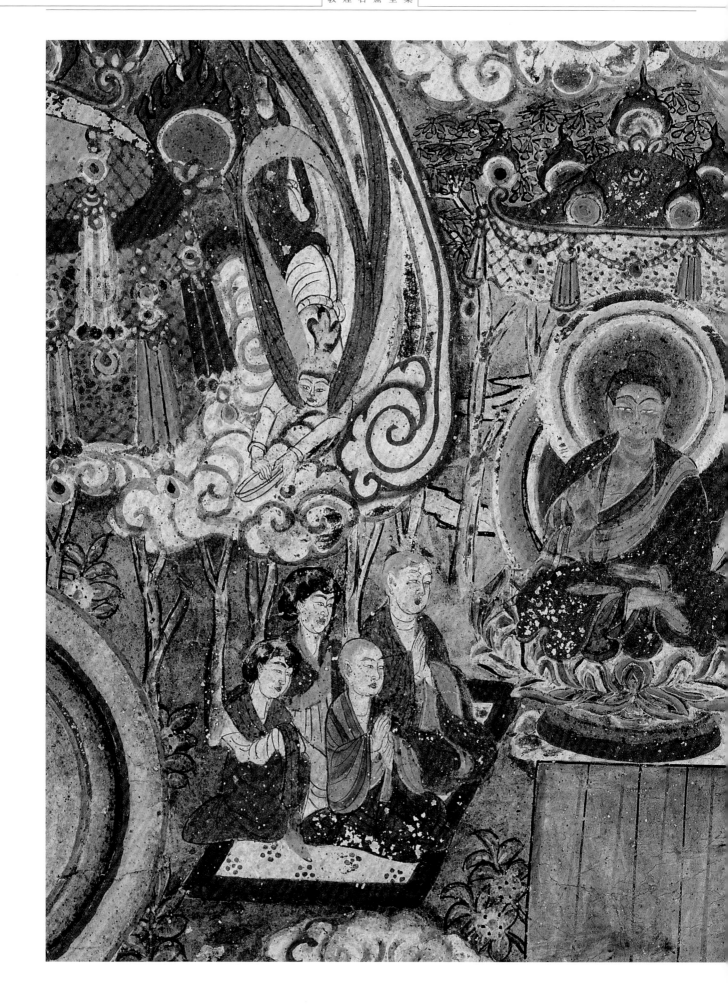

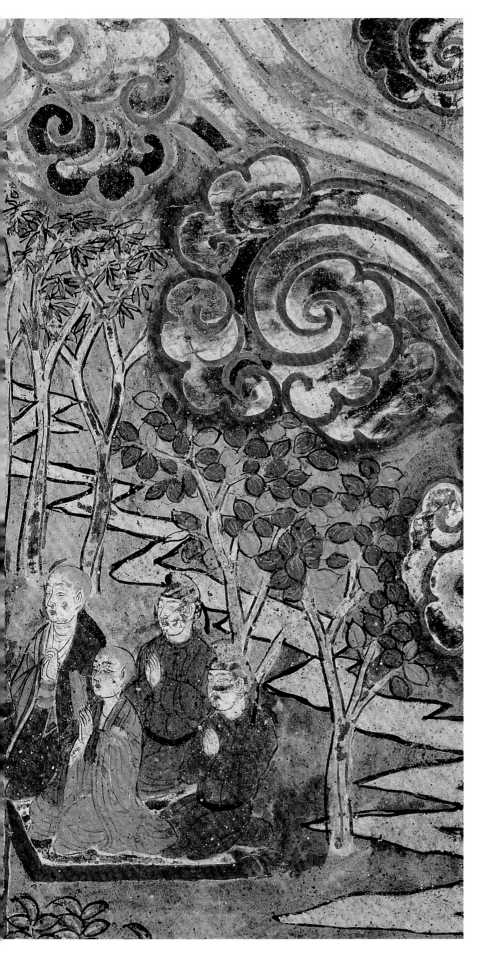

96 釋迦說法

釋迦結跏趺坐於蓮花座上說法，兩側比
丘、比丘尼、優婆塞、優婆姨四眾跪於
花毯上，雙手合十虔誠聽法。畫面設色
艷麗，綠樹成蔭，河流蜿蜒，景色宜
人，意境深邃。

盛唐 莫217 西壁龕頂北側

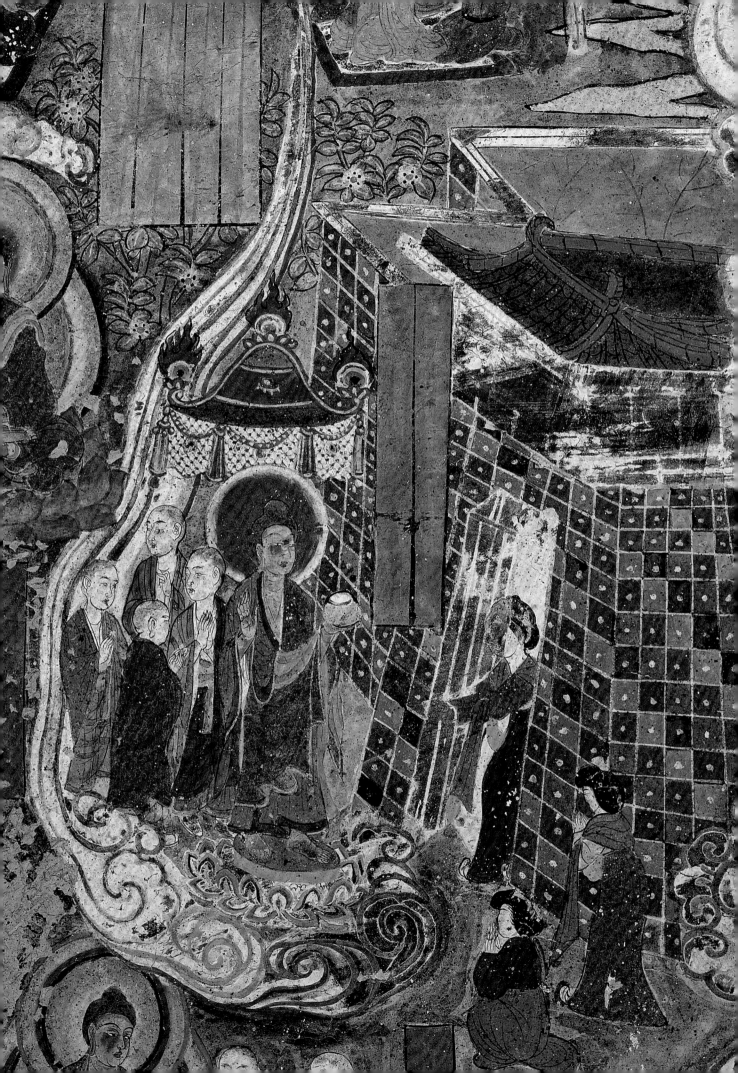

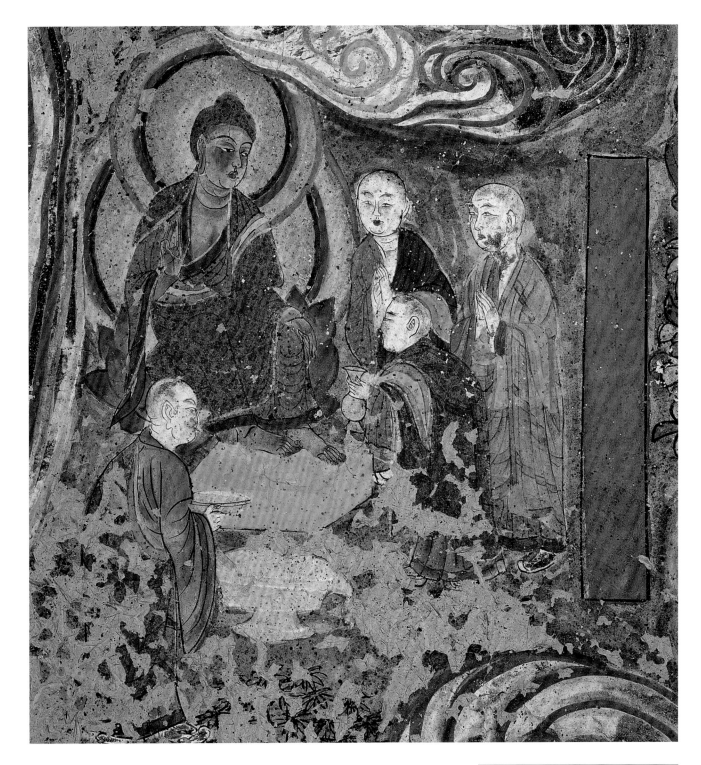

97 釋迦返鄉

釋迦成道後，多年奔波各地宣說教法，後應其父淨飯王遣使邀請，返回故鄉迦毗羅衛城。城樓為廡殿頂，城牆用不同顏色的琉璃彩磚裝飾，富麗絢爛。釋迦率眾弟子乘雲降落在城門前，城門開啟，姨母迎釋迦入城。姨母撫養釋迦成人，從其伸出相迎的雙手，顯現出母愛之情。

盛唐 莫217 西壁龕頂北側

98 羅睺羅出家

釋迦返鄉後，宣說佛法，族人響應出家。著名的有釋迦異母兄弟難陀、阿泥婁逗、提婆達多及優婆離等，釋迦的兒子羅睺羅也同時出家為僧，其教團勢力大增。

盛唐 莫217 西壁龕頂北側

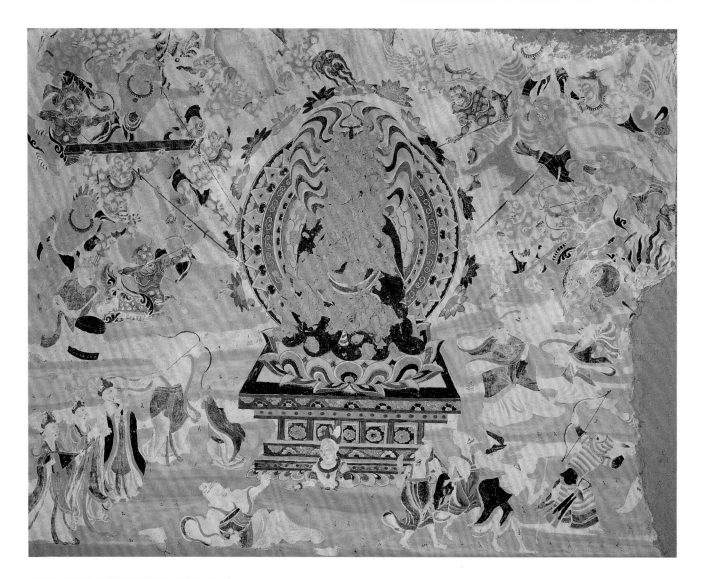

99 降魔成道

釋迦結跏趺坐正中（殘），下部是魔王
和魔女；上部是爭獰怪異的魔軍。構圖
模式與早期相比，有所發展。魔軍進攻
與失敗的畫面向上下延展，使戰鬥的場
面開闊了許多。魔軍中增加了擂鼓助威
的情節，營造出一種魔軍從天而降、排
山倒海的戰鬥氛圍。中間釋迦已不坐在
青草鋪的草座，而是坐在了裝飾華麗的
束腰方座的蓮花上，放射的佛光也已不
是火焰紋，而是表現光焰四射的幾何形
的光環，佛光周圍繞蓮花一周，無論魔
軍的攻勢如何凌厲，武器在蓮花前都被
折斷，而釋迦卻巋然不動。
晚唐 莫156 前室窟頂中央

100 魔軍進攻之一

魔軍正在進攻釋迦。魔軍人首獸身，蓬髮豎立，肌肉勁健，腹部生人面，獸身有翼，飛奔疾馳，彎弓向釋迦暗施毒箭。鬼卒擊鼓吶喊助威。

晚唐　莫156　前室頂中央

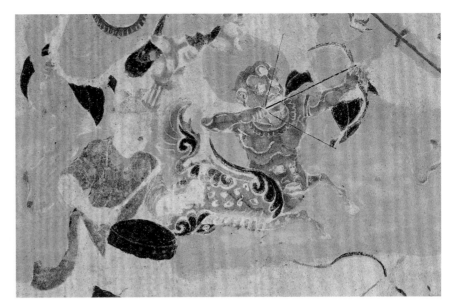

101 魔軍進攻之二

魔王手持長劍殺向釋迦，魔王兩側魔子勸阻魔王。一着甲胄的魔軍武士正在向釋迦射出冷箭。羅利惡鬼背負大鼓，前來助陣，但矢刃未近佛身即已折斷。

晚唐　莫156　前室頂部中央

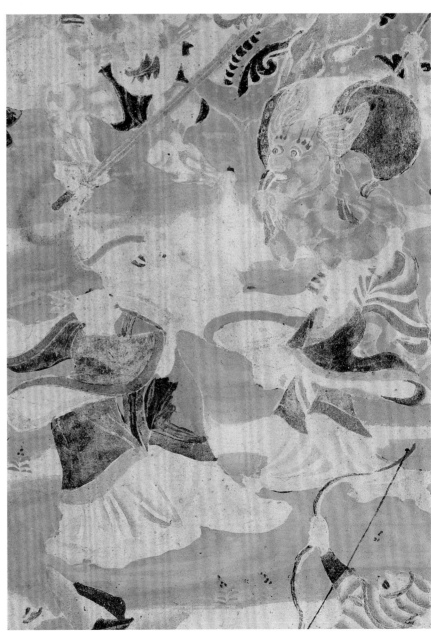

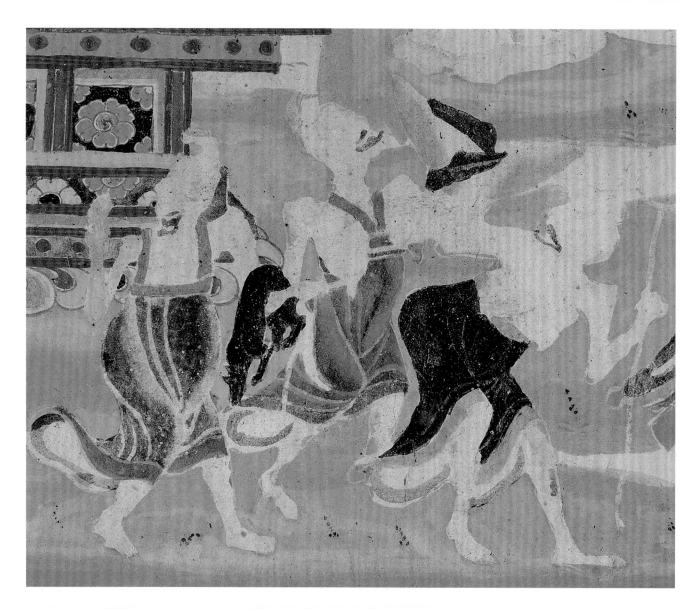

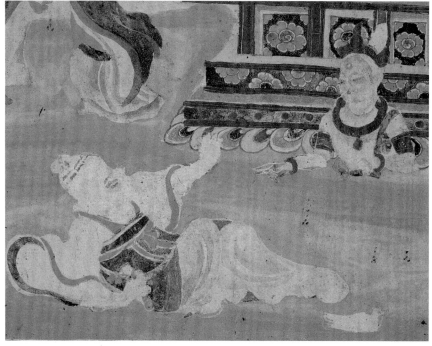

102 美女變醜

魔王波旬三個如花似玉，妖艷巧媚的女
兒，在釋迦施以神通力之後，變成奇醜
無比的三個老嫗，落荒而逃。一個身體
佝僂，步履蹣跚，柱杖贏步；一個舉鏡
自照面容，驚愕不已；一個回首張望，
驚魂未定。

晚唐 莫156 前室頂中央

103 魔王倒地

魔王波旬率魔女和魔軍進攻釋迦，經過
幾番較量，終遭慘敗，他遂悶絕倒地。
地神從地湧出，手指魔王，證明釋迦獲
勝，波旬失敗。

晚唐 莫156 前室頂中央

佛傳故事畫的中興時代

曹氏歸義軍時期（公元 914～1036 年）

　　唐武宗於公元 842 年滅佛，中原佛教受到沉重打擊。吐蕃佔領時期敦煌
地區的佛教和佛教藝術不僅沒有受到影響，還得到了發展。吐蕃之後的晚唐和
五代時期，中原政局不穩，社會動盪，後周世宗於公元 955 年再次滅佛，中
原佛教從此一蹶不振。這時敦煌地區為歸義軍政權統治時期，僻隅一方，政局
相對穩定，不僅繼承了原有的佛教傳統，而且還繼續引進並發展了中原和西域
佛教和佛教藝術。

　　公元 914 ～ 1037 年，曹氏歸義軍政權五代八位節度使相繼統治瓜州（今
安西）、沙州（敦煌）地區，這個時期相當於中原的五代和宋初。曹氏為了鞏
固歸義軍政權，提高自己在少數民族政權中的地位，積極利用和扶植佛教，在
莫高窟、榆林窟興建和重修洞窟多達100多個，尤以曹元忠任歸義軍節度使時
的莫高窟蔚為壯觀，規模空前。

華嚴思想與佛傳故事畫

　　五代後期至宋初，在隋唐一度處於低潮的佛傳故事畫，在曹氏歸義軍節度
使興建的洞窟中又進入高潮。例如莫高窟第 61 窟、榆林窟第 33 窟、第 36
窟，從曹元忠及其家人的供養像和榜題，説明興建於公元 944 ～ 974 年曹元
忠任節度使期間。莫高窟第 454 窟有曹延恭、曹延祿及其家人的供養像和榜
題，説明興建於公元 974 ～ 980 年曹延恭、或稍後曹延祿任歸義軍節度使期
間。

　　上述四個曹氏政權興建的大型洞窟中繪製的佛傳故事畫，大部分是依據隋
代闍那崛多譯《佛本行集經》繪製。曹氏政權為何採用遠在四百年前闍那崛多
譯出的《佛本行集經》繪畫佛傳故事呢？

　　早於隋代《佛本行集經》的各種佛傳經典，都只是簡單追述釋迦前生的
祖先、釋種的來源，以及闡明釋迦一生修行成佛傳教的事跡。而《佛本行集
經》則不同，開卷之語便是“歸命大智海毗盧遮那佛”，點明往昔作轉輪王，
發道心成佛的毗盧遮那，就是釋迦的遠祖。顯然，此經開宗明義説明了譯經是
對華嚴宗和它的教主毗盧遮那佛的信仰，不是單純為傳播佛傳而譯經。此經中

多次提到佛法住世的時間，佛説："如來滅後，法住於世經七萬歲，末後十年，諸比丘等，不生敬信，無慚愧心，營理世務，樂於諸業。所有持疑，不相諮問，各恃己能，互生憍慢，恆聚非法。諸惡知識不善之人，以為朋友，共相狎習，圍繞遊從。是等癡人，行不純故，使彼如來佛法僧寶，速疾隱沒不現世間，所有經書悉皆滅盡。"這反映了當時盛行的佛教末法思想。佛教認為釋迦圓寂以後佛法日益衰微，分為正、像、末三法時期。正法時期五百年，佛雖然去世而法儀未改，有準確無誤的佛法；像法時期一千年，雖然有相似正法的佛法，但是出現了"道化訛替"；末法時期一萬年，"佛法將滅"。闍那崛多譯《佛本行集經》目的十分明確，他在北周時從于闐來到長安譯經，後遭北周武帝滅佛之難，返回西域，至隋代佛法復興，再入長安譯經。這時，他有感於僧眾的墮落，親身經歷了滅佛之痛，又受北朝末至隋代佛教流行的佛法將滅的末法思潮影響，出於保護佛法，使佛教不致再次被滅，他譯出了《佛本行集經》，試圖通過表達華嚴思想的釋迦傳記以維護佛法。因此，這部經典不同於以前任何一部翻譯的釋迦個人傳記經典。

華嚴宗尊奉的主尊為毗盧遮那佛，即盧舍那如來，他被華嚴宗奉為教主。根據華嚴宗的經典《大方廣佛華嚴經》載，釋迦應是盧舍那佛幻化的化身。所以，華嚴思想中的毗盧遮那與釋迦完全是合而為一的。那麼，釋迦通過艱苦修行，破除魔障，獲得智慧，最終覺悟成佛，也就是毗盧遮那佛幻化的體現。隋代闍那崛多提倡歸命毗盧遮那佛而譯《佛本行集經》，是因為華嚴思想認為毗盧遮那是智慧成就最高之佛，他光明遍照，無邊無沿，但他不具形象，無法將他消滅。信仰毗盧遮那佛，佛法和佛教就能得到保護，佛教就不會被滅。華嚴經又主張一切眾生本來都有佛性，眾生只要信仰毗盧遮那佛，得到毗盧遮那佛照射的光明，感悟他的妙境所體證的道理，通過修菩薩行，發心供養，轉變思想，就能摒棄愚癡，得到智慧，即可頓悟成佛，脫離現實的痛苦。根據華嚴思想、釋迦即毗盧遮那的理論推論，《佛本行集經》讚頌的經過修菩薩行而得道成佛的釋迦，並不是歷史上真實的釋迦牟尼佛，而是毗盧遮那智慧的化身，其用意是提倡以釋迦為榜樣去修菩薩行，以求最終成佛。

　　唐武則天時興起的華嚴宗，一度沉寂後至五代、宋再度興盛，因此，在華嚴經尊奉的主尊毗盧舍那如來和《佛本行集經》大行其道之時，佛傳故事畫又被賦予了新的理義盛行起來了。

曹氏政權與佛傳故事畫

　　曹氏建窟時，專門選擇《佛本行集經》繪製佛傳故事畫，還與當時歸義軍政權所處的動亂形勢有關。曹氏政權建立之後，一方面向中原王朝稱臣納貢，以求取得中原王朝的承認和敕封，提高自己在周邊西域民族政權中的威信和地位；另一方面重視與周邊民族政權結好，既和東部的甘州（今甘肅張掖）回鶻結親，又與西部的于闐聯姻。通過這些卓有成效的措施，維持了歸義軍政權數十年的穩定。公元10世紀後葉，曹延祿執政時期，與東部的甘州回鶻關係再度惡化，雙方發生了戰爭。據學者研究，位於塔里木盆地西南緣的于闐（今新疆和田），在唐末、五代、宋初時期，雖擺脫了吐蕃統治，但仍然“常與吐蕃相攻劫”，這個佛教王國還時刻處在皈依回教的黑汗王朝的威脅之中。在此期間，佛教像法階段即將過去，末法階段即將到來的思想在于闐廣泛流行起來。面對嚴峻的形勢，于闐國的統治者曾要求曹氏政權派兵援助，又不得不祈求神靈的呵護。與此同時，曹氏除在他們興建的一些洞窟中繪畫于闐國王、太子、天皇后、天公主的供養像外，還繪畫于闐的守護神。這反映了曹氏政權已經感受到了于闐面臨的岌岌可危的形勢和對自身政權的威脅。曹氏政權為了自身政權和友好鄰邦于闐國的安全，選用有末法思想的《佛本行集經》繪佛傳故事畫，以保護佛法，鞏固歸義軍政權的統治就不難理解了。

　　無獨有偶，在敦煌藏經洞出土文書中還發現大量曹氏時期的《佛本行集經》寫經，現保存在北京、倫敦、巴黎圖書館。編號 S.0559 文書為《佛本行集經》卷次目錄，從此經卷第十一至卷第卅一，每一經題下皆鈐有“瓜沙州大王印”，稱“瓜沙州大王”之銜的，只有歸義軍節度使曹議金、曹元忠、曹延祿三人。編號 P.3317 號文書首題《佛本行集經第三卷已下緣起簡子目號》，其內容是將《佛本行集經》第三卷至第三十四卷經文中佛傳故事的主要情節逐一條目化，每一條目的最後都綴以"處"字，這無疑是《佛本行集經》經變的榜題底稿。還有公元 10 世紀根據《佛本行集經》演繹的太子成道變文八件，其中編號 P.2999 號文書有後唐長興五年（實為應順元年，即公元 934 年）紀年；有講述釋迦降魔成道，並記有後晉天福九年（公元 944 年）紀年的"破魔變文"一件。上述材料說明曹氏政權十分重視《佛本行集經》，在他們修建的石窟中以此經作為佛傳故事畫的依據並非偶然。

　　值得注意的是，這些洞窟的佛傳故事畫出現了兩種不同於以往的新形式：一是屏風式，二是經變畫式，都屬於宏篇巨製，其故事篇幅之長，畫面規模之大，超過敦煌石窟以往的任何時代，在全國晚期石窟中也屬少見，由此反映了曹氏政權的統治者對繪畫佛傳故事畫的重視。

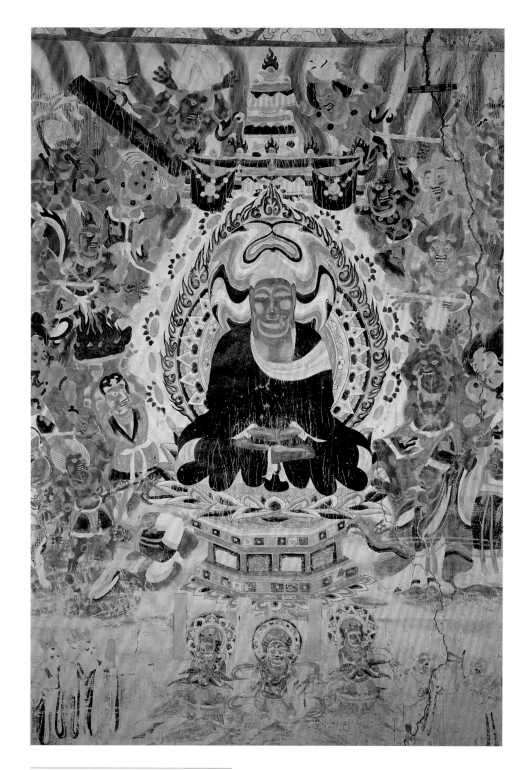

104 降魔成道

畫面中央以大幅釋迦牟尼降魔成道圖為
中心，兩側對聯式條幅表現佛傳故事。
這是佛傳故事畫的一種新形式。

五代 榆33 北壁西側

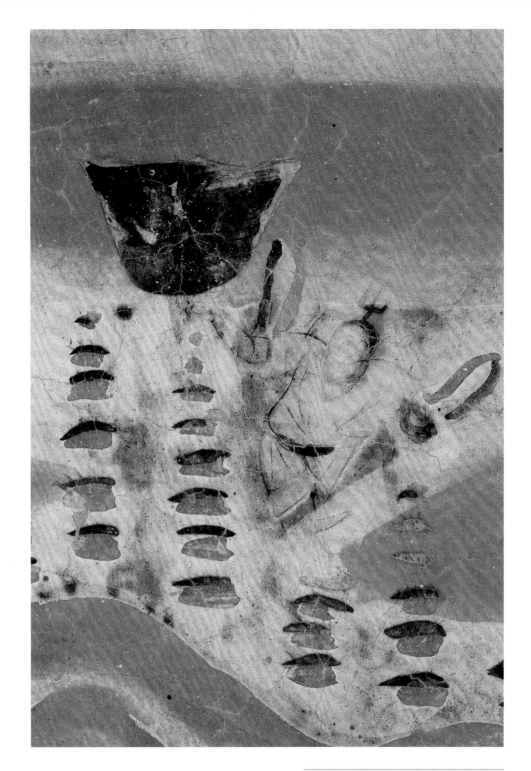

105 太子擎鐘

此圖是太子學藝之一。太子雙目圓睜，
揮動衣袖，單手將鐘擎起。表現他力大
無比。

五代 佛本行集經・習學技藝品
莫61 西壁下部

第一節　　屏風式佛傳故事畫盛況空前

莫高窟第61窟、第454窟和榆林窟第36窟首次出現屏風式佛傳故事畫。三窟的特徵和佈局相似，都是正中置方形佛壇，在主室的南、西、北三壁下部以屏風畫的形式表現長篇佛傳故事。故事情節一般都從南壁中部開始，經西壁至北壁中部結束。

屏風畫早在公元前一世紀的西漢宮廷中已經出現。唐代著名青綠山水畫家李思訓在大同殿為唐玄宗畫山水屏風，擅長畫佛教寺院壁畫的吳道子、閻立本也畫屏風。唐代以後，中原宮廷、寺院風靡流行的屏風畫也影響到了敦煌莫高窟，盛唐時期開始出現屏風式壁畫，至中、晚唐、五代、宋時期的石窟內普遍流行屏風畫，主要用以配合經變畫而表現其故事情節。至曹氏歸義軍政權時期，開始以石窟中流行已久的屏風畫來連續繪製佛傳故事畫。通常屏風畫上部為一條圖案式的遠山叢林和彩雲，山前草坪作地平線，使聯屏上形成統一的遠景和整體關係。地平線以下每扇屏風形成一個獨立的畫面。屏風之間的左右山水互不相接。每扇屏風的山水既作人物的背景，又作故事情節的間隔。畫中人物、建築、山巒、河流、樹木也作圖案式，在透視上無遠近大小區別，人與景的處理採取"深遠"（俯視）和"平遠"（平視）相結合的手法，使山前山後，建築內外的人物活動和環境一覽無餘。每

扇屏風分佈的情節內容多少不等，順序不同，而是根據故事畫的需要作靈活的構圖和佈局。每個內容都插有一則榜題，上書寫從佛傳經典中節錄的經文，作為畫面內容的說明，成為我們今天認識考證佛傳故事畫內容的主要依據。

第61窟長篇佛傳故事畫

這一時期佛傳屏風畫有代表性且保存完好的是莫高窟第61窟。此窟建於公元947～951年，為瓜沙節度使曹元忠妻潯陽郡夫人翟氏所建。窟形為大型方形中心佛壇窟，主室西壁和兩側壁的後段下部以連續三十三扇屏風畫繪製大型佛傳故事畫。

根據榜題文字和畫面考證，此窟的大型佛傳畫主要依據隋開皇七至十一年（公元587～591年）天竺三藏闍那崛多譯《佛本行集經》繪畫，其中表現了此經文中的二十四品。佛傳圖結尾兩扇屏風的涅槃部分，則是依據唐代義淨譯《根本說一切有部毗奈耶雜事》，唐代若那跋陀羅和會寧譯《大般涅槃經後分》，以及中國人撰《佛母經》繪畫。

這三十三扇佛傳故事屏風畫，從釋迦前生的雲童子請求燃燈佛授記、甘蔗王苗裔、釋種緣起開始，然後展開釋迦今生的降生、宮廷生活、出家、學道、苦行、降魔、轉法輪、至涅槃結束，完整地表現了佛陀的一生。全圖可分為四

組，共繪128個內容，書寫128則榜題。具體內容如下：

第一組，包括第一扇至第九扇屏風，共36個畫面，全部繪於南壁。主要表現釋迦的祖先和世系淵源流長，他是甘蔗苗裔釋迦種姓之後。畫面省略了經文追述釋迦遠祖毗盧遮那佛和無數劫無數佛次第輾轉授記世系的部分，只表現有故事情節的釋迦世系。故事講古印度有降怨王，因名叫日主的婆羅門辦事有功，封其為王，並分給他一半國土。日後日主王的月上夫人生一子，名叫燃燈，是燃燈菩薩投胎，長大後成了佛。降怨王聽說燃燈佛說法度人遠近聞名，便請他到自己所住的蓮花城來說法，燃燈佛欣然受請前往。這事為此國雪山中求道的雲童子得知，他以五百錢從怨讎師之女處買得一支七莖優缽羅花，扔向燃燈佛，並發願如果來世我能成佛，令此花在佛頭上變成寶蓋，花葉果然停在燃燈佛上方的虛空中。為供養佛，雲童子又將自己唯一的一件鹿皮衣脫下鋪在濕地上，燃燈佛得知雲童子所發的心願後，率眾僧和天神向雲童子走來，並從他的衣服和頭髮上踩過，然後為雲童子授記，還告訴他，未來世將要成佛，名號釋迦牟尼。

又經過無數世無數轉輪王次第輾轉傳位，至釋迦祖先大茅草王時，因無子嗣，他將王位交付大臣，出家修行。後

來他逐漸衰老，不能遠行。一天，茅草王眾弟子要出外覓食，為防野獸傷害他，將老國王安置在草籠中，高掛在樹枝上。誰料老國王被途經的獵師誤射，流下兩滴血後便告命終。不久，茅草王滴血的地方長出兩根甘蔗。甘蔗成熟後，裏面出來童男童女。諸大臣接回兩個孩子，男的取名善生，女的取名善賢。兩童長大後，善生當了國王，即甘蔗王，善賢成為王后。甘蔗王的四位王子長大成人後，移居北方雪山下迦毗羅衛城，立姓為釋迦。甘蔗苗裔釋迦種姓之後代代都是轉輪王，傳至名叫淨飯的國王時，娶善覺王之女摩耶為妃。這時護明菩薩上生兜率天，經過無數劫後，從兜率天下到淨飯王夫人摩耶右脅，這時摩耶夫人夢見一六牙白象乘空而下，入其右脅。國王請相師占夢，相師稱善，說王必生聖子。淨飯王聽說王妃之夢是吉祥瑞相，即作種種佈施。摩耶夫人懷孕將滿十月，其父善覺王派人迎女兒回家分娩。淨飯王以種種花香瓔珞打扮摩耶夫人，並置辦一萬香象、一萬良馬、一萬寶車、二萬勇士，浩浩蕩蕩護送夫人回到善覺王的提婆陀訶城。初春二月初八，摩耶夫人於嵐毗尼園手攀大樹，生下太子。

第二組，包括第十扇至第二十四扇屏風，共43個畫面，全部繪於西壁。主要表現護明菩薩降生後，當太子期間過

着奢華的宮廷生活，有無比的智慧，以及他不被富貴所淫，決心出家的事跡。畫面描繪了太子降生後呈現各種祥瑞。淨飯王遣臣迎接摩耶夫人和太子回宮，阿私陀仙為太子占相，預言太子將來在家定當轉輪王，若出家必定成佛，取名悉達多。太子出生七日後，摩耶夫人命終，往生忉利天，由姨母摩訶波闍波提養育太子。悉達多太子年至八歲向毗奢婆蜜多羅學書，太子問他：六十四種書你教我何書？毗奢婆蜜多羅回答聞所未聞。太子運用威力，讓諸天神教五百釋種子弟學書唱字。淨飯王又請羼提提婆教太子與諸釋種子弟各種武藝，太子不學卻自通一切技藝。太子的文才和武略都智慧過人，無人可比。至太子十幾歲時與淨飯王出外野遊，觀看種田，太子看見辛勤勞作的農夫和耕牛困乏飢渴的痛苦之狀，以及蟲鳥相食，回宮後，坐在樹下思惟眾生生老病死諸種苦惱之事。太子年至十九，淨飯王為使他不思出家，為他造了三時殿，供他娛樂遊戲，又為他在釋種女子中遴選妃子，經過比試各種技藝，太子大獲全勝，遂娶釋種摩訶那摩大臣之女耶輪陀羅為妃。淨飯王又為太子建三等宮殿，供他與耶輪陀羅妃享樂。虛空中的作瓶天子見護明菩薩（太子）在宮內恣情縱樂滯留十年之久，設法令他厭惡宮廷生活，產生出遊之念。太子分別出遊東門、南門、西

門、北門之時，遇見作瓶天子化身的老人、病人、死人、比丘之後，便發心出家。淨飯王佈置重兵守衛宮城內外，防範太子出家。

第三組，包括第二十五扇至第三十一扇屏風，共42個畫面，繪於北壁西部。主要表現太子出家及出家後的艱苦修行，降魔成道，初轉法輪，傳教說法。描繪淨居天為幫助太子出家，來到迦毗羅衛城，運用神通力使宮內眾人皆沉迷昏睡，諸天夜叉前來護送引導太子出城，行至彌尼迦跋迦婆仙人居處，太子解寶冠交於馬夫車匿還給父王，並取寶刀割取頭髮，淨居天化作淨髮師為太子淨髮，又化作獵師以袈裟換取太子天衣。這時菩薩（太子）言，我今真正出家，遣車匿和白馬回城。迦毗羅衛城國王、姨母、王妃和人民不見太子回來悲痛不已。與此同時，菩薩先後來到跋迦婆仙人、阿羅邏仙人處學法，因學不到根本解脫之法，就入山在樹下一人獨自思惟，經過六年苦行，接受善生村主之女奉獻的乳糜後，入尼連禪河洗澡，恢復了體力。菩薩接受帝釋天化作刹草人吉利所獻青草，坐於菩提樹下，發願不得解脫，從此不起。這時五百吉祥的鳥獸從四方雲集而來，夜叉卻向魔王波旬報告，說菩薩侵入其境內，魔王整備魔軍進攻菩薩。菩薩在菩提樹下於初夜時分以手指地，降伏魔王波旬與眷屬的進

攻，經過思惟證悟，於夜後分明星出時覺悟成佛。這時娑婆世界之主、大梵天王聽說釋迦得道，專程從天宮下來，勸請釋迦為眾生說法。釋迦到波羅奈鹿野苑首先為憍陳如等五仙初轉法輪，接着又教耶輸等九十人出家，為伊羅缽龍王、商佉龍王和夜叉說法，度迦葉等一千二百比丘等，最後在靈鷲山說法。

第四組，包括第三十二至第三十三扇屏風，共 7 個畫面。繪於北壁中部。主要表現佛陀在廣嚴城說自己不久當涅槃，令阿難集合眾僧，他要為大眾作最後說法，又囑咐阿難往俱尸那城外娑羅雙林間安置牀鋪，說當日中夜必入般涅槃。這時佛陀接受的最後一個弟子須跋陀羅聽法後即先佛自焚。佛陀涅槃後，阿難與眾比丘按轉輪王之荼毗（火化）法將佛陀入殮金棺。此時菩薩、阿羅漢、聲聞、緣覺、比丘、比丘尼、天龍八部等集於雙林下無不悲傷哭泣。佛母得知佛陀涅槃，帶領眷屬從天而下，見佛陀已入殮，繞棺悲泣嘆言，佛陀聞母親呼喚，金棺自開，坐於千葉蓮花台上為母說法。說法後金棺自升空中，繞俱尸那城七週，向荼毗所而去。金棺在荼毗所火化後，四眾分取舍利，起塔供養。

有關莫高窟第 61 窟佛傳故事畫的詳細情節和故事發展順序，可參考附錄二。

第 61 窟的佛傳畫中出現的人物有一千四百五十多人，人物身高都在 80 厘米左右，比例適度，五官雖小，仍可看出面型短圓的時代特徵。服飾方面也具有時代特徵，佛教眾神着西域裝，世俗人物國王、王妃、太子、百官、庶民等都沿用唐代服飾。城市、宮殿、園林等建築，都是中國建築的形式。畫中保存了許多生活場景，如宮廷舞樂、世俗舞蹈、出行儀仗、農耕、收租、擠奶、煮奶、鼓吹、相撲、馬技、車技、射藝、奕棋、投槊、投壺、入殮、出殯、火化等等。還有馬車、象轎、騎乘、棺槨等日常器具，是當時社會生活的真實寫照，有重要的史料價值。

畫面人物雖然不大，畫師卻以細如游絲般的鐵線勾勒人物面部，以粗壯自由的線畫衣紋和山水，建築採用界畫，注意個體形象的動態和傳神，以及與整個故事情節、意境之間的呼應關係。色彩以石綠色為主色調，山用石綠與赭色相間暈染，青色極少。人物衣着、鞍馬、建築等塗白色、赭色或土紅色，有的變為黑色。敷色並不講究物象賦色的真實性，而注重藝術效果，色調十分柔和，富有裝飾性。特別是畫中世俗人物多於佛教中的神，與同窟的大型經變畫程式化的風格大不一樣，無論是形式還是內容都更進一步民族化，生活氣息十分濃厚，是當時社會生活的縮影，也是難得的一幅藝術佳作。是涉及古代社會生活內容最豐富的佛傳壁畫。

第 454 窟的佛傳故事畫

莫高窟第454窟是宋代公元974～980年曹延恭、曹延祿開鑿的洞窟,其窟形和窟內的佈局與莫高窟第61窟相同。佛傳故事畫以二十扇屏風連屏繪成,畫面計有145個。

全畫可分為五組,以釋迦前生的須達挐太子樂善好施事跡作為引子。佛傳講善慧仙人請求普光如來為其授記,他命終後經過三十六回上生與下生,又上生兜率天,作為善慧菩薩降生迦毗羅衛國甘蔗苗裔、釋姓種族的淨飯王家。然後描述作太子的宮廷生活、出家、學道、苦行、降魔、轉法輪,至涅槃結束。

畫面所插榜題,僅殘留近半數,其餘已完全泯蝕。根據榜題和畫面考釋,第一至第七屏畫面,是依據西秦聖堅譯《太子須達挐經》繪畫;第八至十九屏畫面,主要依據劉宋求那跋陀羅譯《過去現在因果經》,其中第十三屏習武、十九屏釋迦回城,是依據隋闍那崛多譯《佛本行集經》繪畫;第二十屏涅槃,是依據唐義淨譯《根本說一切有部毗奈耶雜事》、若那跋陀羅、會寧譯《大般涅槃》、蕭齊釋曇景譯《摩訶摩耶經》和中國人撰《佛母經》繪畫。有的屏風榜題文字,既與佛經相吻合,又與莫高窟第61窟佛傳故事畫一些屏風榜題文字相符,據此推測第454窟佛傳故事畫中某些畫面與榜題文字可能就是直接依據第61窟繪畫和題寫的。

榆林窟第36窟佛傳屏風畫

榆林窟第36窟曹元忠所建,它窟形、特徵與莫高窟第61窟,如出一家。原為南北壁下部通壁各繪十扇屏風,面積約10.37平方米,現僅存南壁九扇,北壁一扇,每扇繪三至五個畫面。榜題文字已泯蝕,畫面也多模糊,尚能識別的內容有菩薩乘象入胎、樹下誕生、步步生蓮、太子生已、指天指地、口自出言、世間之中,我為最勝、九龍灌頂、各種瑞像、太子學武、議婚、比試技藝、迎娶、造宮殿,宮女歌舞;出門遊觀;佛陀說法;涅槃舉哀;入殮;佛母奔喪;佛陀坐棺說法等。根據畫面,此畫較接近隋闍那崛多譯《佛本行集經》和中國人撰《佛母經》的內容,似依據上述兩經繪畫。

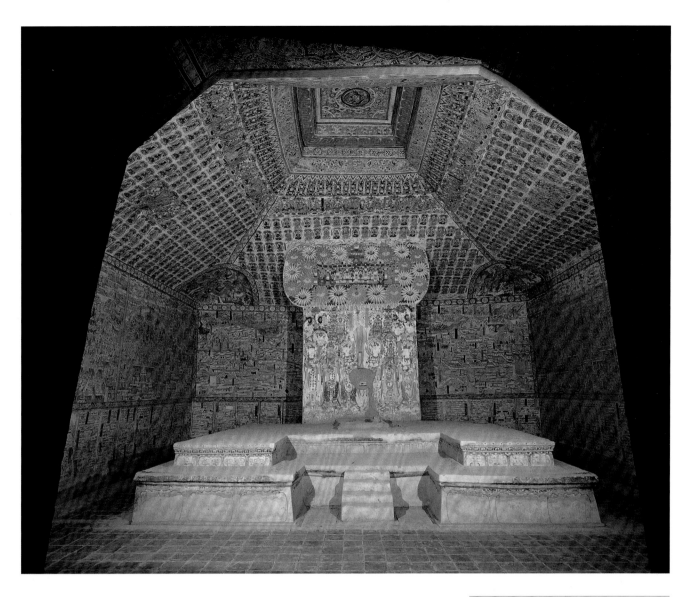

106　第 61 窟佛傳故事畫

第 61 窟內的三十三扇佛傳故事屏風畫分佈在下部。由圖中左面的南壁開始連西、北壁,依次表現佛傳故事情節。表現了《佛本行集經》之中的二十四品。有《發心供養品》、《受決定記品》、《賢劫王種品》、《上託兜率品》、《將降王宮品》、《樹下誕生品》、《從園還城品》、《相師占看品》、《姨母養育品》、《習學技藝品》、《遊戲觀矚品》、《角術爭婚品》、《常飾納妃品》、《空聲勸厭品》、《耶輸陀羅曼品》、《捨宮出家品》、《剃髮染衣品》、《車匿等還品》、《觀諸異道品》、《精進苦行品》、《向菩薩樹品》、《成無上道品》、《轉妙法輪品》、《阿羅陀出家品》。每扇屏風高1.6 米,寬 0.87 米,總面積 45.9平方米。

五代　莫61

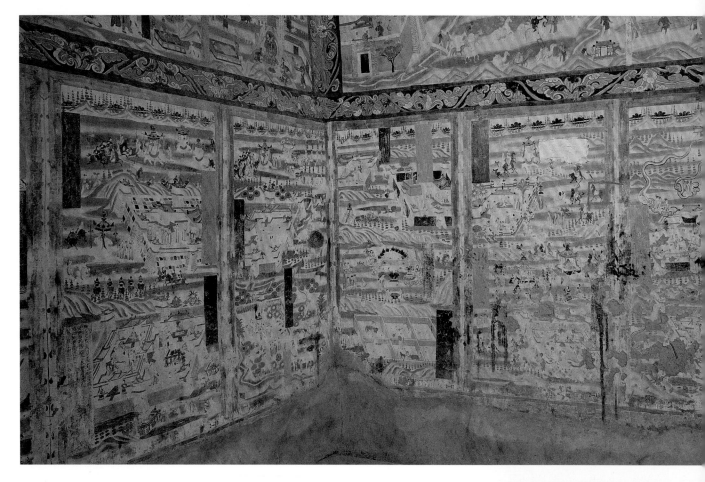

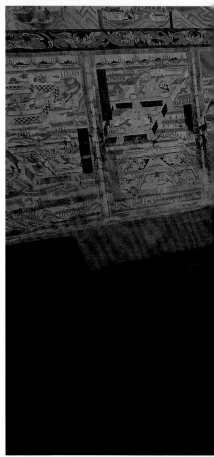

107 第八至十三扇屏風畫

屏風畫每扇高 160 厘米，寬 87 厘米。
表現淨飯王佈施、摩耶回家、迎接摩
耶、樹下誕生、步步生蓮、摩耶病逝、
姨母養育等情節。

五代 莫61 南壁、西壁下部

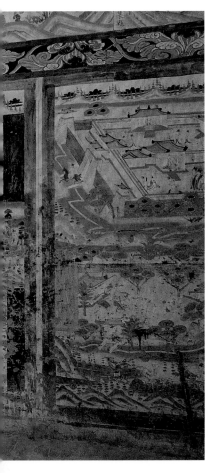

108 第二十二至三十一扇屏風畫

表現佛傳故事中的太子迎娶耶輸陀羅為
妃、淨飯王立三宮供奉太子、太子出遊
四門感悟人生苦難、太子逾城出家、太
子淨髮、菩薩至伽耶城六年苦行、村女
為菩薩煮乳糜、菩薩於菩提樹下降魔成
佛、佛陀為眾生轉大法輪、世尊度五比
丘等情節。畫面極其詳細地描繪和渲染
了釋迦從世俗王子逐步成佛的曲折過
程。

五代 莫61 西壁、北壁下部

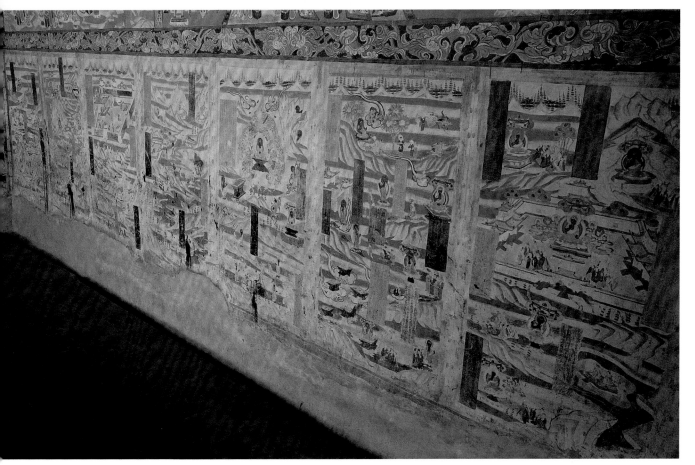

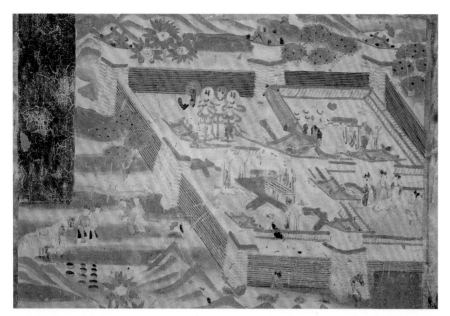

109 燃燈佛降世和受請供養

城外日主王二侍者迎接降怨王使者。日主王坐在宮殿內，殿前降怨王的使者作禮，邀請日主王之子燃燈佛去蓮花城受供。後宮畫月上夫人及侍女。表現此前燃燈菩薩降胎於月上夫人事。城內燃燈佛率三菩薩應請出城往遊蓮花城。

五代 佛本行集經·發心供養品

莫61 南壁下部

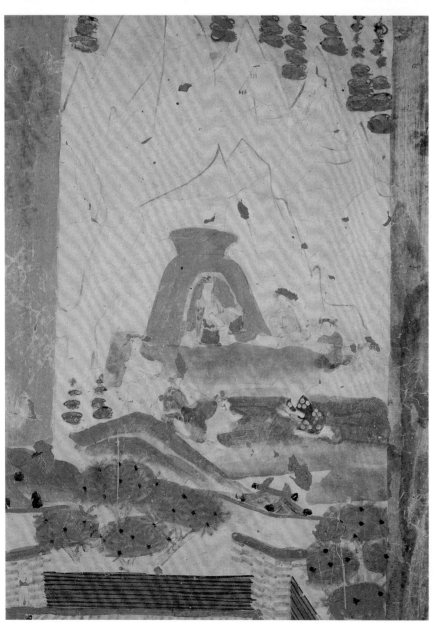

110 雲童子辭師

高山下草廬前跪着五名捧書童子，穿鹿皮衣童子向草廬內坐者跪拜。表現蓮華城雪山南面有珍寶仙人，收門徒五百弟子，名號為"雲"的童子（即身穿鹿皮衣者）學成拜別珍寶師而去。

五代 佛本行集經·受決定記品

莫61 南壁下部

111 雲童子往無遮會所

穿鹿皮衣的雲童子從雪山下來，行至輸
羅波城祭祀，前往婆羅門無遮會所，有
六萬婆羅門擁他入城到無遮會所受供。
雲童子與上座婆羅門問難論議，被推為
上座座首。城外下方眾婆羅門將長桌上
豐富的物品贈予雲童子，他接受佈施後
往雪山報答師恩。

五代 佛本行集經·受決定記品
莫61 南壁下部

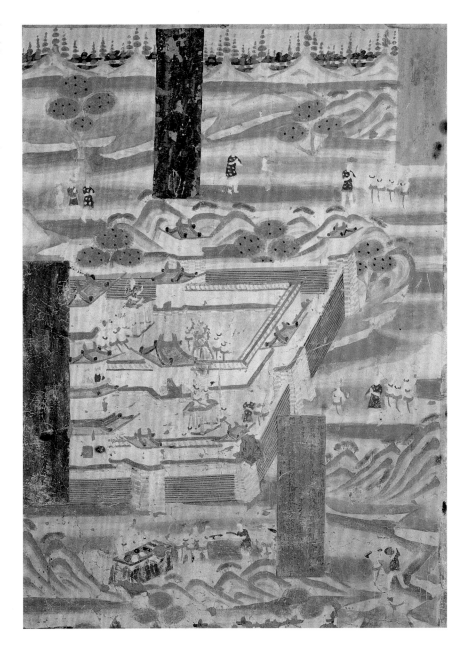

112 雲童子升坐高座

雲童子坐於高座上。表現雲童子誦頌眾
婆羅門聞所未聞的毗陀論後，被眾婆羅
門推為上座座首，升坐高座。

五代 佛本行集經·受決定記品
莫61 南壁下部

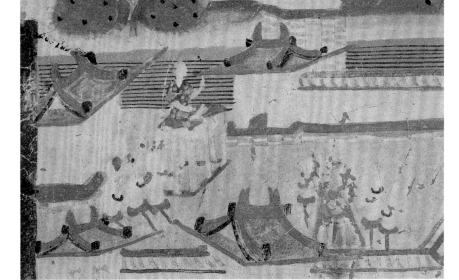

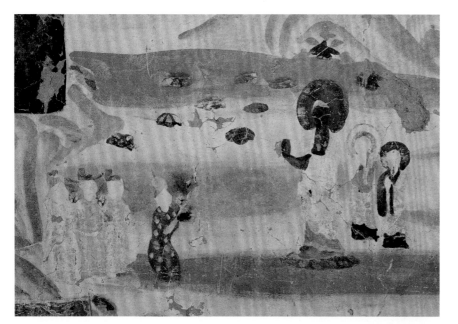

113 蓮花供養燃燈佛

雲童子持蓮花向佛作禮，身後三人也持
花相隨敬禮，佛的上空有許多花朵。表
現雲童子見燃燈佛生敬慕之心，將七枝
優缽羅花散於上空，並發願說："若我
未來世能夠成佛，令我所散之花停住空
中，變成華蓋，隨佛而行。"

五代　佛本行集經・受決定記品

莫61　南壁下部

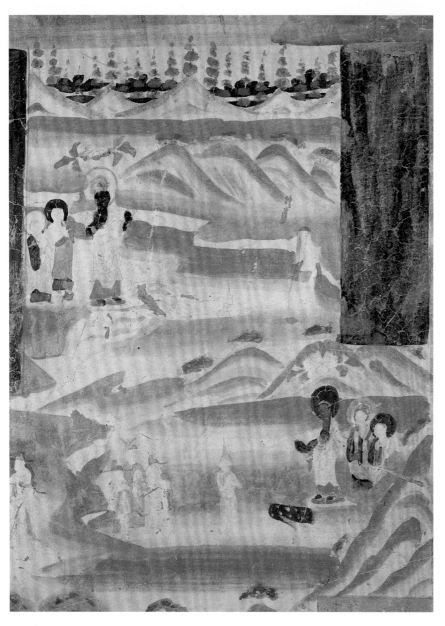

114 布衣供養燃燈佛

上部繪佛前為眾人各持無價妙好衣服佈
施道上，供養燃燈佛。下部繪雲童子脫
下鹿皮衣鋪於濕地上，請佛從衣服上踩
踏過去。

五代　佛本行集經・受決定記品

莫61　南壁下部

116 追述釋迦祖先

左面屏風上部，追述釋迦的遠祖眾集
置，被推為王的故事。右面屏風中部，
為釋迦近祖大茅草王無嗣，此王命終在
其滴血之處長出甘蔗王的故事，甘蔗王
後裔均為轉輪王，長住迦毗羅衛城。傳
至淨飯王娶鄰國善覺王之女摩耶為妃，
使甘蔗轉輪聖王苗裔不絕。

五代　佛本行集經・賢劫王種品

莫61　南壁下部

115 禮佛發願

左側雲童子跪於佛前為未來世能得道發
願：若燃燈佛不為我授記，我終不起
來。燃燈佛讚其所發心願說：雲童子過
阿僧祇劫當將成佛，號釋迦牟尼。右側
雲童子聞燃燈佛欲為其授記，身心輕
便，不覺騰於虛空，高七多羅樹，合十
向佛作禮。

五代 佛本行集經·受決定記品
莫61 南壁下部

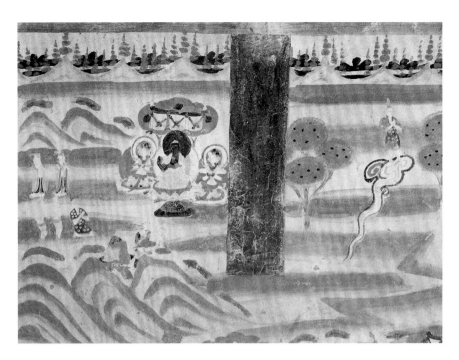

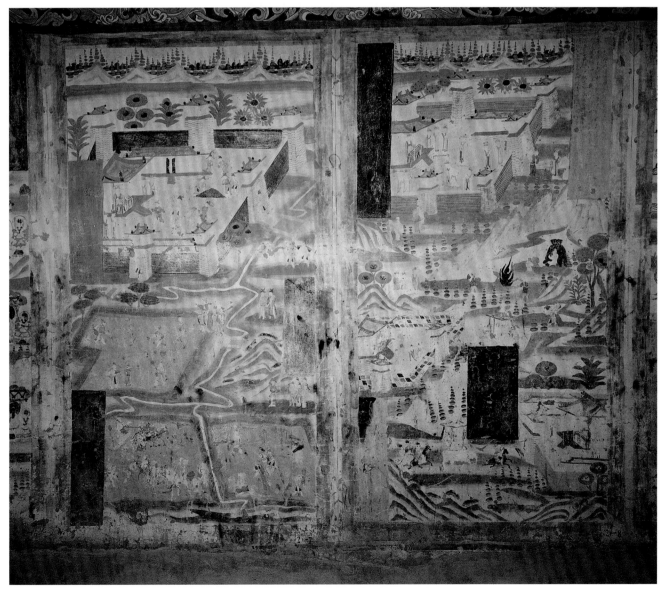

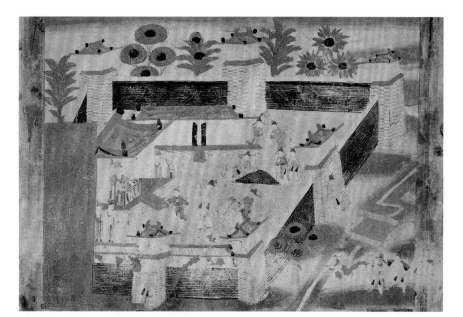

117 祖先眾集置王

眾集置王坐在宮殿內。城內地上堆放着
稻穀，有人正在分糧食。另一邊有人攮
着跪者的頭髮，揚手擊打。表現眾集置
王心向大眾，如法教化，獎善懲惡，平
分稻穀，被推立為利帝利種姓王。

五代 佛本行集經‧賢劫王種品

莫61 南壁下部

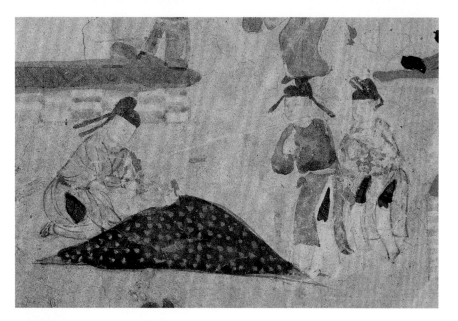

118 平分稻穀

一人蹲在稻穀堆旁正在取糧食，另二人
拱手站立，等待發放糧食。

五代 佛本行集經‧賢劫王種品

莫61 南壁下部

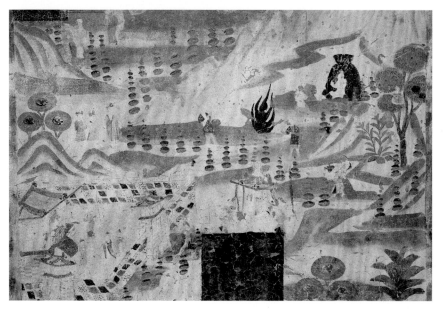

119 大茅草王出家修行

經過無數世傳承，至大茅草王無子，為
使後繼有人，便將王位交給大臣，出家
於草廬內修道。至年邁體衰，諸弟子外
出時，將他裝入草籠懸於樹上，被獵師
誤射。弟子為王火化建塔。大茅草王滴
血處長出兩枝甘蔗，生出童男童女，大
臣前往迎接二童子入宮。

五代 佛本行集經‧賢劫王種品

莫61 南壁下部

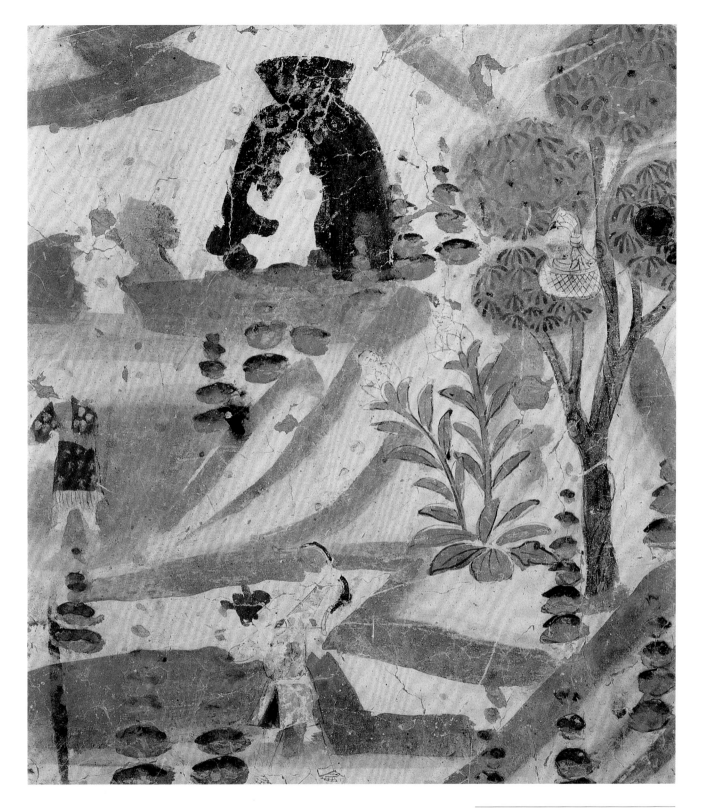

120 大茅草王被射身亡

前圖局部。諸弟子外出乞食時，為防蟲
獸傷害大茅草王，將他裝入草籠，懸於
樹上。有一獵師遙見草籠，視為白鳥，
大茅草王被誤射身亡。國王淌兩滴血的
地上長出甘蔗，甘蔗中生出童男童女。

五代 佛本行集經·賢劫王種品

莫61 南壁下部

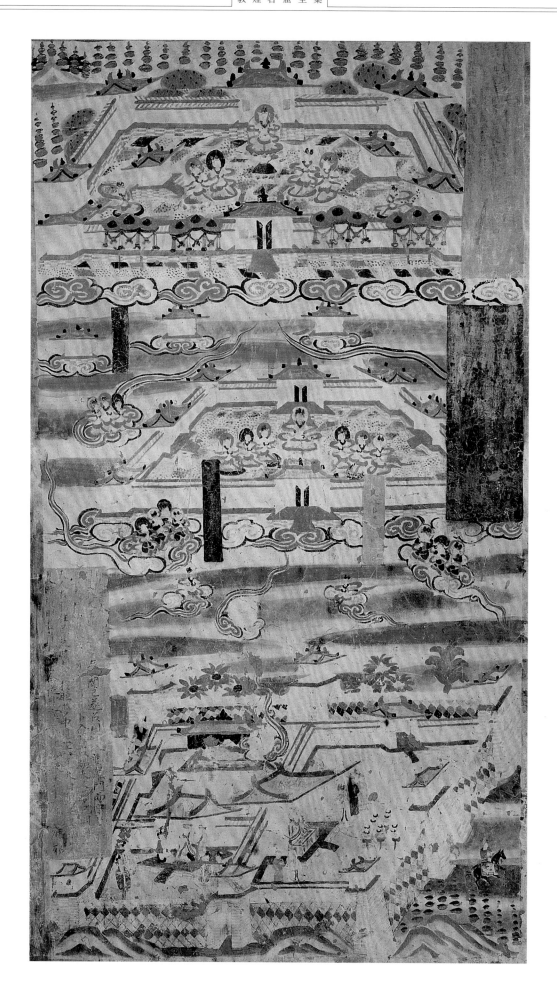

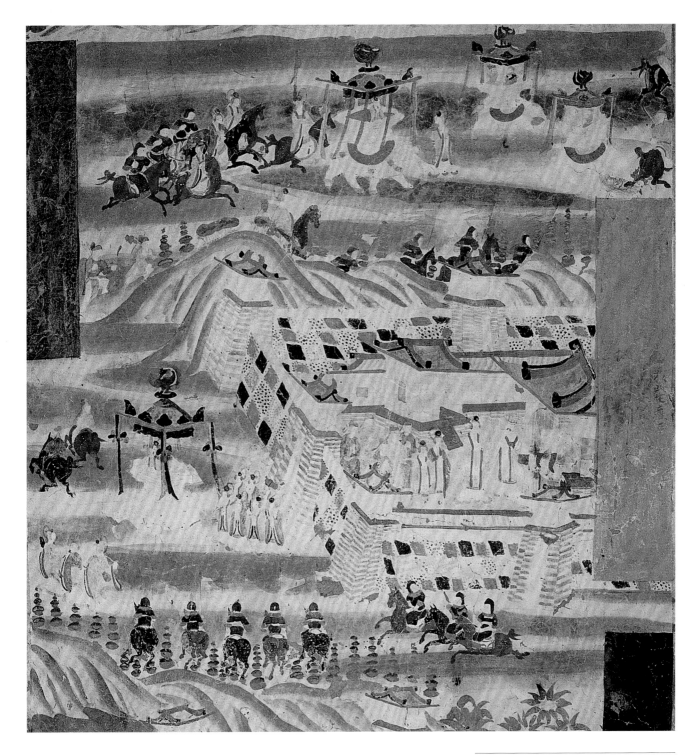

121 護明菩薩託夢投胎

上層為護明菩薩從迦葉佛處往生兜率天說法。中部為菩薩降生人間之前，在兜率陀名為"高幢"的天宮最後說一百八法明門，這時，高幢天宮上又幻化出宮殿，諸天大眾及眷屬皆來聚集。下部為王宮內摩耶夫人睡覺，白象乘雲而下，摩耶夢見護明菩薩入胎，醒後向淨飯王說夢，淨飯王遂召國師太婆羅門占夢吉凶。

五代 佛本行集經·上託兜率品、俯降王宮品
莫61 南壁下部

122 淨飯王佈施　摩耶回家

圖下部淨飯王得知摩耶之夢為吉祥瑞相後，便設無遮會，作種種佈施。摩耶身懷菩薩後，為諸病人除病。圖上部摩耶之父善覺王遣使奏明淨飯王，請其女回家分娩，摩耶坐象轎離開迦毗羅衛城，去善覺王家。

五代 佛本行集經·俯降王宮品、樹下誕生品
莫61 南壁下部

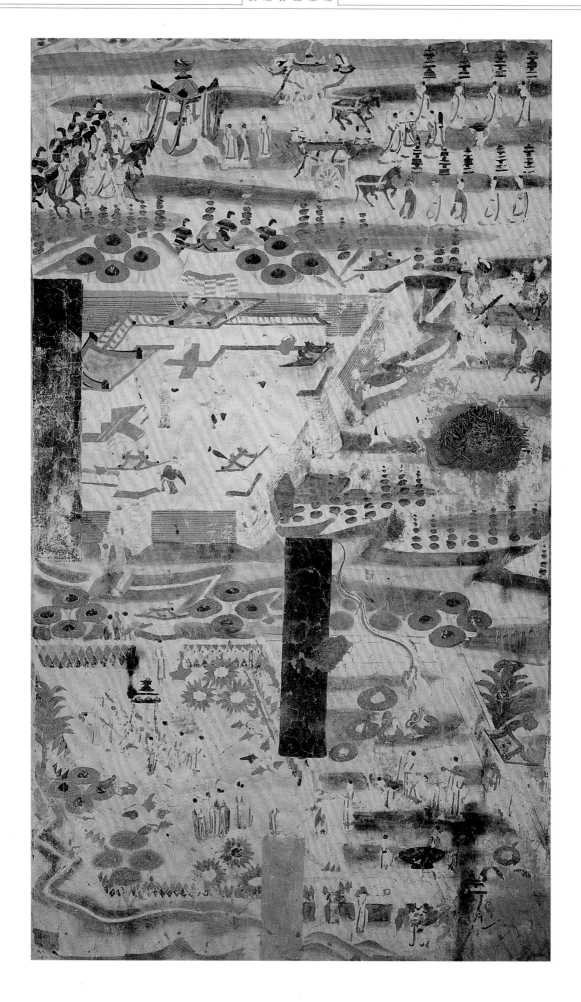

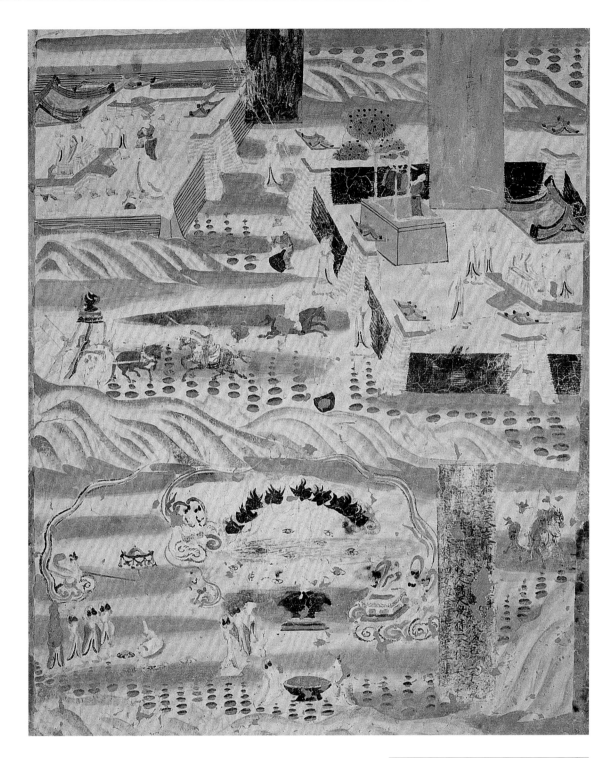

124 步步生蓮　還城報喜

圖中部太子降生後出現各種瑞象：太子
行走步步生蓮；九龍灌頂，諸天為太子
供養。圖上部大臣摩訶那摩從藍毗尼園
回迦羅衛城擊鼓報喜，淨飯王與眾大
臣聞震天鼓聲，召見摩訶那摩大臣，告
誡諸大臣應效法摩訶那摩，並記錄太子
降生種種吉祥之事。圖下部六畜同生五
百子。

五代　佛本行集經‧樹下誕生品、從園還城品
莫61　西壁下部

123 迎接摩耶　樹下誕生

上部摩耶夫人乘象轎回提婆陀訶，鹵簿
儀仗開導，左右有嬪妃相隨，後有甲士
與侍女護送。善覺王與大臣、眷屬出城
迎接。下部摩耶夫人在藍毗尼園生下太
子。

五代　佛本行集經‧樹下誕生品
莫61　南壁下部

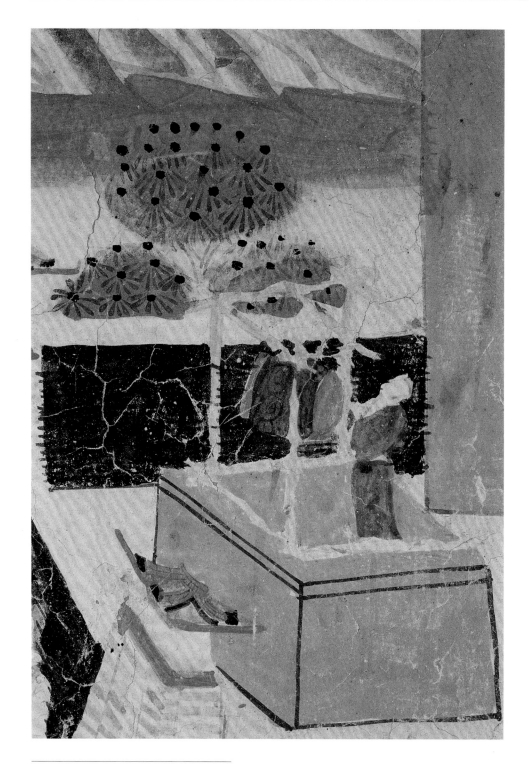

125 擊鼓報喜

摩訶那摩大臣回城，登台擊歡喜鼓，向
淨飯王報喜。

五代 佛本行集經‧從園還城品
莫61 西壁下部

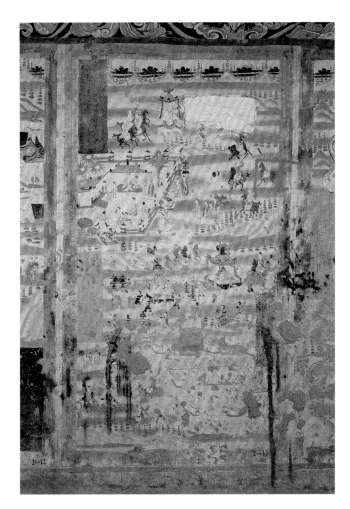

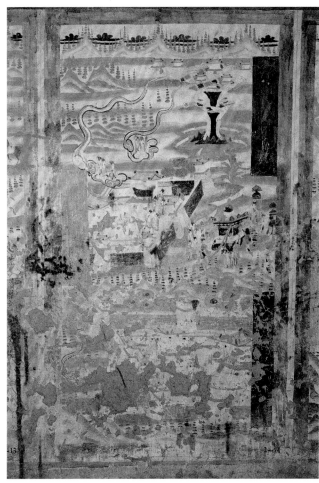

126 淨飯王迎太子回城

圖上部淨飯王帶領百官前往藍毗尼園迎接摩耶夫人和太子。藍毗尼園內歌舞昇平，氣氛熱烈。下部淨飯王迎夫人和太子回迦毗羅衛城，在返途中，抱太子入天祠禮拜。

五代 莫61 西壁下部

127 相師占相　摩耶歸天

圖下部阿私陀仙人來迦毗羅衛城為太子占相。中部摩耶夫人生太子七日後命終歸天，臣僚眷屬送殯。上部摩耶往生忉利天，由無數諸天彩女圍繞隨從，又從天宮降到王宮，再見淨飯王一面。

五代 佛本行集經·相師占看病、姨母養育品
莫61 西壁下部

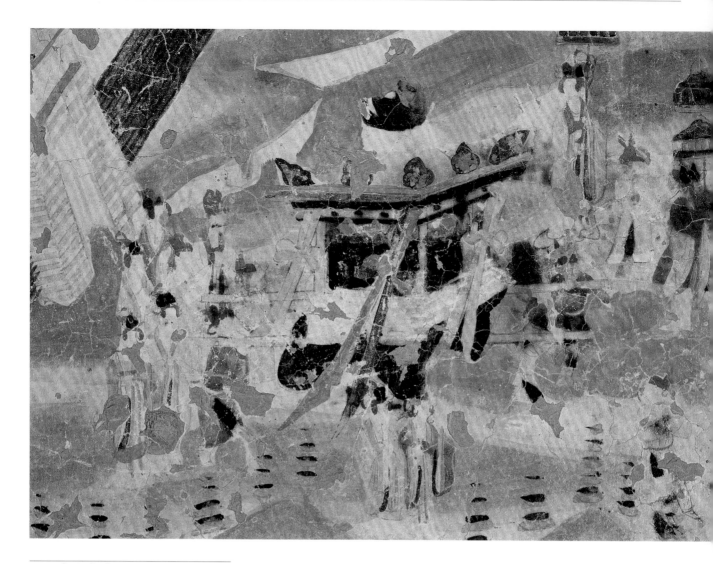

128 摩耶出殯

前圖局部。臣僚眷屬為摩耶夫人送殯出
城。

五代　佛本行集經·姨母養育品
莫61　西壁下部

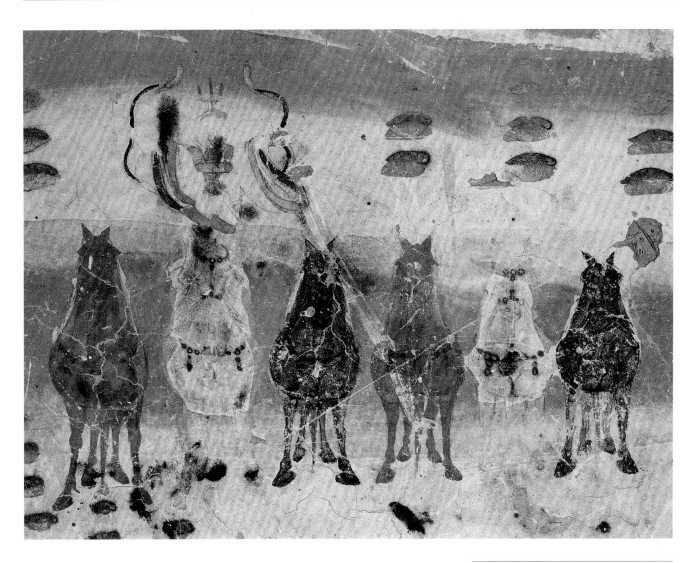

129 左右開弓

太子具超凡的智慧和本領。太子八歲時，淨飯王命太子師從屢提提婆學二十九種兵法、武藝，太子不學自解，只令其餘釋種諸子學藝，不久人人皆通達兵法。此圖為太子學藝之一。六匹馬正面站立，太子站於馬背上，左右開弓。表現太子具有高超的騎射能力。

五代 佛本行集經·習學技藝品

莫61 西壁下部

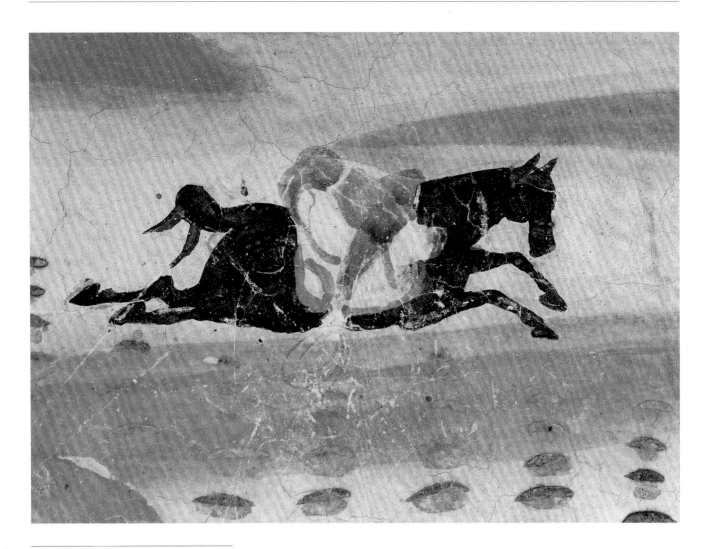

130 演習馬技

太子學藝之一。太子騎馬，俯身從地上
拾起長巾。

五代 佛本行集經‧習學技藝品
莫61 西壁下部

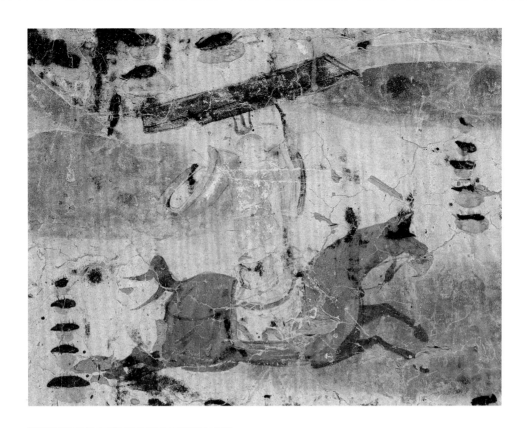

131 太子馬技

太子學藝之一。太子站於疾駛的馬上雙手高舉鐵排，顯示太子馬技高強力大無比。

五代 佛本行集經‧習學技藝品

莫61 西壁下部

132 太子射藝

太子學藝之一。太子彎弓射箭，飛翔的雁應聲墜地。

五代 佛本行集經‧習學技藝品

莫61 西壁下部

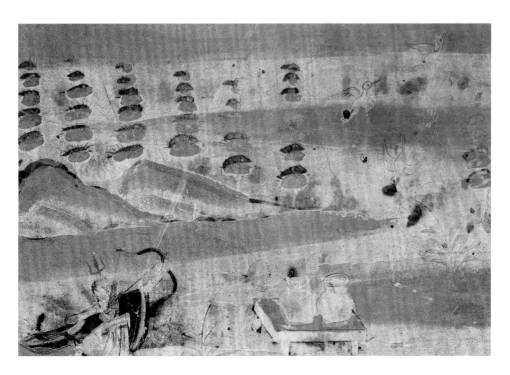

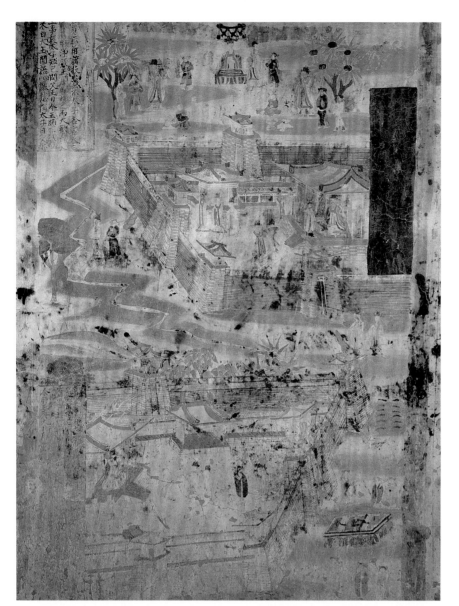

133 太子求妃

下部淨飯王為太子選妃，請釋種諸女子
到王宮。太子在宮前，親施寶物與諸
女，及至摩訶那摩大臣之女耶輸陀羅，
寶器施盡，便摘下自己指環施與她。中
部淨飯王見太子與耶輸陀羅談笑風生，
便使國師去大臣家為太子求妃。上部摩
訶那摩大臣要求技藝得勝者，才許婚，
淨飯王十分憂愁。太子要求比試技藝。
五代 佛本行集經·遊戲觀囑品
莫61 西壁下部

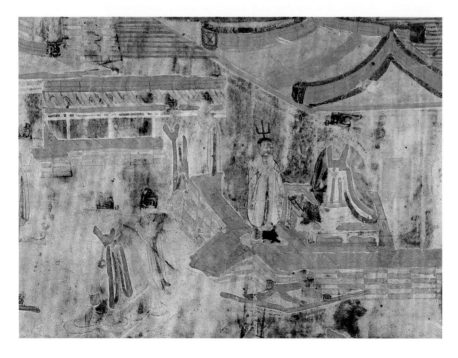

134 為太子求妃

前圖局部。淨飯王召見國師，使去摩訶
那摩大臣家為太子求妃。
五代 佛本行集經·遊戲觀囑品
莫61 西壁下部

135 比試射技

太子為娶耶輸陀羅，與諸釋子比試各項
技藝。上部太子射程遠達十拘盧奢處所
置之七鐵鼓，下部太子箭穿七多羅樹。
五代 佛本行集經·角術爭婚品
莫61 西壁下部

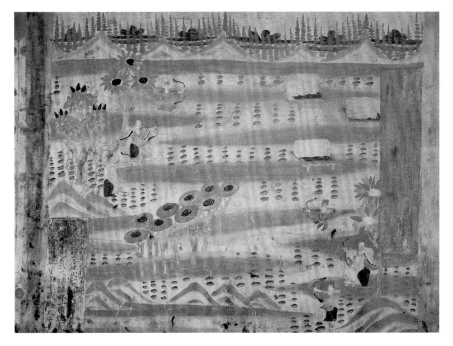

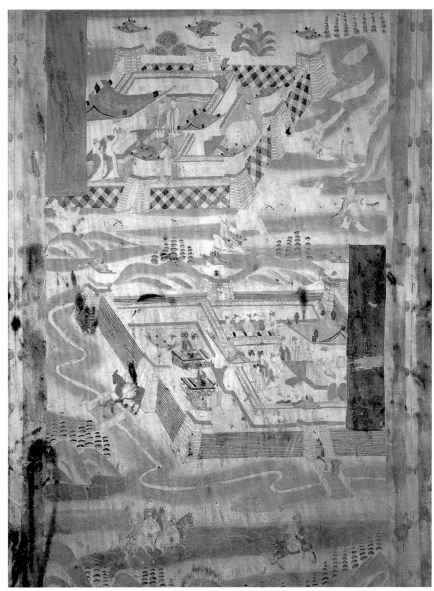

136 太子角術獲勝

上部王城中宮殿內的淨飯王令侍者驅白
象出城接太子，釋子提婆達多殺死白
象，堵塞於城門；太子過來舉起白象擲
到城外。下部繪迎娶及宴客場面。王城
中，淨飯王坐宮殿內，宮牆內外擺有食
具的桌子並圍坐男女，一人騎馬出城，
城外太子與隨從在騎馬而行。
五代 佛本行集經·角術爭婚品
莫61 西壁下部

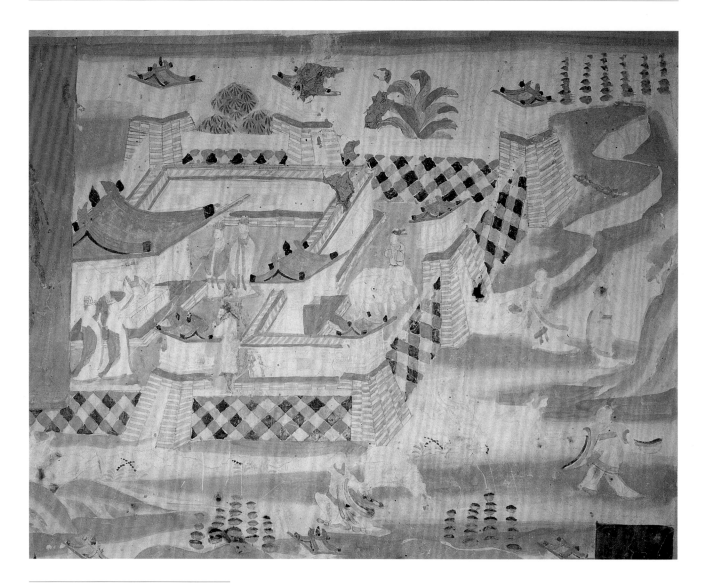

137 太子擲象

淨飯王知太子競技得勝，滿心喜歡，令
侍者驅白象出城迎接太子，適遇釋子提
婆達多入城，將白象殺死，堵塞於城
門；城外難陀路過，將死象拖離城門七
步；太子舉起白象擲於城外，白象墜地
即成大坑。

五代 佛本行集經‧角術爭婚品
莫61 西壁下部

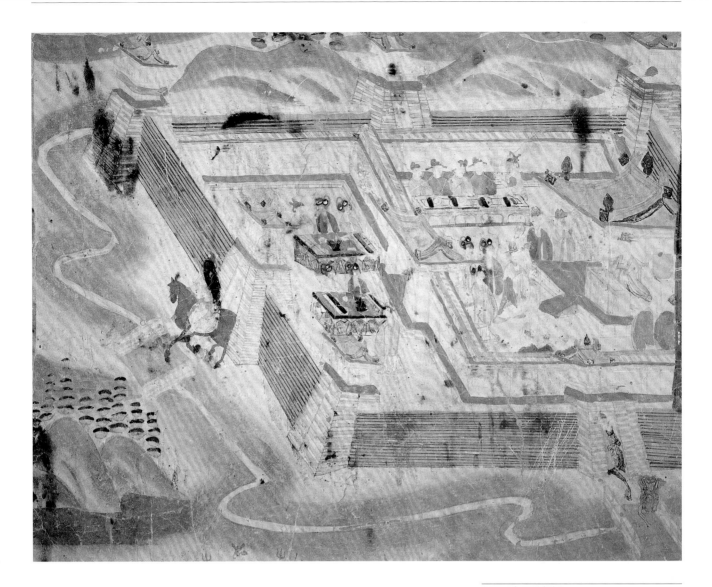

138 太子迎妃

摩訶那摩大臣向淨飯王表示，太子一切
技藝獲得全勝，願以女兒嫁太子為妃。
太子則擇吉日良辰，在宮牆內外設宴，
宴請賓客。太子親自出城迎娶耶輸陀羅
入宮。

五代 佛本行集經·角術爭婚品
莫61 西壁下部

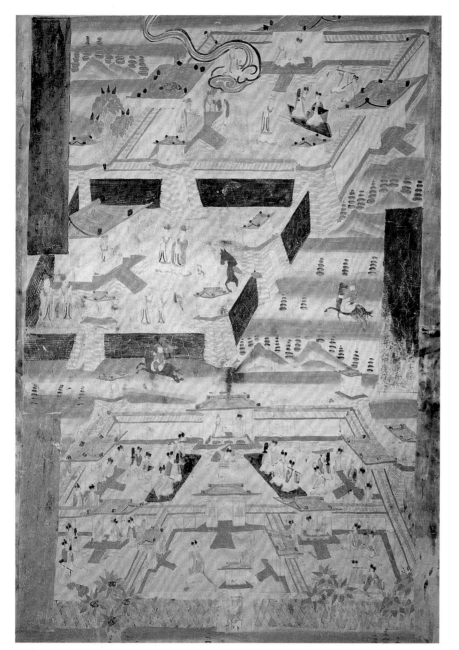

139 立三宮

中部摩伽陀國的頻婆裟安羅王擔心有人
奪其王位,遣二騎外出巡察。二人回報
迦毗羅衛城悉達多太子競技勝事,頻婆
裟安羅王對太子敬佩有加。下部淨飯王
為防太子棄俗出家而建造宮殿,還立三
宮,三妃分領二萬彩女侍奉太子。上部
繪作瓶天子勸太子棄俗出家。

五代 佛本行集經‧常飾納妃品、空聲勸厭品
莫61 西壁下部

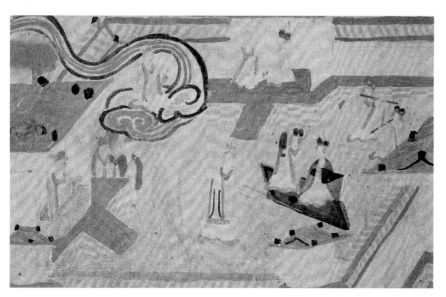

140 作瓶天子喻勸太子出家

前圖局部。虛空中作瓶天子見太子沉溺
宮中十年,縱情歡樂,心醉神迷,即乘
雲而降,以說偈喻勸太子盡早棄俗出
家。

五代 佛本行集經‧常飾納妃品
莫61 西壁下部

141 出遊四門

上部是太子出遊四門，路遇老人、病人、死人、出家人的情景。下部為王宮內的太子獨坐，托腮思惟。正殿內太子向淨飯王報告志求涅槃。淨飯王為防太子離宮出家，給太子更多娛樂，同時設重兵守護，宮牆內外有武士巡守。

五代　佛本行集經·出逢老人品、道見病人品、路逢死屍品、耶輸陀羅夢品

莫61　西壁下部

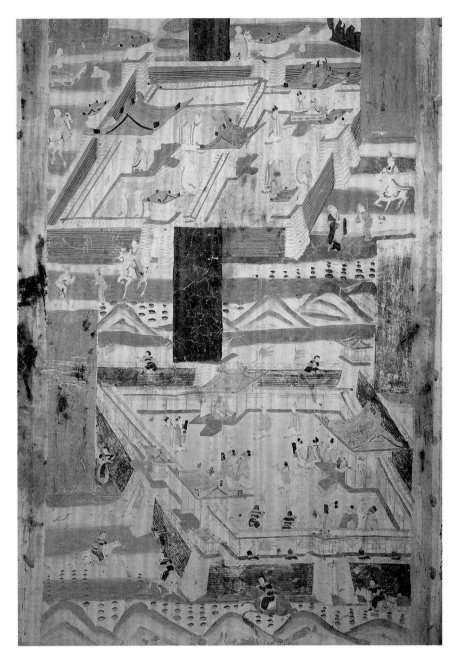

142 出遊四門局部

前圖局部。淨飯王令太子出遊散心，並要大臣清潔道路。太子出遊四門，遇到由作瓶天子幻化的老人、病人、死人、出家人，不樂回宮。

五代　佛本行集經·出逢老人品、道見病人品、路逢死屍品、耶輸陀羅夢品

莫61　西壁下部

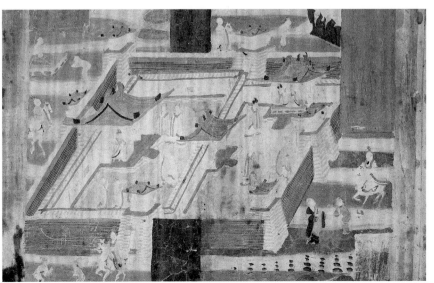

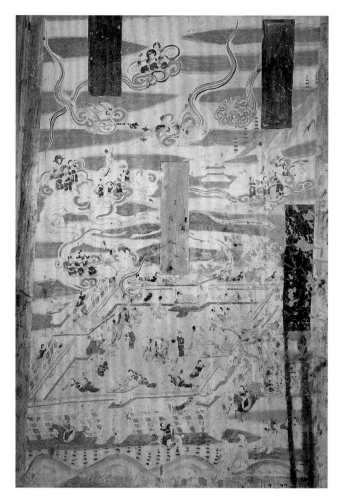

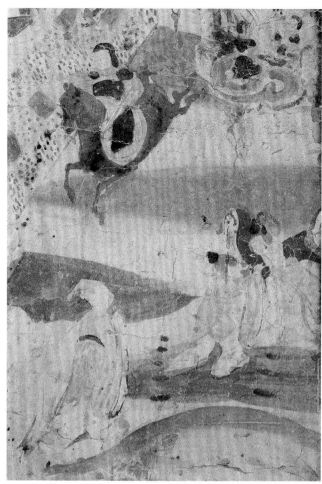

143 逾城出家

下部城外淨飯王在城外佈防武衛,又令宿老在街巷守護。城內宮殿妃嬪彩女、武士在色界淨居天神的作用下,皆迷悶沉睡。宮殿前太子命車匿為他備馬。天主釋提桓因、四天王等諸天集聚迦毗羅衛城上空,大聲勸說太子不宜久耽,盡快捨俗出家,太子遂乘馬隨諸天升空而去。

五代 佛本行集經‧耶輸陀羅夢品、捨宮出家品

莫61 北壁下部

144 守護太子

前圖局部。武士騎馬通宵巡邏,宿老和大臣守護街巷要道,以防太子出家。

五代 佛本行集經‧耶輸陀羅夢品

莫61 北壁下部

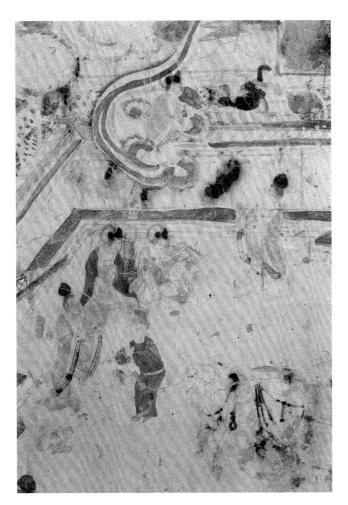

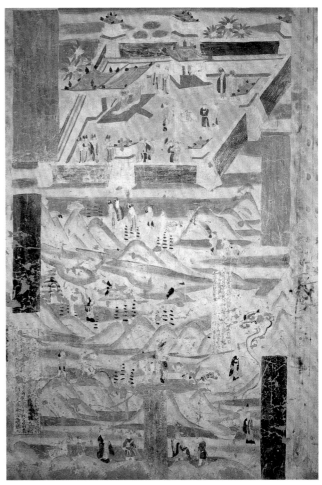

145 捨宮出家

太子見彩女沉睡，命車匿備馬，諸天乘
雲而來，勸太子捨宮出家。

五代 佛本行集經·捨宮出家品

莫61 北壁下部

146 太子換衣 車匿還宮

圖下部太子剃髮後換上天衣，淨居天化
作穿袈裟的獵師，執弓箭至太子前，為
太子換袈裟，此時太子已是菩薩形象。
車匿和白馬跪地泣別。中部車匿捧着天
冠，牽着白馬回城，途中向民眾訴說太
子出家。上部為王城宮殿淨飯王與姨母
得知太子出家，悲痛欲絕。

五代 佛本行集經·剃髮染衣品、車匿等還品

莫61 北壁下部

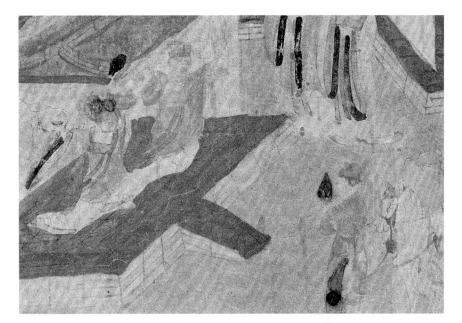

147 車匿還宮

前圖局部。宮殿內淨飯王與太子姨母波闍波提見車匿與白馬回宮，只帶回太子衣物，知太子已出家，悲痛不已，悶絕欲倒。

五代　佛本行集經·車匿等還品
莫61 北壁下部

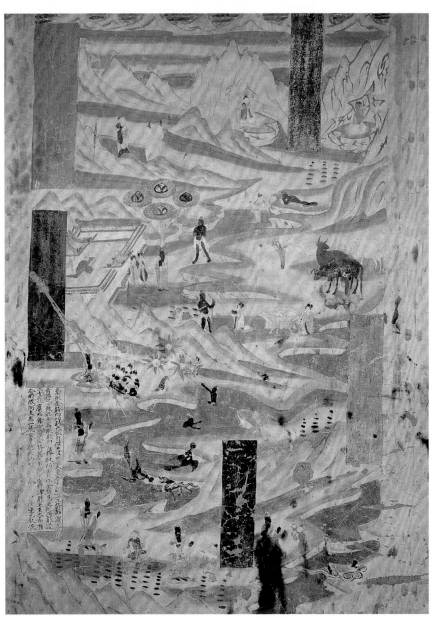

148　村女獻乳

第二十八扇屏風上部羣山險峻，太子從跋迦婆仙人處至阿羅邏仙人所，二人相互問訊，阿羅邏請他坐草鋪上，為他說偈。中部菩薩（太子）徒步至迦耶城，入林苦行六年，日日接受提婆婆羅門所供之豆羹以活命。迦毗羅衛國國師之子優陀夷入林見菩薩臥於地上，滿身塵土。菩薩經過苦行後，身體虛弱，村女獻上乳糜。菩薩入尼連禪河洗浴，金翅鳥奪取菩薩所用的鉢器，回忉利宮三十三天供養。

五代　佛本行集經·問阿羅邏品、答羅摩子品、精進苦行品、向菩薩樹品
莫61 北壁下部

149 阿羅邏仙人

前圖局部。阿羅邏仙人坐在羣山下的洞
窟內，四周百鳥飛鳴。

五代　佛本行集經‧問阿羅邏品
莫61　北壁下部

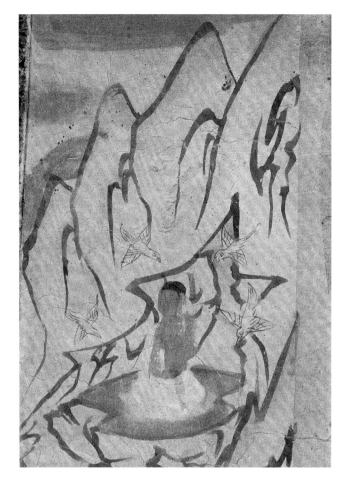

150 村女獻乳

菩薩經過六年苦行，身體虛弱，上天使
善生村女為菩薩擠牛奶，煮乳糜，獻給
菩薩。

五代　佛本行集經‧精進苦行品
莫61　北壁下部

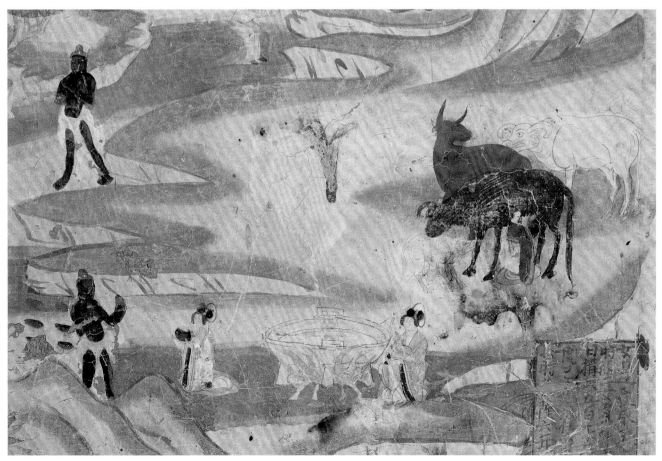

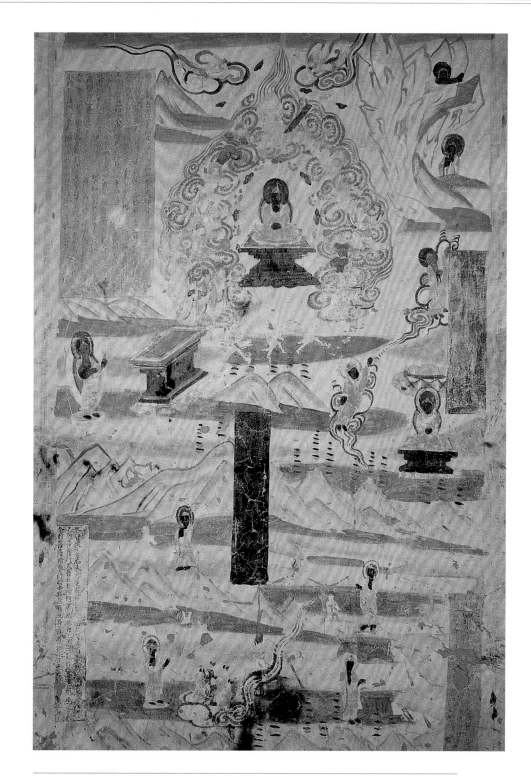

151 青草為座　降魔成道

下部為菩薩沐浴後，接受帝釋天幻化為
割草人"吉利"所施青草，飛禽走獸各
五百從十方雲集，童子、天女等各五百
隨行。菩薩在菩提樹下鋪好青草跏趺
坐，發誓煩惱若不除盡，終不從此座而
起。守樹的夜叉向魔王波旬報告。上部

見魔王帶領魔軍威脅菩薩，菩薩不動不
搖，降魔成道。

五代　佛本行集經‧向菩提樹品、魔怖菩薩
品、菩薩降魔品
莫61 北壁下部

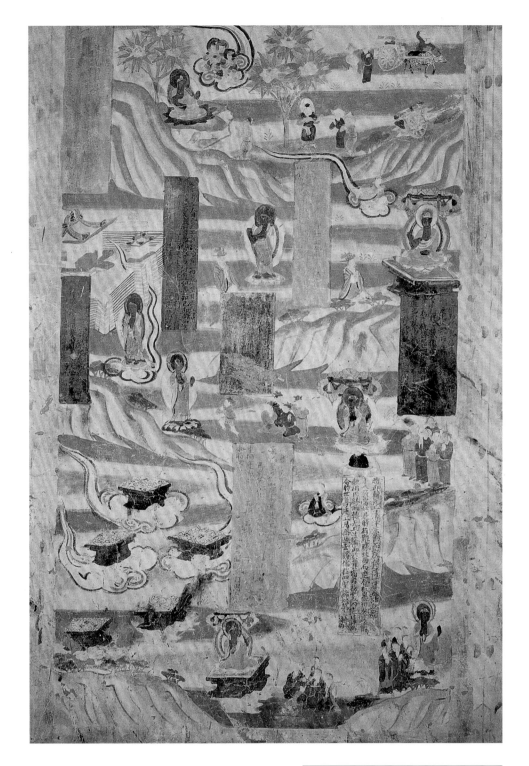

152 二商奉食　梵天勸請說法

上部佛成道後，有二商主向佛奉食。中
部和下部娑婆世界主大梵天勸請世尊
（即佛陀）為眾生轉大法輪，世尊決定
為一切眾生開甘露法門，來到波羅奈城
鹿野苑，初次轉大法輪。

五代　佛本行集經·二商奉食品、梵天勸請
品、轉妙法輪品

莫61 北壁下部

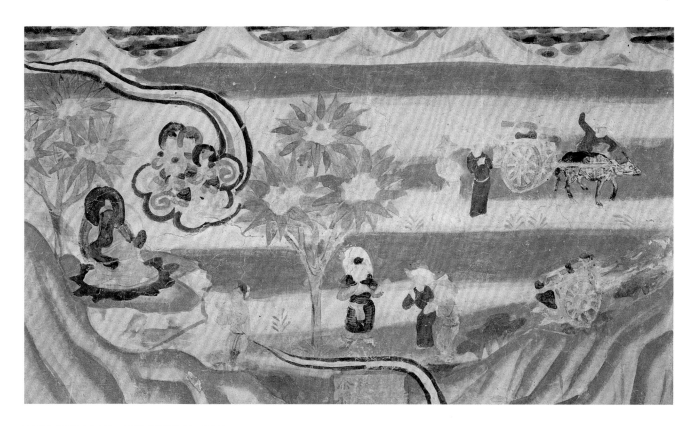

153 二商奉食

佛陀坐於菩提樹下，飢餓思食。有二商人趕牛車從中天竺來，菩提樹神勸他們將摻蜜的炒酪奉獻給佛陀。

五代 佛本行集經·二商奉食品

莫61 北壁下部

154 度化五比丘

佛陀先來到波羅奈城鹿野苑，尋見了曾隨侍過他的憍陳如等五人，五人皈依佛陀。

五代 佛本行集經·轉妙法輪品

莫61 北壁下部

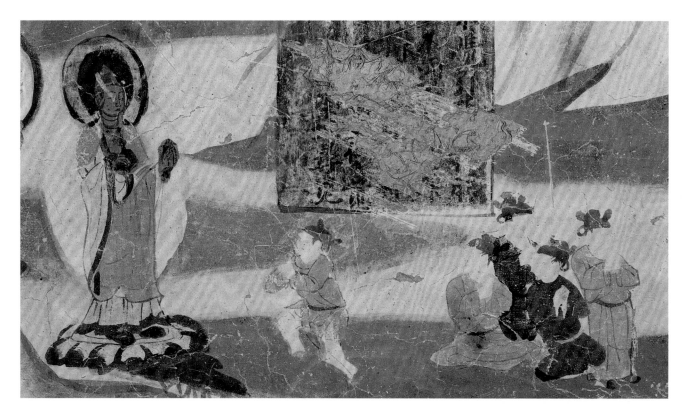

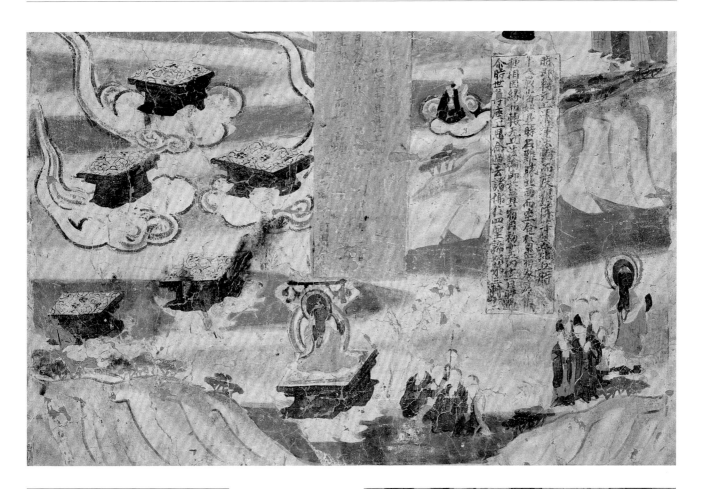

155 初轉法輪

佛陀要為憍陳如等五比丘初轉法輪時，
從地現出五百獅子高座，佛陀説：過去
三佛已入涅槃，我今第四，便坐於第四
高座。度脱憍陳如等五比丘。

五代 佛本行集經·轉妙法輪品

莫61 北壁下部

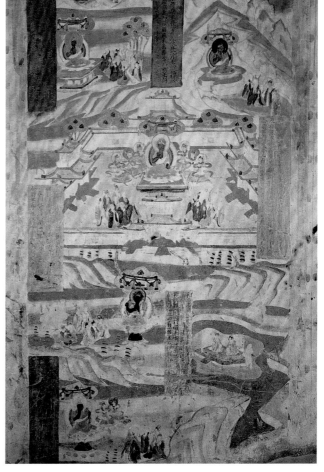

156 靈鷲山説法

下部佛陀初轉法輪後，又接受耶輸陀為
僧，為伊羅鉢龍王解答無人能解的二偈
文，為龍王等説法。中部繪度迦葉等一
千二百比丘。上部為佛陀在靈鷲山為大
眾説法。

五代 佛本行集經·耶輸陀因緣品、富樓那出
家品、迦葉三兄弟品

莫61 北壁下部

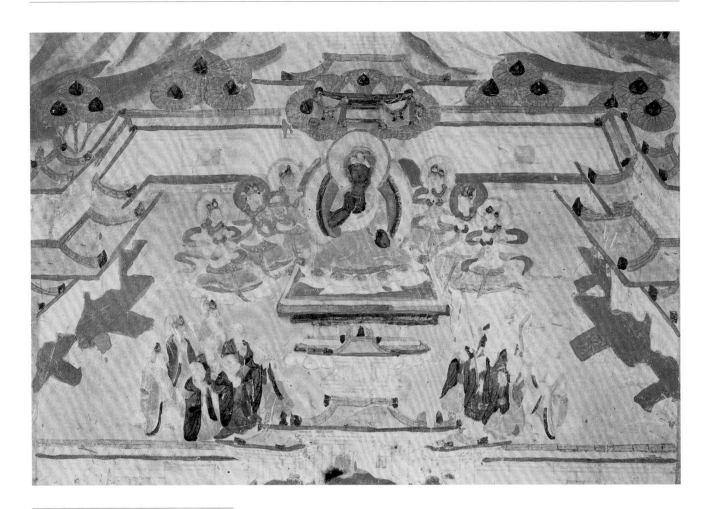

157 世尊度迦葉兄弟等千二百比丘

寺院中，世尊坐於蓮花寶座上，菩薩圍
繞，座前為世尊度迦葉等一千二百比丘
和世俗人。

五代 佛本行集經·迦葉三兄弟品
莫61 北壁西

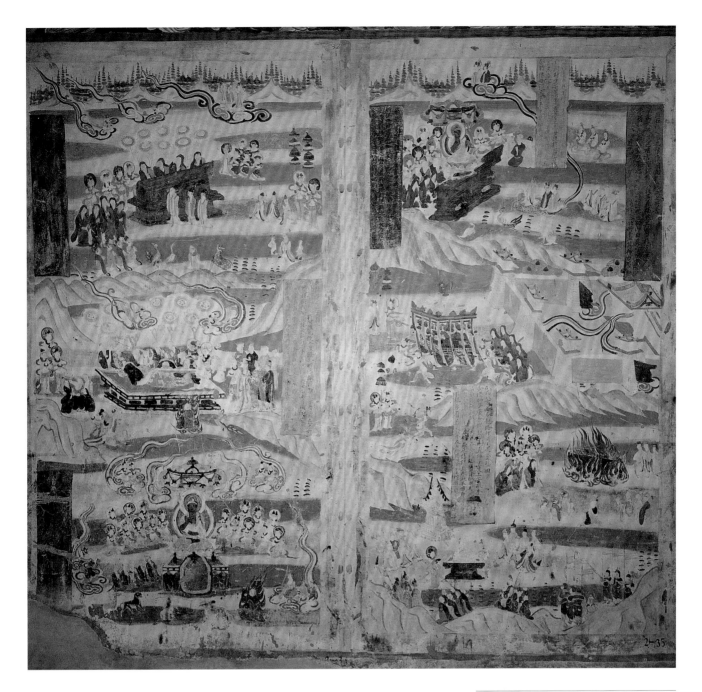

158 世尊涅槃前後

表現佛陀涅槃前後的情景，包括臨終說
法、涅槃、為母說法、金棺自焚等。
五代 根本說一切有部毗奈耶雜事・佛母經
莫61 北壁下部

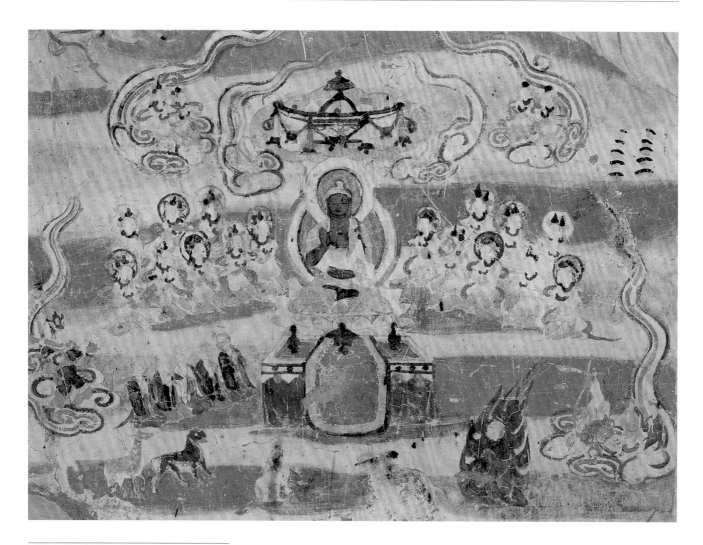

159 臨終説法

根據榜題，佛陀從廣嚴城菴沒羅林説法
後回到住處，身有病苦，又往廣嚴城乞
食，給阿難講三次修習佛法。佛陀説自
己不久將入無餘依涅槃界，於是大地震
動。佛告阿難，應集合眾僧，廣為説無
常苦空之事。左右菩薩圍繞，比丘、天
眾、鹿、羊、獅、虎、象等來聽法。

五代　根本説一切有部毗奈耶雜事·佛母經
莫61　北壁下部

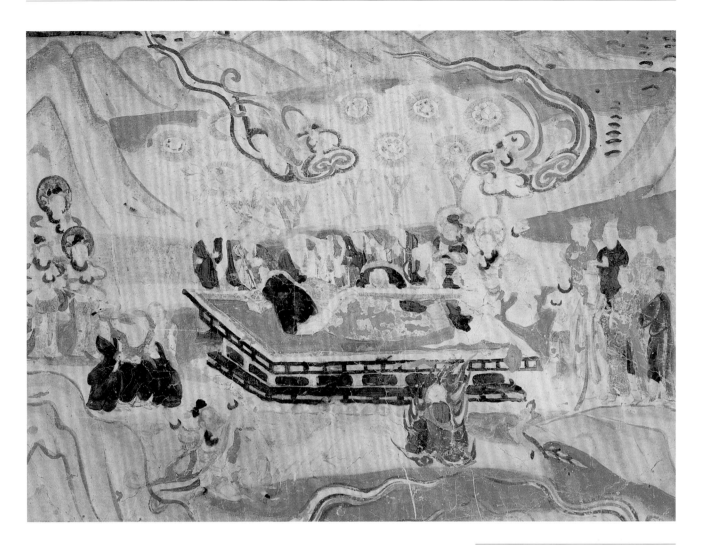

160 涅槃

佛陀在娑羅雙樹下的獅子牀上右脅而
臥，入般涅槃。佛陀最後一個弟子須跋
陀羅在牀前聽法得到證悟，他先佛自
焚。牀後弟子各懷悲戚，天龍八部紛紛
舉哀，眾力士前來供養，大臣輔相各與
眷屬也前來舉哀。

五代　根本説一切有部毗奈耶雜事・佛母經
莫61　北壁下部

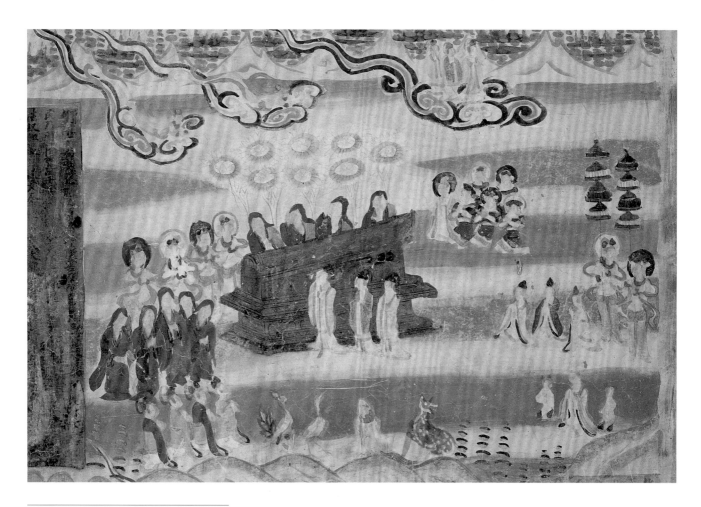

161 金棺入斂　母從天降

佛陀已入般涅槃，摩耶夫人在忉利天宮
聞訊後，即帶領諸眷屬從天而降，只見
世尊已經入斂，便呼喚佛陀。這時有無
量眾生咸來雲集。

五代　根本說一切有部毗奈耶雜事‧佛母經
莫61　北壁下部

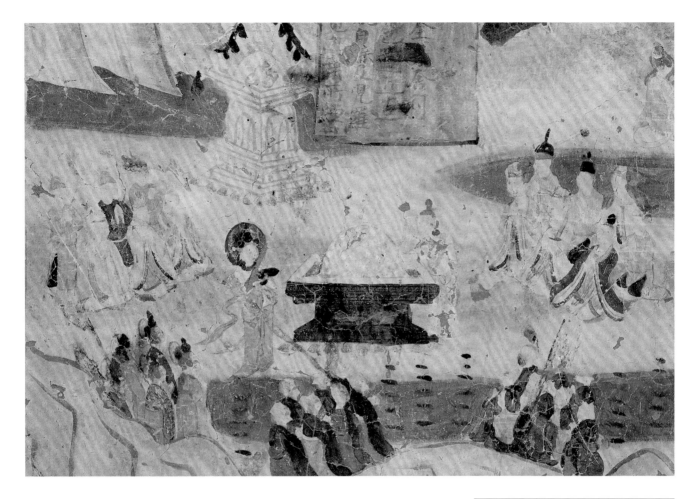

162 求分舍利　起塔供養

佛陀火化之後，比丘樓逗和俱尸城人收
取舍利，裝入八個七寶壇，置於獅子七
寶座上，有重兵守護，無量大眾圍繞供
養。由比丘樓逗給大眾分舍利，以阿闍
世王等八國國王求分舍利，均被拒絕。
大眾各持分得舍利起塔供養。

五代　大般涅槃經後分‧聖軀廓潤品
莫61　北壁下部

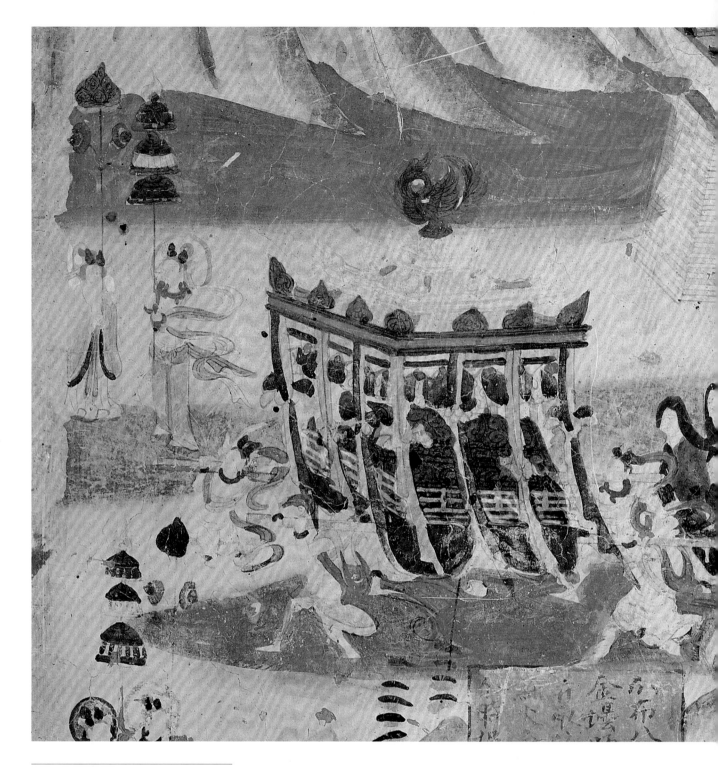

163 金棺自舉

世尊入斂後，十六位力士都抬不起佛
棺。比丘樓逗說，縱是城裏男女老少齊
集來抬，也抬不起來。佛陀發慈悲心，
使金棺自舉空中，徐徐從俱尸那城西門
入，從東門出，又右繞入南門，從北門
出，如此繞俱尸那城七周，才向火化的
地方（荼毗所）而去。

五代　大般涅槃經後分·機感荼毗品

莫61　北壁下部

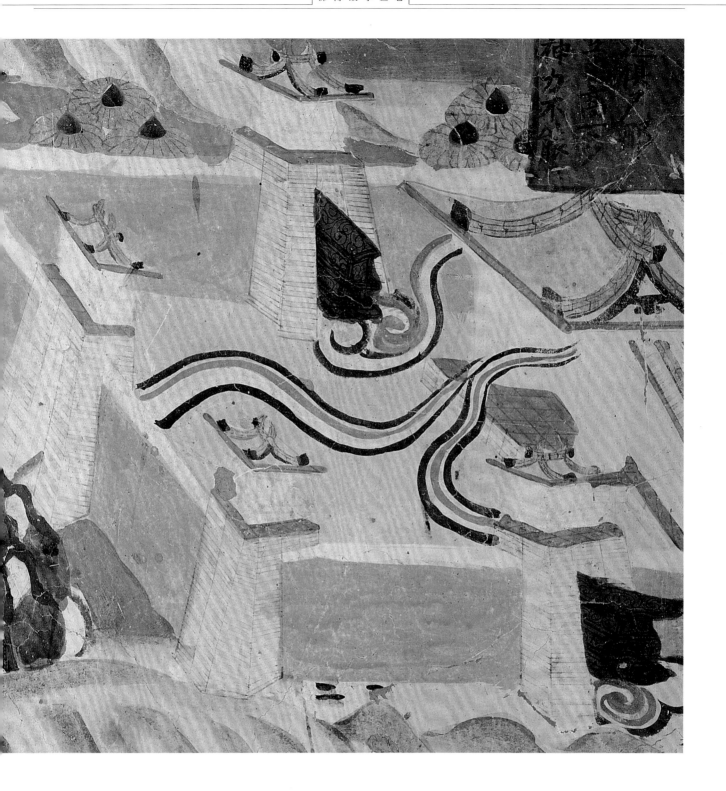

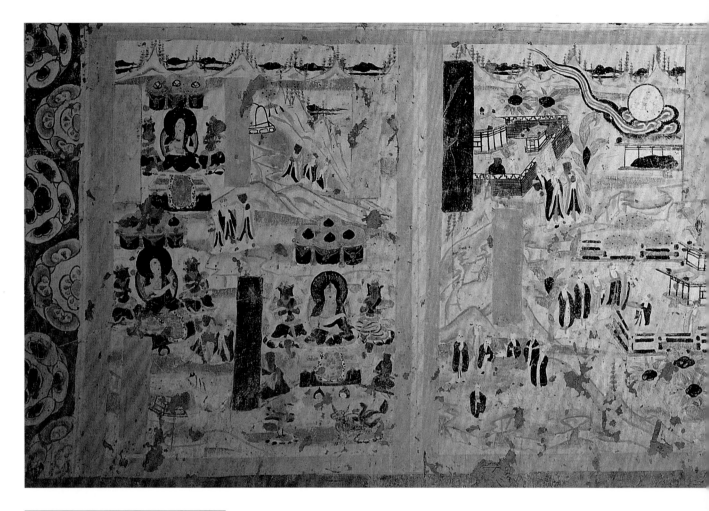

164 榆林窟第36窟佛傳故事屏風畫

榆林窟第36窟是中型洞窟，主室南、北
壁下部各繪佛傳故事屏風畫十扇。現僅
存南壁九扇和北壁一扇。其中很多畫面
已較模糊，榜題文字也已全部泯蝕。

五代　榆36　南壁東側

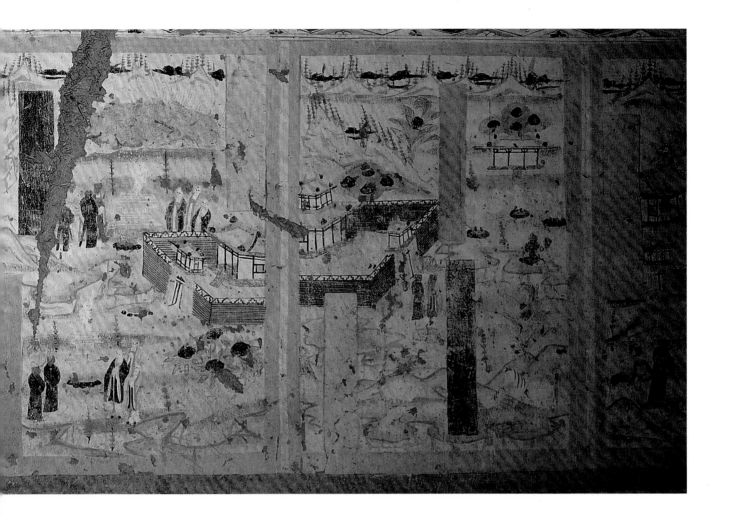

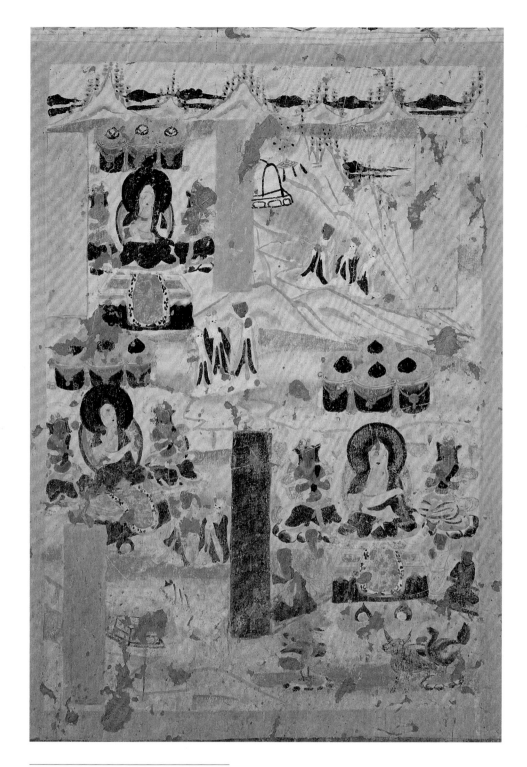

165 佛説法

第一扇屏風繪三幅佛説法場面。聽法的
有菩薩、俗人、僧人以及動物等，可能
是表現釋迦佛講説自己成佛的緣由。右
上角繪三人向山中行進，禮拜，可能是
表現國王在祈禱山川和諸神，使夫人有
孕，欲生太子。

五代 榆36 南壁下部

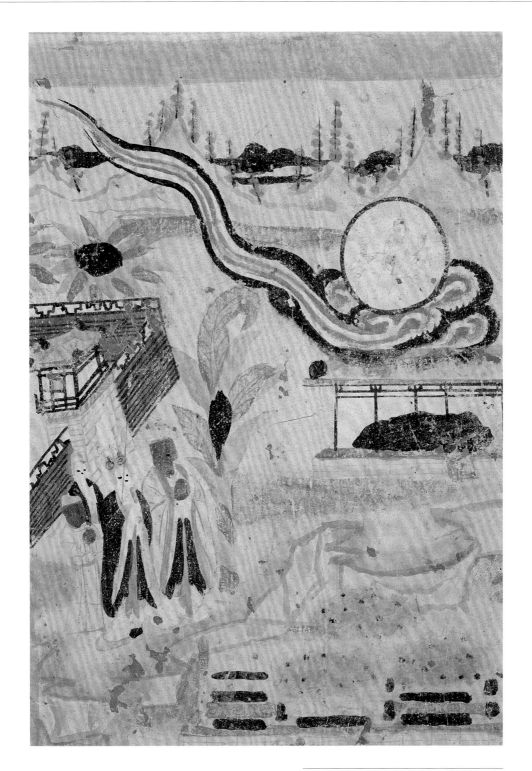

166 乘象入胎

第二扇屏風繪摩耶夫人臥於榻上，一團
彩色祥雲由遠方飄來，雲端圓輪中，菩
薩乘白象來投胎。城外淨飯王出城送懷
孕的摩耶夫人回藍毗尼園生育。

五代 榆36 南壁下部

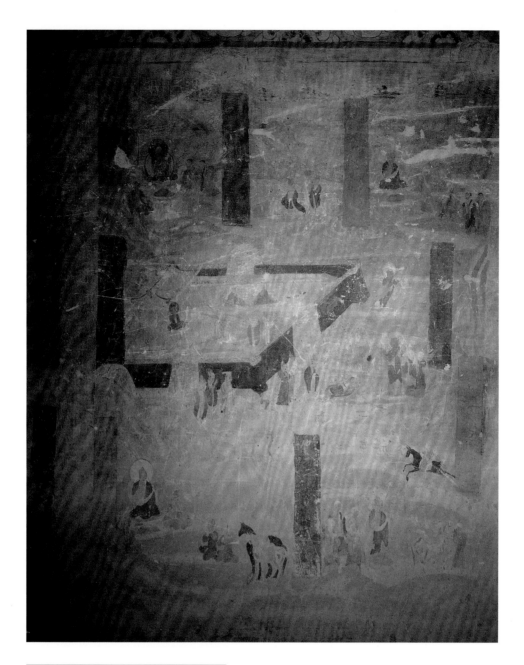

167 莫高窟第454窟佛傳故事屏風畫

第十九扇屏風自下而上繪釋迦還國、父
王迎拜、宮中說法、羅睺羅認父、諸釋
子出家。表現釋迦自從出家，已多年沒
有返鄉，淨飯王思念釋迦，遣使者請他
歸國傳教佈道。釋迦闊別故鄉多年後重
返迦毗羅衛國。

宋 莫454 北壁下部

第二節　獨特的經變式佛傳故事畫

　　榆林窟第33窟也為曹元忠所建，此窟佛傳故事畫與前面的屏風畫不同，採用經變畫的形式表現，這在晚期石窟中是十分獨特的。

　　此窟主室設中心佛壇，覆斗形頂。佛傳故事畫與西方淨土變平列於北壁上部的顯著位置。佛傳故事畫高2.13米、寬3.58米，以經變畫的形式表現。中間是大幅釋迦禪定思惟和降魔成道圖，兩側為左右對稱的長條對聯式條幅，其面積僅佔總面積的四分之一，表現佛傳故事的各種事跡。以這種構圖形式表現佛傳故事在敦煌壁畫中沒有先例，顯然是受到敦煌石窟久盛不衰的觀無量壽經變、藥師經變構圖模式的影響。這兩種經變都是在中間畫出場面宏大的說法會，兩側用條幅畫面分別表現經文的故事。此窟這鋪降魔變在中央繪釋迦降魔

成道，兩側的對聯式條幅則描繪相關的佛傳故事。說明此圖要突出的中心內容是降魔成道，其他的佛傳故事都是圍繞降魔成道這個中心而作畫。

　　中間降魔成道圖的內容和人物佈局，基本繼承了敦煌石窟北朝、唐代降魔圖的特徵，但其場面之大超過了前代，寶蓋、佛座和佛光的華麗，以及上部放射的光焰和下部地面開闊的空間，使釋迦的形象更為突出，魔眾攻擊佛陀也比以前更為豐富。儘管曹氏畫院的繪畫已流於程式化，但此畫魔眾的神情和動態不失生動有趣，更增強了佛陀降魔的威力。其意圖可能是表達了曹氏歸義軍統治者的願望：他們要像佛陀降伏魔眾那樣去對付敵對勢力，以鞏固他們的政權。這與同期的一些洞窟中繪畫降伏外道的勞度叉鬥聖變是異曲同工。

12			8
11			7
5			
10	降魔成道圖		6
9			
3			4
2			1

榆林窟第33窟佛傳故事經變排列示意圖

　　兩側對聯式條幅面積不大，根據榜題和畫面共計十二個佛傳故事題材，但榜題文字已全部泯蝕。畫面場景簡單，大都是山、石、河、樹，基本無建築，故事環境大都置於曠野之中。既無榜題文字，場景又簡，僅能根據人物的動作和所持物品對內容作如下推測：

1. 圖不清
2. 馬夫車匿和白馬送太子出宮；
3. 馬夫車匿和白馬辭別太子；
4. 兩個佛陀坐禪，似表現佛陀六年苦行；
5. 釋迦苦行衣服已破，淨居天子奉袈裟；
6. 釋迦成道後商主奉上蜜酪；
7. 釋迦欲求美食，但無器具，四天王各獻一鉢；
8. 牧女獻牛乳；
9. 釋迦度化憍陳如五仙人；
10. 釋迦度化迦葉三兄弟為比丘；
11. 釋迦涅槃前的禪定；
12. 釋迦涅槃。

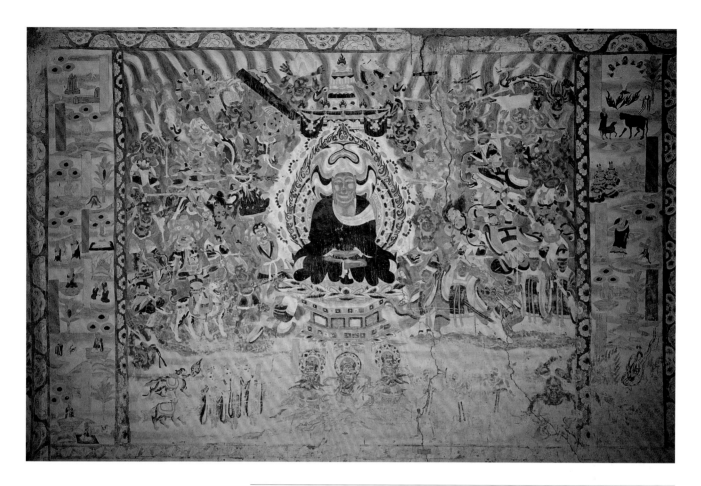

168 榆林窟第 33 窟佛傳故事畫

畫面中央以大幅釋迦牟尼佛降魔成道圖
為中心，兩側對聯式條幅內繪佛傳故
事。釋迦結跏趺坐蓮花座上雙手結禪定
印。佛座之下妖艷的三魔女變為醜陋的
三老嫗，中間有從地裏湧出的三身地
神，為釋迦取勝作證。右側進攻的魔眾
舉鷹、持輪、托石，魔王持劍劈向釋

迦，魔子一旁相勸。左側進攻的魔眾托
山、持鐵排、舉火，魔王戰敗倒地。最
後，魔眾攻擊釋迦的各種武器都被釋迦
周圍的蓮花所阻擋，無法傷害釋迦。人
物面部和肌膚部分的暈染，體現了人體
肌肉的立體感。

五代 榆33 北壁西側

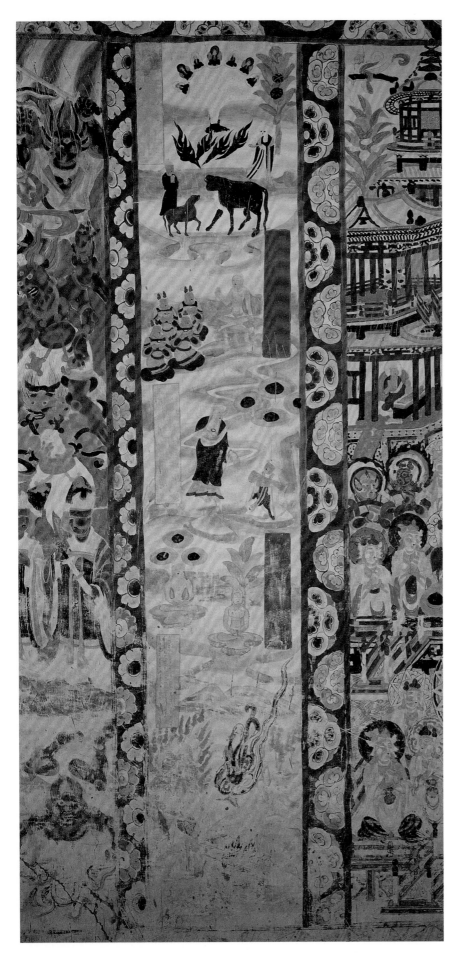

169 右側條幅式佛傳故事

自下而上繪有六年苦行、商主奉蜜、四
天王獻缽、牧女煮乳。

五代 榆33 北壁西側

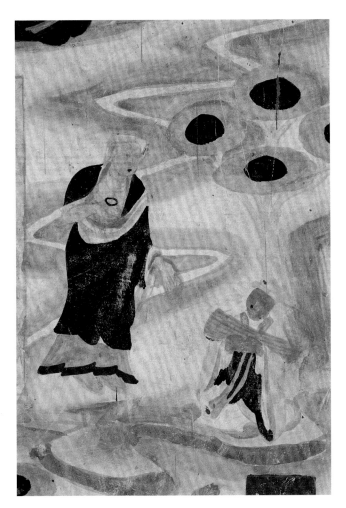 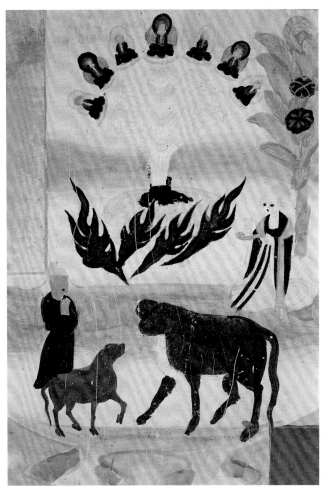

170 商主奉蜜

河邊穿右祖袈裟的佛陀托缽，走向波羅
奈國的途中。這時天神告知商主，已覺
悟成佛的釋迦將經過這裏，如供養釋
迦，可得福田。商主見佛果真經過，且
神情肅穆莊嚴，便以蜜秒（酪）奉獻給
他。

五代 榆33 北壁西側

171 牧女煮乳

釋迦六年苦行，進食太少，身體虛弱，
欲進上好美食。天神迅速將釋迦之意通
知善生村主之女，村主女即為釋迦燒煮
上好乳糜，可煮乳糜時，乳糜向上沸
湧，達一多羅樹高，又回到釜內，從不
外溢，並現種種瑞相。有一占相師見狀
說道：“誰食此乳糜，如食證悟真諦的
妙藥。”這時釋迦前來乞食，善生村主
之女即取金缽盛攪蜜的乳糜送奉釋迦。

修行本起經・精進苦行品

五代 榆33 北壁西側

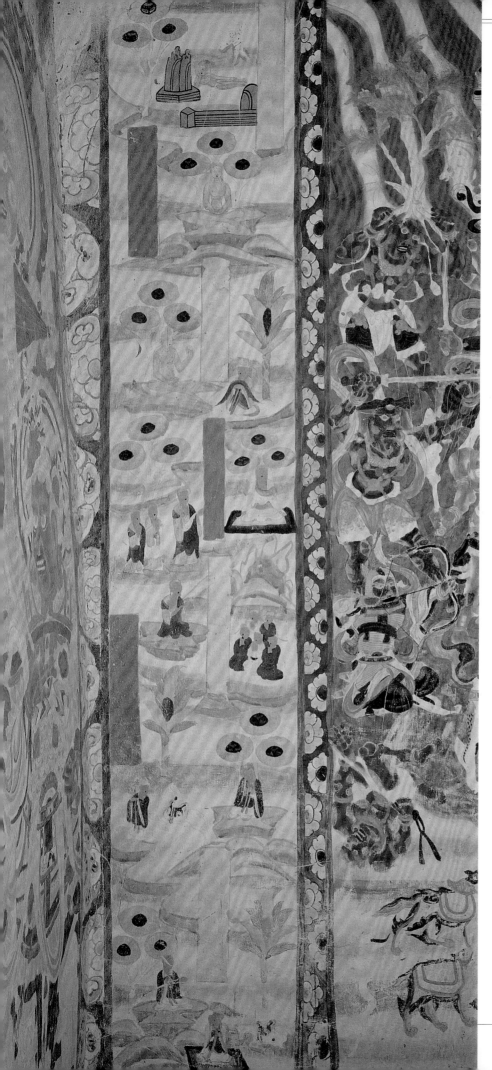

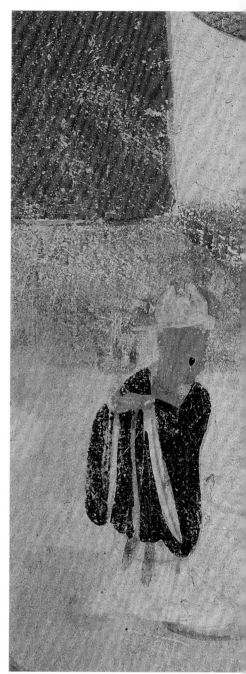

172 左側條幅式佛傳故事畫

自下而上繪有車匿送太子、車匿和白馬
辭別太子、度化憍陳如五人、度化迦葉
三兄弟、商人奉袈裟、最後的禪定、涅
槃。

五代 榆33 北壁西側

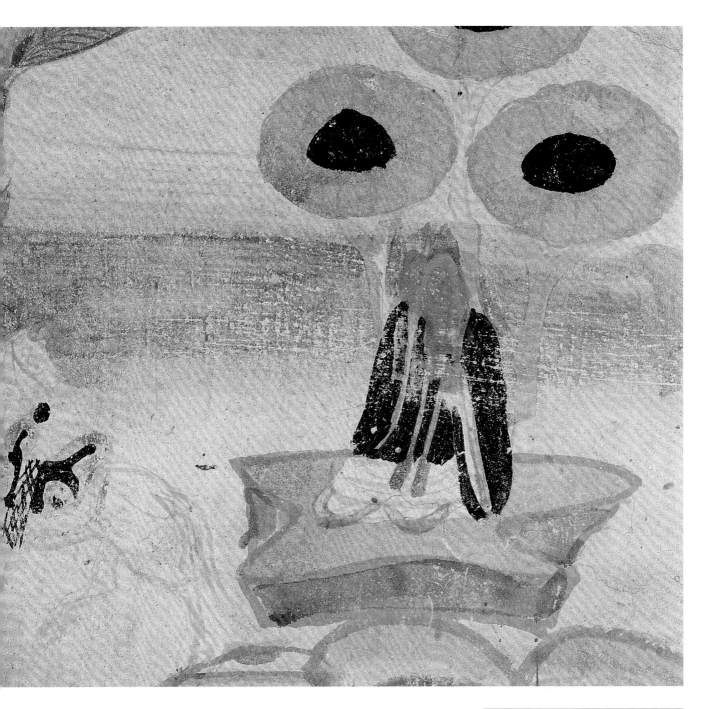

173 車匡和白馬辭別太子

太子穿大袖袍服盤坐於山石上的樹下，
山石下馬夫車匡雙手托着三叉冠，和白
馬一起回頭望着太子，依依不捨辭別太
子而回。

五代　榆33　北壁西側

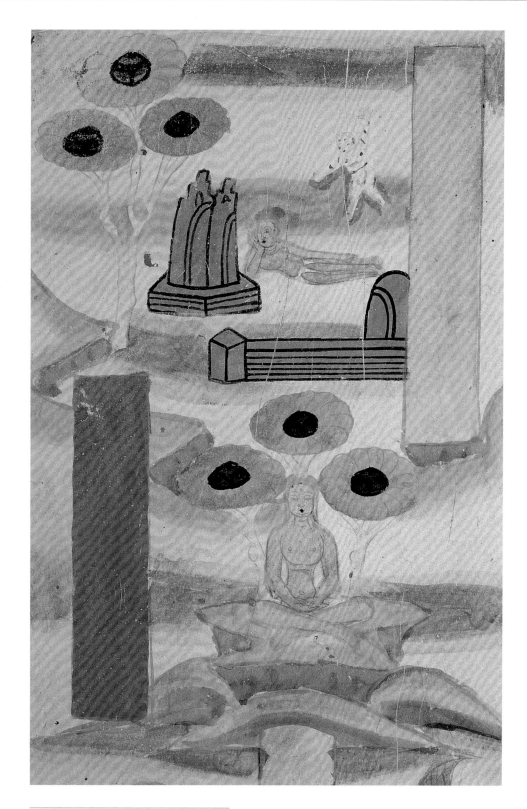

174 禪定與涅槃

樹下的山石上，佛陀上身裸體，下身僅
穿犢鼻褲，作結跏趺坐，雙手相疊作禪
定印。在墓園內佛陀右側臥，肘支地，
身後有一夜叉向佛陀示意，表現釋迦最
後的涅槃。

五代 榆33 北壁西側

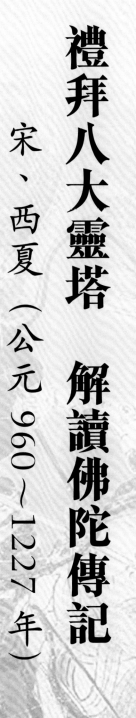

禮拜八大靈塔 解讀佛陀傳記

宋、西夏（公元 960～1227 年）

中國八大靈塔的雕刻或繪畫是表現釋迦一生所經歷的八大聖地的事跡，每處事跡又與一座佛塔相結合，以此表現佛傳故事，稱之為八塔變相。

中國佛典記載的佛陀聖地

釋迦牟尼在古印度被視為聖人。他去世後，凡他生前活動過的地方及他留下的遺跡，都被視為聖地、聖跡。為了表達對釋迦的崇敬和追思，在這些聖地、聖跡修建了窣堵波（梵文 Stupa），即佛塔，以作為永久的紀念性標誌。歷代佛教徒都要到這些聖地、聖跡去瞻仰、禮拜或供養。

中國歷代赴西域求法取經的僧人也如印度佛教徒一樣，要到佛教聖地、聖跡去瞻仰、禮拜或供養。公元 4 世紀末去印度的法顯、公元 7 世紀去印度的玄奘，在他們撰寫的《法顯傳》和《大唐西域記》中，隨處可見巡禮聖地、聖跡的記載。法顯著《法顯傳》具體記載了著名的四處佛陀聖地："凡諸佛有四處常定，一者成道處，二者轉法輪處，三者說法論議伏外道處，四者上忉利天為母說法來下處，餘者則隨時示現焉。"慧立彥悰著《大慈恩寺三藏法師傳》記：玄奘在印度對"佛處世之跡，如泥洹堅固之林，降魔菩提之樹，迦路崇高之塔，那揭留影之山，皆躬伸禮敬，備覩靈奇，亦無遺矣。"

中國佛教徒不僅早已有西行求法朝聖的記載，而且也早有"四塔"、"八塔"的記述。南梁僧旻寶唱撰集的《經律異相》載有"人中四塔"："迦毗羅衛國謂天地之中立生處塔、摩竭提國善生道場元吉樹下起成道塔、波羅奈國仙人住處鹿野苑中立轉法輪塔、拘尸那國力士生地秀林雙樹間起涅槃塔"。唐代般若譯《大乘本生心地觀經》記載了紀念佛陀生平聖跡的八大塔，名為：拘娑羅國淨飯王宮生處寶塔、摩伽陀國伽邪城邊菩提樹下成佛寶塔、波羅奈國鹿野苑中初轉法輪度人寶塔、舍衛國中給孤獨園與諸外道六月論議得一切智聲名寶塔、安達羅國曲女城邊升忉利天為母說法共梵天王及天帝釋十二萬眾從三十三天現三道寶階下閻浮時神異寶塔、摩竭陀國王舍城邊耆闍崛山說大般若法華一乘心地經等大乘寶塔、毗舍離國菴羅衛林維摩長者不可思議現疾寶塔、拘尸那國跋提河邊娑羅林中圓寂寶塔。雖然中國建造佛塔的歷史很悠久，但宋代以前尚不見有成組的八塔遺跡。

佛教復興　八塔現東土

宋朝建國，佛教得到復興。乾德二年、四年（公元 944、966 年）太祖趙匡胤連續下詔“可遣僧往西（天）竺求法”。在宋王朝的鼓勵下，中國僧人繼唐代之後，再次掀起赴印度求經的熱潮。當時印度佛教正處於衰退時期，伊斯蘭教徒入侵印度，破壞寺院，殘害僧人，使許多印度僧人逃往西域和中國。從宋建隆至景祐年間（公元 960～1038 年），前後有印度僧人達八十多人來中國敬獻梵經。太平興國七年（公元 982 年）太宗命創設譯經院，專事佛經翻譯，來自北天竺、西天竺的名僧參與譯經事業，沉寂了二百年的譯經再度興起。中天竺沙門三藏法天在中國翻譯了《八大靈塔梵讚》、《佛說八大靈塔名號經》，是讚頌和敍述釋迦八大聖地的重要佛經。

《八大靈塔梵讚》寫於公元 7 世紀，是印度笈多王朝著名的戒日王撰寫，以表示讚頌佛德和佛的事跡。《佛說八大靈塔名號經》是記述八塔名號的佛經，八大靈塔的名號分別是，第一迦毗羅衛城藍毗尼園是佛生處，第二摩伽陀國尼連禪河邊菩提樹下佛證道果處，第三迦尸國波羅奈城轉大法輪處，第四舍衛國祇陀園現大神通處，第五曲女城從忉利天下降處，第六王舍城聲聞分別佛為化度處，第七廣嚴城靈塔思念壽量處，第八拘尸那城娑羅林內大雙樹間入涅槃處。所謂八大靈塔，也即釋迦生前活動的八大聖地。

佛陀的八大事跡中，有第一降生、第二成道、第三轉法輪、第八涅槃事跡在前文的佛傳故事畫中已作介紹，不再贅述。另外四個事跡的內容簡述於下：

第四，舍衛國祇陀園現大神通處的事跡。據《賢愚經》、《阿育王經》說，舍衛國波斯匿王，有一大臣名須達，號給孤獨長者。他聆聽釋迦講法後，決心以黃金鋪地的代價購買王太子祇陀的花園，為佛陀建立精舍。祇陀被他的精神所感動，表示願與須達共立精舍，獻給佛陀。這時六師外道出來阻攔，外道勞度叉與佛弟子舍利弗經過反覆鬥法，最終舍利弗取勝，並顯示各種神通，六師外道失敗後便皈依佛教。遂建成精舍，名為祇樹給孤獨園。波斯匿王遣使者請佛陀和僧人到舍衛國安居。

　　第五，曲女城從忉利天下降處的事跡。據《法顯傳》記述，佛陀在忉利天為母親説法後，踏着化出的三道寶階從天下來，梵天王執白拂，帝釋天執七寶蓋在左右侍候，隨佛而下。佛陀回到人間後，三道寶階俱沒於地下，僅現七級。阿育王於寶階上建立精舍。

　　第六，王舍城聲聞分別佛為化度處的事跡。據《佛本行經》説，佛陀遊王舍城，調達嫉妒釋迦，放出醉象，欲加害釋迦。這時佛伸右臂，放射光芒，照耀醉象，醉象被調伏後，跪伏佛足下。

　　第七，廣嚴城靈塔思念壽量處的事跡。據《賢愚經》説，佛陀與眾僧自祇樹給孤獨園回歸途中，有一彌猴向阿難求索其缽，盛滿蜂蜜，獻給佛陀，佛陀欣然受之。彌猴歡喜，跳躍起舞，墮大坑中，即便命終。死後投胎於婆羅門家，出生時家裏器物盛滿了蜂蜜，便取名蜜勝，成人以後出家，得阿羅漢果。

　　印度佛傳美術都只表現“八相”，即釋迦活動的八個場所和事跡，並沒有八相和佛塔結合表現佛陀事跡的形式。就目前所見的中國宋、遼、西夏時期出現的八塔變圖像，有的是在佛塔中表現釋迦及其事跡和場所，有的並不表現釋迦及其場所，只表現八個佛塔，旁邊題有塔名作為標識。受公元10世紀中葉開始流行八塔信仰的影響，宋代重繪的敦煌莫高窟第76窟、西夏營造的安西榆林窟第 3 窟、肅北五個廟石窟第 1 窟也出現八塔變的壁畫。這三鋪八塔變圖像屬於以佛塔及釋迦事跡和場所相結合的形式。

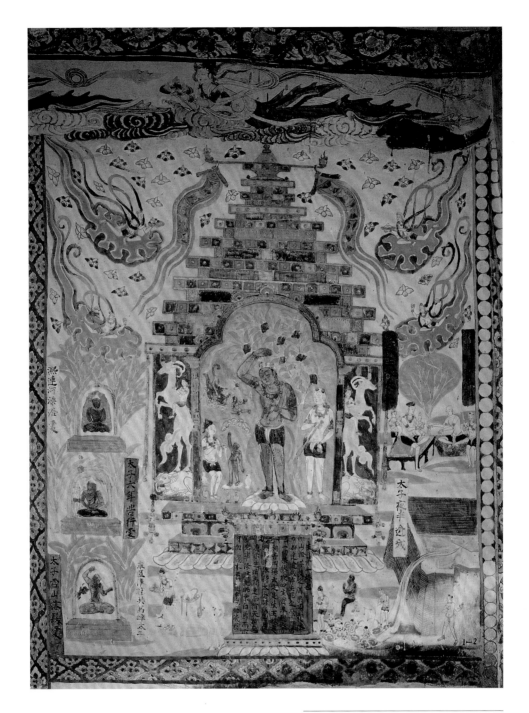

175 樹下誕生

八塔變相之第一塔。畫面正中摩耶夫人
右手攀菩提樹,太子從脅下出生,剛降
生的太子赤祖全身,似從腋下騰飛而
出,回望母親。九龍從天而降,為太子
噴水洗浴。

宋 莫76 東壁門南側

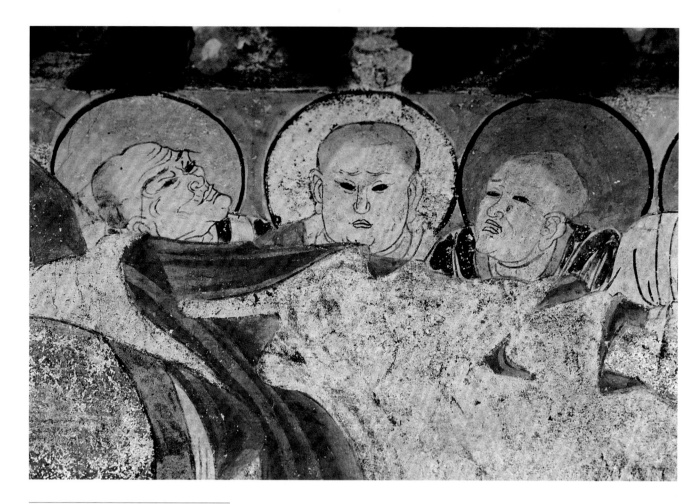

176 舉哀弟子

這三身舉哀弟子面對釋尊的涅槃，或緊
蹙雙眉，沉思不語；或凝望上空，神情
迷茫；或悲哀抽泣，滿面愁雲，畫面刻
畫了痛失尊師後弟子的複雜心情。

西夏 榆3 東壁中央上部

第一節　　宋代八塔變相圖

八塔變相　繪佛陀生平

敦煌莫高窟第76窟營造於唐代，為覆斗頂中心佛壇窟，宋代重繪，主室東壁入口門的兩側繪有八塔變相，洞窟中僅保存上部第一、三、五、七塔，共四幅圖像，下部其餘四幅圖像均已殘毀不存。每幅圖像的中心繪單層四角疊澀頂佛塔，在塔的內外鋪排展開佛陀的事跡，塔基部分和每個事跡旁插有榜題文字。根據榜題，佛跡內容如下：

第一塔，有榜題"……迦毗（佚"羅衛城"字）乘白象……此處降生第一塔"。塔內表現太子腋下誕生、龍王為太子洗浴、太子足踩蓮花，指天指地，說天上地下，唯我獨尊；塔外表現淨飯王捧太子、相師阿私陀仙占相、太子夜半逾城、車匿捧冠共馬辭太子、太子雪山落髮、太子六年苦行、尼連禪河洗浴。此塔是講釋迦出生後至降魔成道前的事跡，應是迦毗羅衛城藍毗尼園佛陀降生第一塔。

第三塔，有榜題"……波羅奈國鹿野苑……此處初轉法輪第三塔"。塔內有三佛和佛座下的法輪和雙鹿，表示為釋迦在鹿野苑初轉法輪；塔外表現文殊菩薩摩訶薩等赴法會、普賢菩薩摩訶薩等赴法會、教化昆季五人、憍陳如等五比丘聞四諦法輪時。此塔應是第三迦尸國波羅奈城轉大法輪處。

第五塔，有榜題"……舍衛城內祇陀園中給孤（佚"獨長者"字）虔誠鋪金買地建立精全（應是"舍"字）……"。塔內有三佛表示千佛化現；塔外有舍利弗給孤獨長者、外道師五人皈依佛、波斯匿王獻花供養、祇陀太子給孤獨長者請佛安居。此塔應是第五舍衛國祇陀園現大神通處。

第七塔，榜題"王舍城內彌猴奉蜜於世尊……此地興隆第七塔"。塔內有彌猴獻蜜；塔外有彌猴歡喜作舞陷井、彌猴命終天女散花供養、菩薩聲聞從佛會。此塔應是第七廣嚴城靈塔思念壽量處。

從第76窟的八塔變相現存的第一、三、五、七塔榜題和圖像，大致可推知已殘毀的第二、四、六、八塔的內容和順序為：在第一降生塔之後，第三轉法輪塔之前，應是第二降魔成道塔；現有的第五塔是舍衛國祇陀園現大神通塔，餘下的兩塔內容應是從忉利天下降處和王舍城聲聞分別佛為化度處，但兩塔排列於第四或第六的順序不能確定。最後的第八塔應是涅槃塔。

八塔與八相　東西方自有傳承

公元2世紀印度貴霜王朝的馬圖拉佛傳雕刻，已出現將釋迦的主要事跡集中在一起，表現釋迦聖跡的"四相"或"八相"，畫面構圖一般以水平方向鋪排展開。公元5世紀印度笈多王朝的薩爾

納特佛傳雕刻繼承了馬圖拉的風格，但
"八相"的構圖有了變化：是八個畫面從
下往上垂直展開，既表現事跡，也表現
事跡發生的地點。馬圖拉和薩爾納特佛
傳雕刻，無論是橫向，還是縱向鋪排，
都無大小、主次之分。公元 8 到 12 世
紀，印度波羅王朝的佛傳美術繼承了笈
多王朝薩爾納特的風格，釋迦"八相"浮
雕數量特別多，佔其佛傳美術的半數以
上，並有鮮明的特點：八相畫面大小不
同，中心位置的"降魔成道"場面最大，
"涅槃"安排在"降魔成道"上面；其他
六個場面較小，左右對稱地排列在中心
畫面兩側，除"誕生"安排在兩側下部，
其餘場面安排在兩側上部，但每個內容
的位置均不固定。所有畫面幾乎沒有故
事情節，只表現釋迦的立像或坐像，可
根據畫面中釋迦的形象和持物，及附屬
的人物或動物作為標誌，以區分其不同
內容。總之，波羅王朝佛傳藝術不是史

傳性、敍事性的佛傳故事，而是以聖地
為中心，表現釋迦的重大事跡。其目的
是讓禮拜者朝拜聖地，並通過朝拜去悟
道和得到啟迪。

莫高窟第 76 窟的八塔變相，八幅畫
面無大小主次之分，如圍繞第一塔釋迦
腋下誕生事跡，又穿插九龍灌頂、指天
指地、逾城出家、雪山剃髮、六年苦
行、洗浴等事跡，其他三塔事跡也有類
似特徵。這一特點與印度薩爾納特佛傳
雕刻的佈局比較接近，而與波羅王朝的
則不同。第 76 窟的每個塔的塔門兩側，
以白象為基礎，上有菩薩騎羊的裝飾，
與印度阿旃陀石窟佛教藝術的佛座裝飾
相近，與河南洛陽龍門石窟唐代出現的
優填王像的座椅裝飾也相近。但每個畫
面中插入榜題文字、人物形象、繪畫技
法、塔和城市建築、樹木花草等，都是
中國的傳統式樣，推測這個粉本可能是
由中原傳入的。

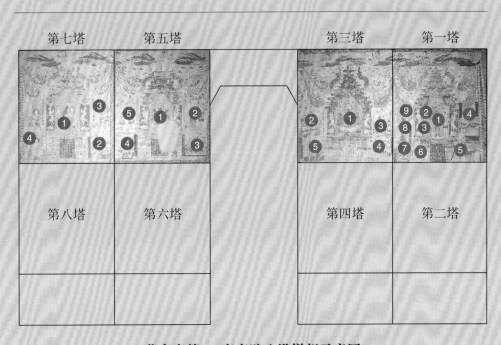

第七塔　第五塔　　　　第三塔　第一塔

第八塔　第六塔　　　　第四塔　第二塔

莫高窟第76窟東壁八塔變相示意圖

第一塔：
  ① 樹下誕生
  ② 太子洗浴
  ③ 太子足踩蓮花，指天指地
  ④ 阿私陀仙占相
  ⑤ 夜半逾城
  ⑥ 車匿共馬辭太子
  ⑦ 太子雪山落髮
  ⑧ 六年苦行
  ⑨ 尼連禪河洗浴

第三塔：
  ① 鹿野苑初轉法輪
  ② 文殊菩薩赴法會
  ③ 普賢菩薩赴法會
  ④ 教化五人處
  ⑤ 五比丘聞四諦法輪

第五塔：
  ① 千佛化現
  ② 精舍擇址
  ③ 外道皈依
  ④ 波斯匿王獻花供養
  ⑤ 請佛安居

第七塔：
  ① 彌猴獻蜜
  ② 彌猴陷井
  ③ 彌猴命終生天上散花供養
  ④ 菩薩聲聞從佛

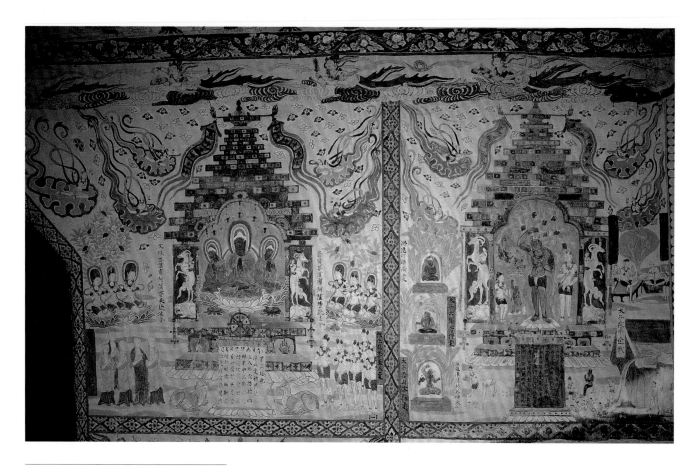

177 第76窟八大靈塔變之一

此窟有莫高窟僅存的一鋪宋代八大靈塔
變相,在窟門兩側各畫四塔,每側又分
上下兩排,現下排四塔僅存殘跡。這是
上排四塔南側的樹下誕生第一塔、初轉
法輪第三塔。佛塔塔頂是漢式單層四角
疊澀頂,上懸巨幡,龕外左右各有一人
騎羊,羊的前腿騰空,後蹄踏臥象。塔
基前中央有墨書榜題記述塔的內容。樹
下誕生第一塔畫面記述釋迦降生前後的
事跡。按榜題所述順序,共繪九個情
節:塔龕內繪樹下誕生、九龍灌頂、太
子宣說;塔外右側繪相師占相、夜半逾
城;塔外左側繪辭別車匿、雪山落髮、
六年苦行、尼連禪河洗浴。

佛說八大靈塔名號經

宋 莫76 東壁門南側

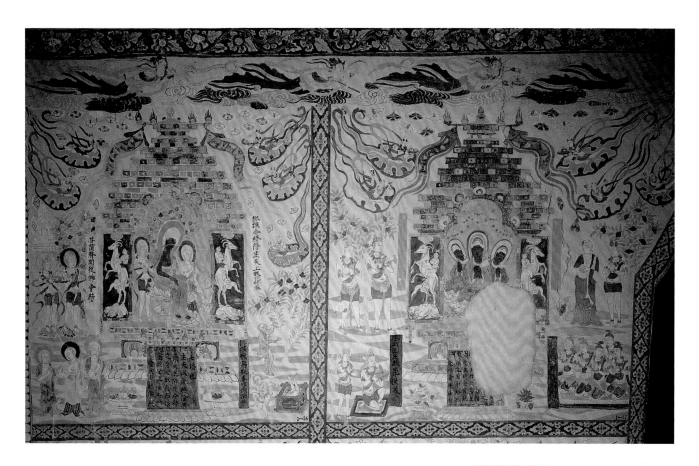

178 第76窟八大靈塔變之二

第76窟八大靈塔變揉和唐代《乘本生心
地觀經・序品》與宋代《佛說八大靈塔
名號經》以及佛傳中的情節而繪製。這
是上排四塔北側的舍衛國祇陀園現大神
通第五塔、獼猴奉蜜第七塔。

宋 莫76 東壁門北側

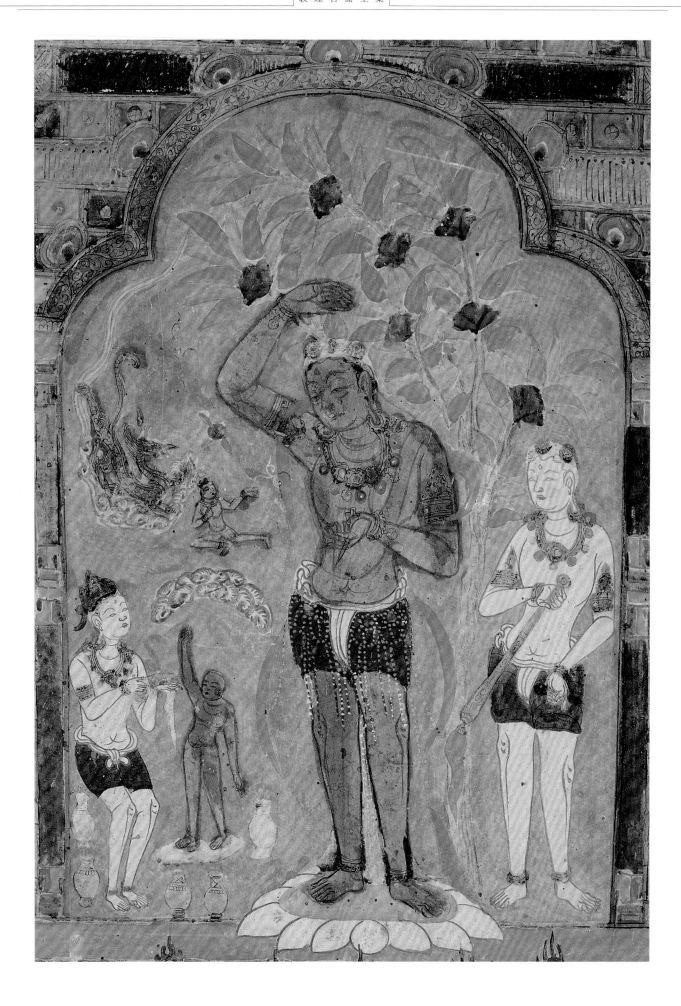

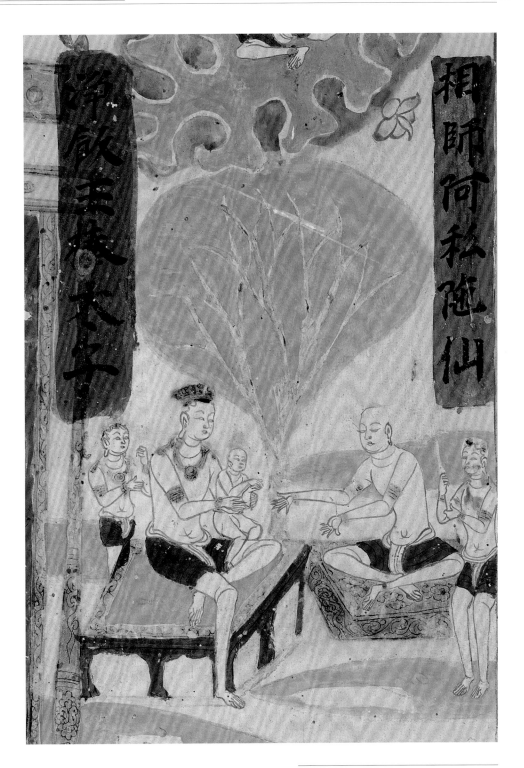

淨飯王抱太子

相師阿私陀仙

180 王捧太子　相師占相

淨飯王坐在蒼翠繁茂的菩提樹下，戴冠，祖上身，着短褲，懷抱太子嬉戲。墨書榜題："淨飯王捧太子"。國王對面的相師阿私陀結跏趺坐於低榻上，伸手接太子，準備占相。墨書榜題："相師阿私陀仙"。

宋　莫76 東壁門南側

179 樹下誕生　誕生瑞相

菩提樹枝葉繁茂，樹下摩耶夫人立於蓮花上，攀菩提樹枝，太子從她脅下出生。太子赤祖全身，似從腋下騰飛而出，回望母親。太子頭頂祥雲，踏蓮花，右手指天，左手指地，口言："天上天下，唯我獨尊"。九龍為太子洗浴灌頂，兩旁各有菩薩侍奉。

宋　莫76 東壁門南側

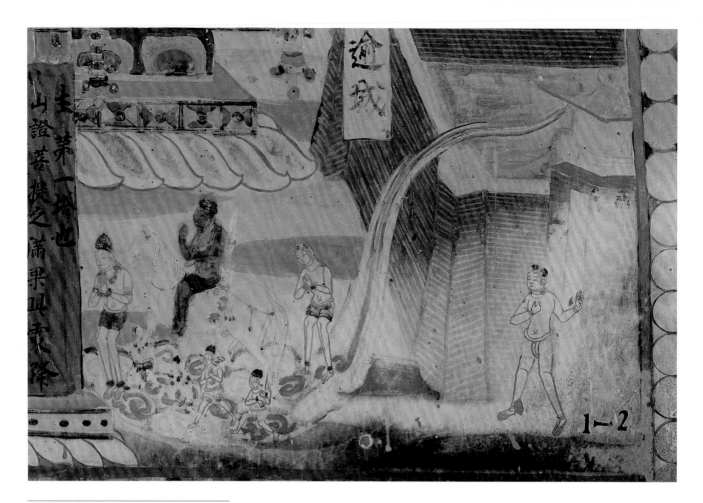

181 夜半逾城

祥雲承載着騎白馬的太子由城中逾牆而
下,前有馬夫車匿牽馬,下有四天神托
起馬腿,後有天神護送。城門外有一天
神正在催促太子出家。城角墨書榜題:
"太子夜半逾城"。

宋 莫76 東壁門南側

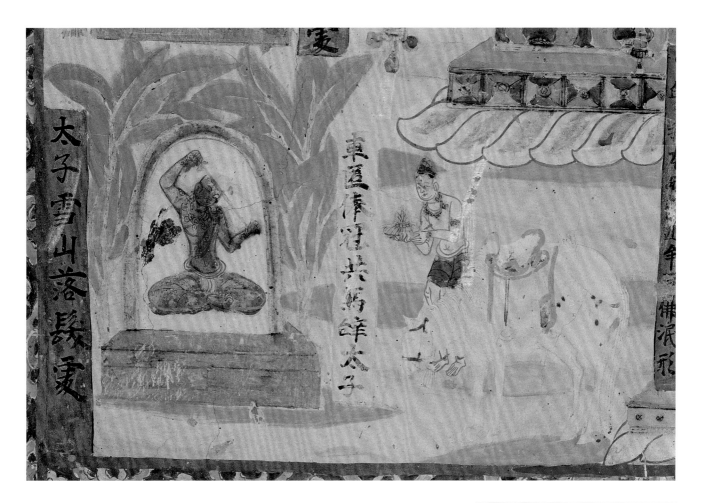

太子雪山落髮處

東匪俸冠共馬辭太子

182 辭別車匪　雪山落髮

馬夫車匪手捧太子寶冠欠身告辭，白馬
犍陟在一旁低頭表示惜別之意。旁有墨
書榜題：“車匪俸（捧）冠共馬辭太
子”。太子在穹窿形精舍內結跏趺坐，
一手持利劍，一手牽長髮，揮劍落髮。
旁有墨書榜題：“太子雪山落髮處”。

宋　莫76　東壁門南側

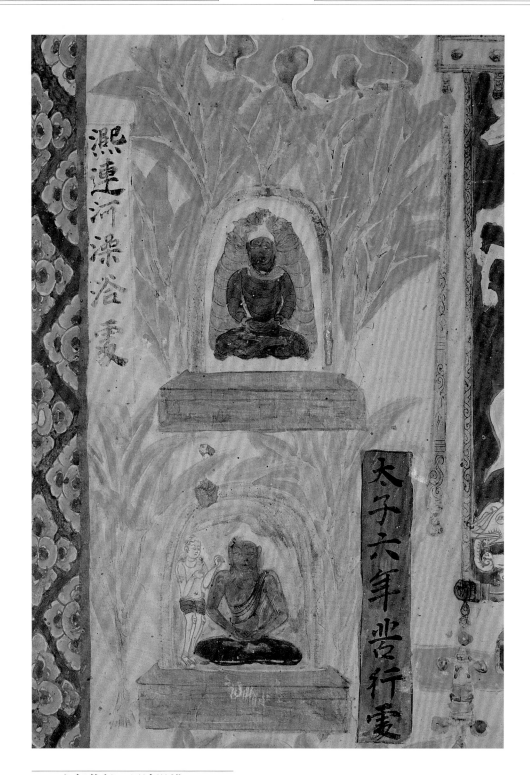

熙連河澡浴處

太子六年苦行處

183 六年苦行　尼連澡浴

下為太子結廬修行，結跏趺坐，袒露上
身，兩手結印。旁有墨書榜題："太子六
年苦行處"。上為太子身被袈裟結跏趺坐
精舍內，旁有墨書榜題："熙連河澡浴
處"。熙連河，即尼連禪河。表現太子六
年苦行後，未找到覺悟之道，決定放棄苦
行，食牧女乳糜後，在尼連禪河沐浴，再
次坐於菩提樹下悟道的情景。

宋　莫76　東壁門南側

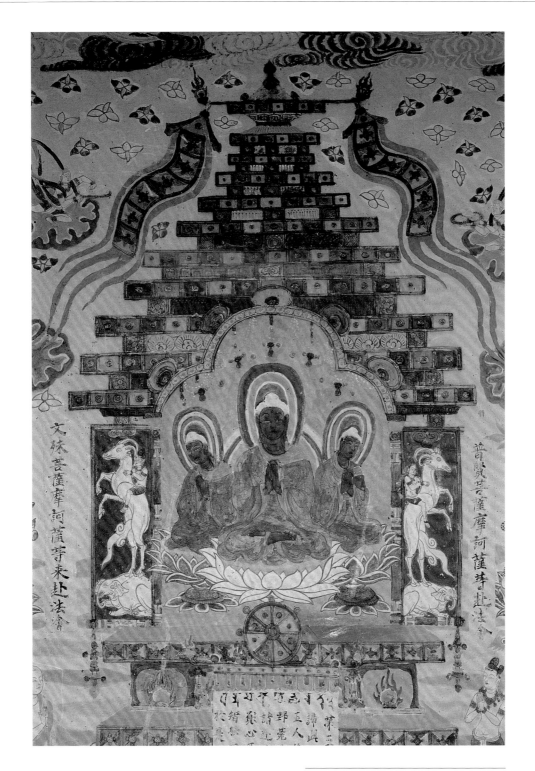

184 初轉法輪第三塔

塔龕內繪三佛,三佛為佛陀的法身、報
身、應身之相。塔身下正中繪一法輪,
塔基前左右臥二鹿,以示釋迦悟道成佛
後初轉法輪。

宋 莫76 東壁門南側

185 雙鹿和榜題

正中繪蓮花座承托的墨書榜題，上有橫
書藏文題記，下有豎排漢文題記：〝於
是慈雲普覆，悲智發明，應因地之願
心，受梵王之啟請，赴波羅奈國奈野苑
中，化昆季之五人，始宣揚於四諦。此
處初轉法輪第三塔也。〞兩旁臥二鹿，
以示在鹿野苑初轉法輪。

宋 莫76 東壁門南側

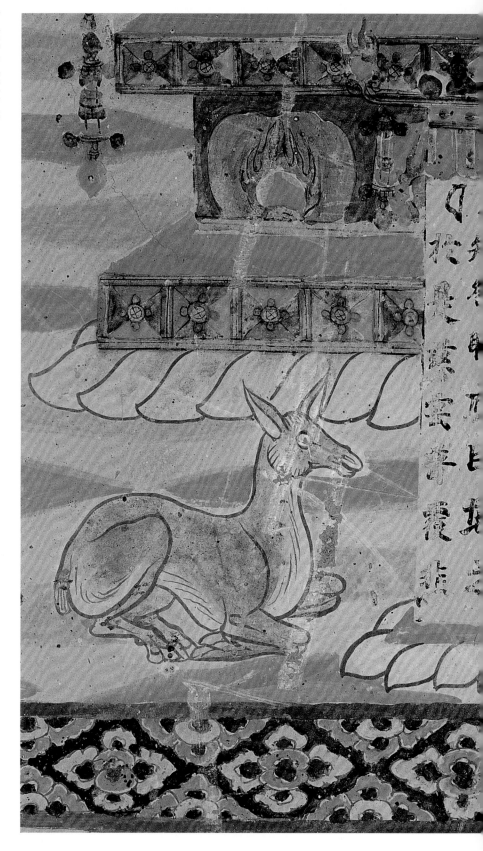

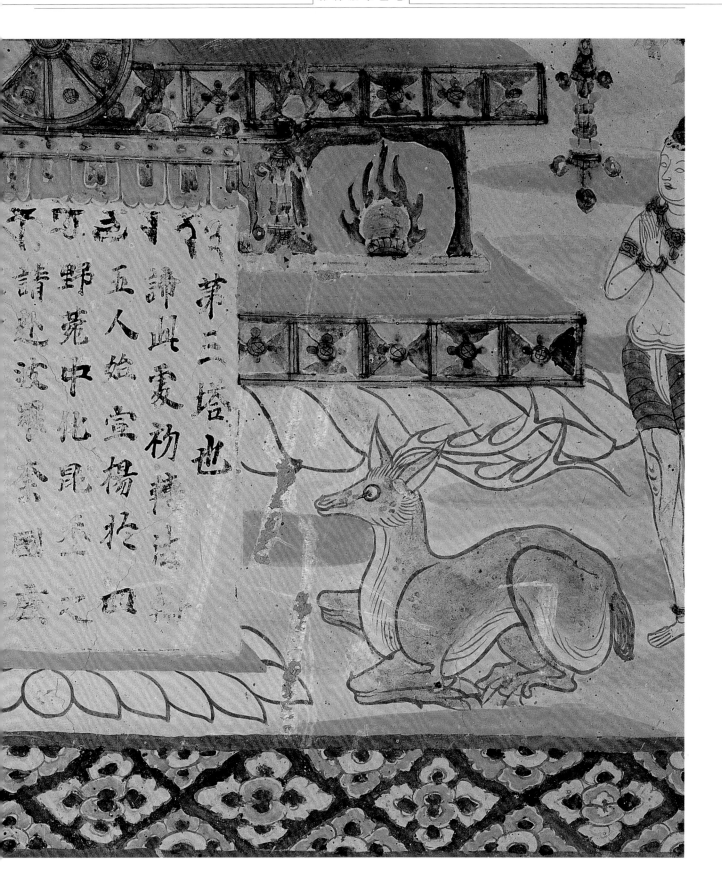

第二塔也

諸此處初轉法
五人始宣楊於海
野苑中化昆鹿
請起波羅奈國度

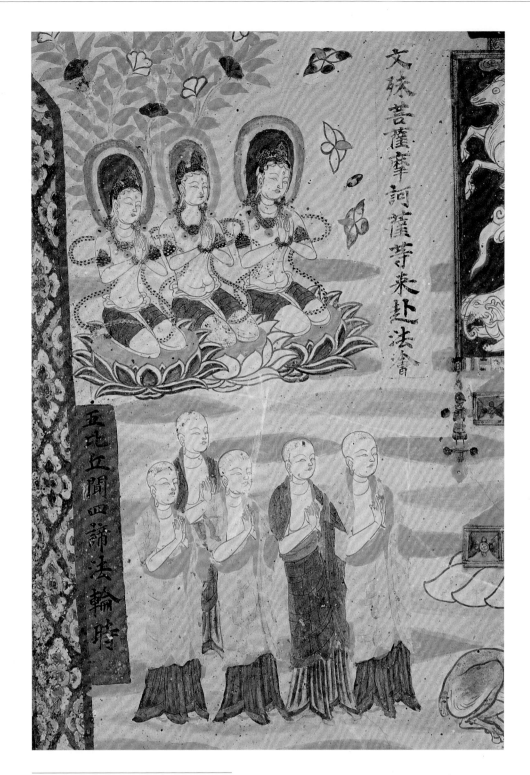

186 文殊赴會　五人出家

上方繪文殊等菩薩赴會聽法,旁有墨書
榜題:"文殊菩薩摩訶薩等來赴法
會"。下方憍陳如兄弟五人着袈裟,聽
佛說四聖妙諦後,欣然出家,皈依佛
門。旁有墨書榜題"五比丘聞四諦法輪
時"。

宋　莫76　東壁門南側

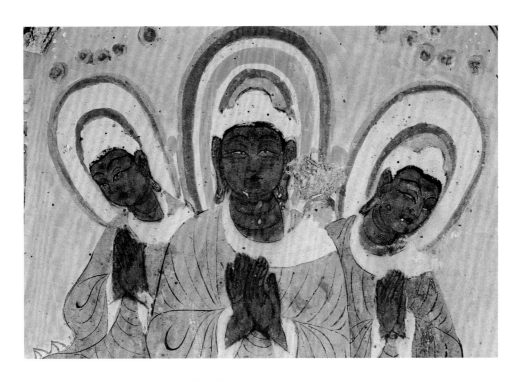

187 千佛化現

第五塔龕內繪佛陀和兩個化佛，表現佛
陀於舍衛國為了戰勝外道，現種種神
通，作無數化佛，相好莊嚴。

宋 莫76 東壁門北側

188 外道皈依

第五塔局部。繪外道五人，赤髮挽椎
髻，合十跪地，有的仰視佛塔，有的側
首顧盼。旁有墨書榜題："外道師五人
歸依佛時"。表現釋迦在舍衛國祇陀園
精舍降伏外道時的情景。

宋 莫76 東壁門北側

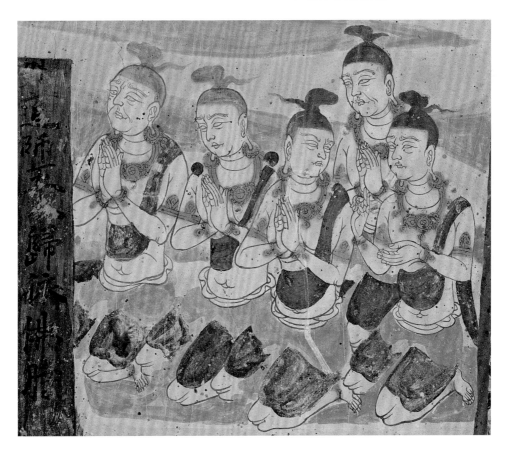

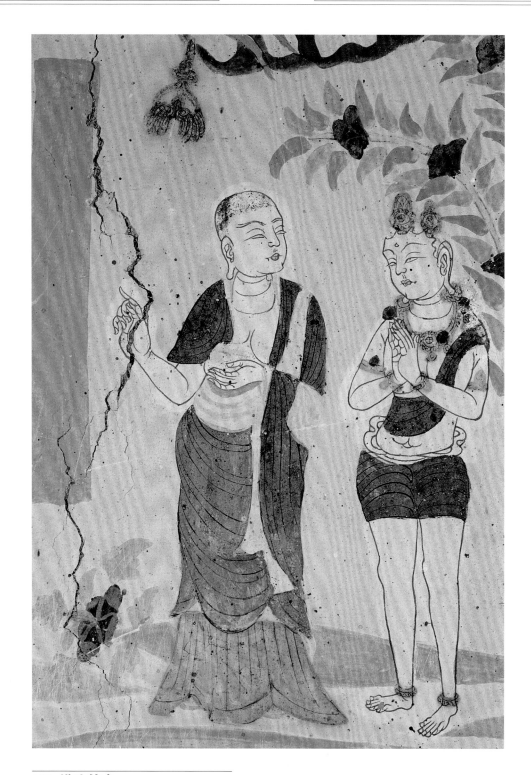

189 議建精舍

第五塔局部。繪佛弟子舍利弗和舍衛國
大臣須達（號給孤獨長者）商議建精
舍。表現大臣給孤獨長者聆聽釋迦講法
後，決心要在舍衛國為佛陀講法建立精
舍，佛陀遣舍利弗跟隨給孤獨長者赴舍
衛國選址，選中太子祇陀的花園以後，
給孤獨長者以黃金鋪滿祇陀的花園，以
購買此園作精舍。

宋 莫76 東壁門北側

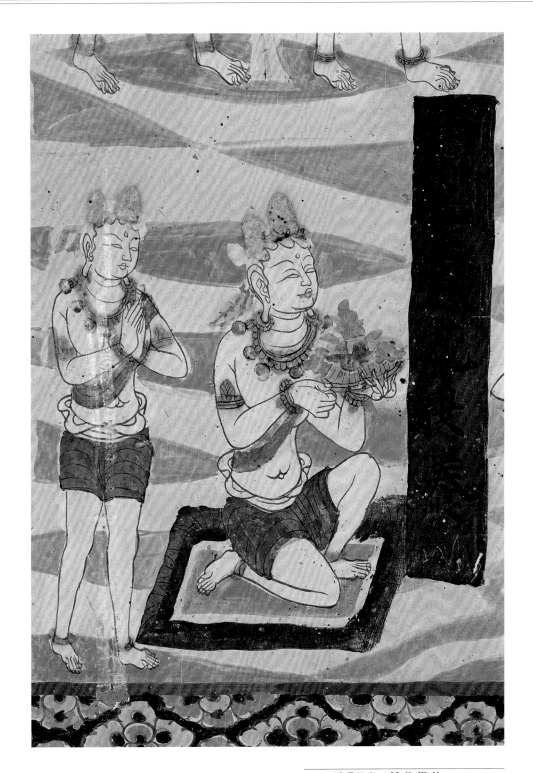

190 波斯匿王獻花供養

此圖是第五塔局部。繪波斯匿王手捧蓮
花，胡跪方毯上，旁有墨書榜題："波
斯匿王獻花供養"。表現舍衛國太子祇
陀和大臣須達共同建成祇陀孤獨園精舍
後，報告波斯匿王，王便請佛陀和僧人
到舍衛國祇陀孤獨園精舍安居。

宋 莫76 東壁門北側

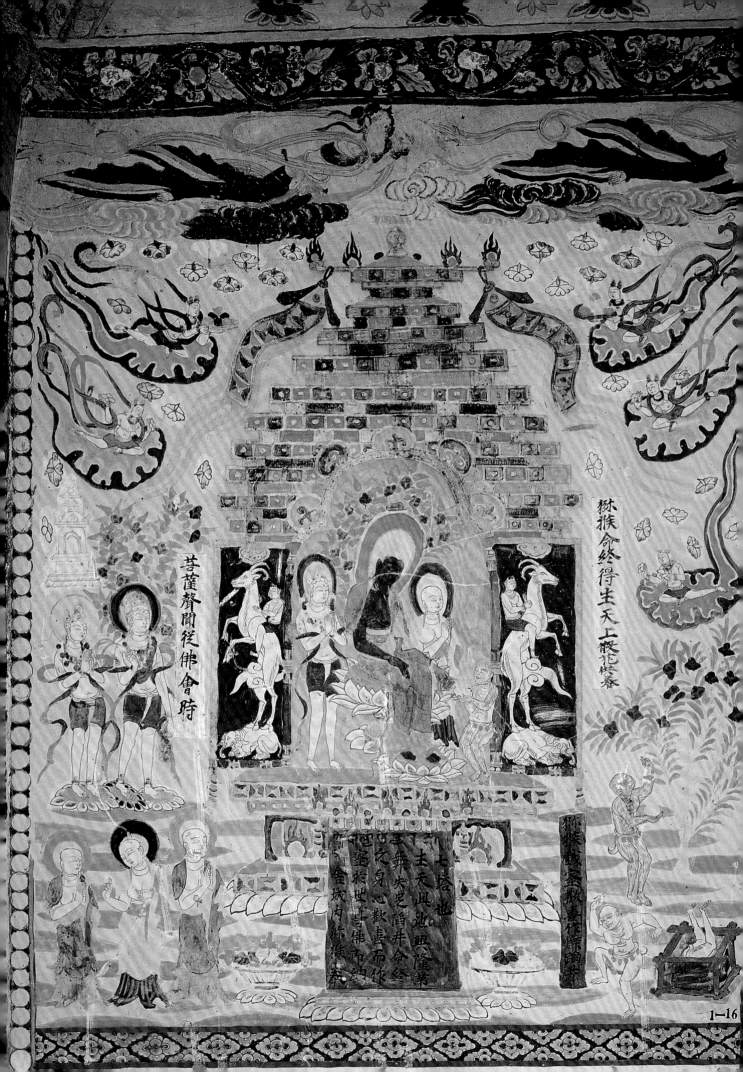

菩薩聲聞從佛會時

獼猴命終得生天上散花供養

七塔也生天此地盡隆著王舞失足陷井命終而受身心歡喜而作閻塞於世尊佛即說含城內獼猴奉

獼猴戲蜜器歡喜作條罐

1-16

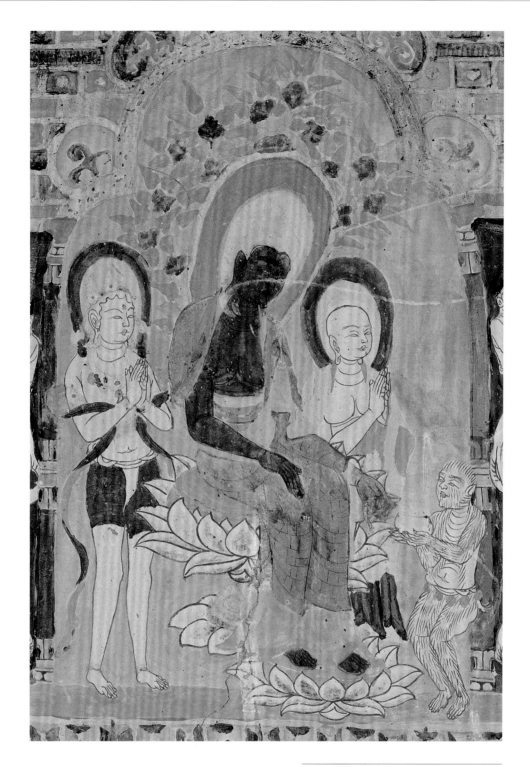

191 獼猴奉蜜第七塔

塔龕內繪釋迦牟尼佛倚坐蓮花座上，接
受獼猴獻蜜。塔前正中有墨書榜題：
"吠舍城內獼猴奉蜜於世尊，佛即納
之，（獼猴）身心歡喜而作舞，失足陷
井，命終生天，此地興隆第七塔也"。
塔外左側繪菩薩，聲聞赴佛會聽法；塔
外右側繪獼猴採蜜獻佛，歡喜起舞，失
足陷井，獼猴升天和散花供養等情節。

宋 莫76 東壁門北側

192 獼猴獻蜜

第七塔塔龕內繪釋迦佛倚坐蓮花座上，
身旁菩薩，弟子合十侍立，佛座前獼猴
雙手奉缽獻蜜，佛伸出左手接受獼猴供
養。

宋 莫76 東壁門北側

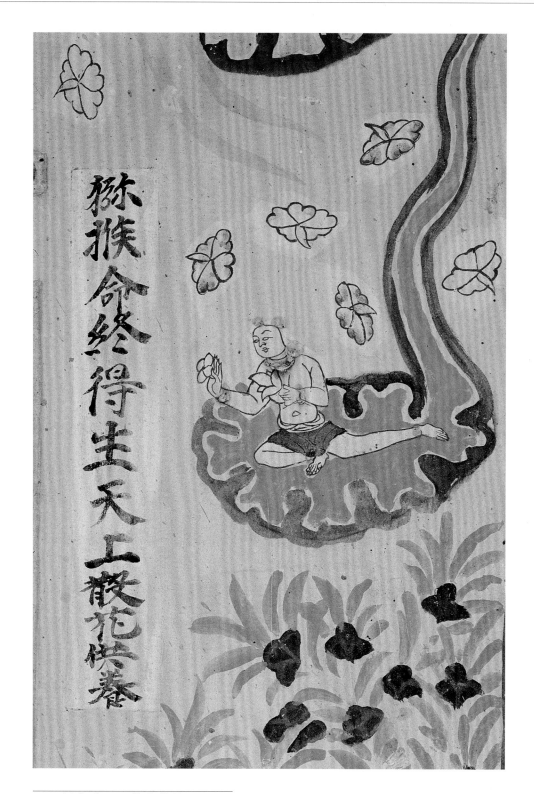

猕猴命終得生天上散花供養

193 彌猴升天　散花供養

第七塔的局部。繪一菩薩乘彩雲飄然而
下，菩薩戴花鬘冠，雙手投擲花朵，空
中鮮花飄散。旁有墨書榜題："彌猴命
終得生天上散花供養"。表現彌猴失足
陷井喪命後，因向佛獻蜜之因緣，得乘
雲升天，託胎投生為菩薩，在空中散花
供養佛陀。

宋　莫76　東壁門北側

第二節　　西夏八塔變相圖

宋代時，印度僧人來中國翻譯了釋迦八相名號的佛經，波羅王朝盛行的釋迦八相的圖像也隨之傳到中國，且傳播極廣。公元10世紀中葉北方契丹族建立遼國，其各位帝王都信奉佛教，建造了大量佛塔。有的遼代八角形或方形密檐式佛塔的塔身上又砌出小塔，並題有八大靈塔的塔名，如遼寧錦州興城白塔峪白塔、朝陽鳳凰山雲接寺塔，內蒙古巴林左旗遼上京南塔、河北昌黎源影塔等。雄踞西北的西夏國，同樣崇信佛教，寧夏賀蘭宏佛塔也有八相塔圖像的唐卡出土，此圖以漢文和西夏文兩種文字題寫八塔的塔名。公元12世紀成書的《于闐國懸記》中，記載西域于闐也建有八大佛塔。可見信奉八塔，盛極一時。

西夏王朝於公元11世紀中葉開始統治敦煌地區後，持續在敦煌開窟造像。此時敦煌附近的安西榆林窟第3窟和肅北縣五個廟石窟第1窟也相繼出現了大幅八塔變相。因西夏文化深受中原影響，不僅文字仿漢字而造，而且佛教造像和繪畫也與中原十分相似。

榆林窟第3窟的八塔變相

榆林窟第3窟平面方形，穹隆頂，中心置佛壇，規模宏偉，繪製精細。此窟正壁中央最顯著的位置繪有一鋪大幅八塔變相，縱長3.7米，橫寬2.2米。變相正中以最大的篇幅繪一座大塔，塔內表現了降魔成道的內容。降魔塔左右兩側為自下而上的垂直畫面：右側分別表現六年苦行、釋迦出生後指天指地、樹下誕生、千佛化現、從三十三天降下；左側分別表現龍王護持、尼連禪河洗澡、彌猴奉蜜、初轉法輪、調伏醉象；兩側垂直畫面上部的三個內容均畫在佛塔之內，下部兩個內容則沒有佛塔；正中降魔塔和兩側垂直畫面內容的上方，在橫長畫面內繪畫釋迦涅槃。此圖畫降魔成道的部分畫面被清代塑像所遮擋。

根據榆林窟第3窟八塔變相與《佛説八大靈塔名號經》的名號對照，正中繪的降魔成道和涅槃，應是第二摩伽陀國尼連禪河邊菩提樹下佛證道果處和第八拘尸那城娑羅林內大雙樹間入涅槃處。兩側垂直畫面所畫的樹下誕生為第一迦毗羅衛城藍毗尼園是佛生處，初轉法輪為第三迦尸國波羅奈城轉大法輪處，千佛化現為第四舍衛國祇陀園現大神通處，從三十三天降下為第五曲女城從忉利天下降處，彌猴奉蜜為第七廣嚴城靈塔思念壽量處，調伏醉象為第六王舍城聲聞分別佛為化度處。畫面正中的降魔塔和左右兩側各三塔相加，總數只有七塔。如以畫面內容和佈局與《佛説八大靈塔名號經》對照，涅槃雖沒有繪塔，但七塔和涅槃相結合，仍構成了八相圖的內容。

此圖中釋迦降魔成道及其上方的涅

槃，佔據中心位置，説明是八相中的重要
內容。兩側的垂直畫面的內容數量較多，
畫面較小，可將其分為兩個部分：下部無
佛塔的部分，表現了釋迦樹下降生至降魔
成道前的事跡；上部有佛塔的部分，表現
釋迦成道後傳道説法、化度眾生的事跡。
畫面作這樣的安排，是要禮拜者由下往上
看，由兩側往中間看，先看兩側下部釋迦
降生至成道前的事跡，事跡按前後順序排
列。然後觀看兩側上部成道後的事跡，事
跡無一定的排列順序。看完兩側垂直畫面
的內容之後，再觀看中部，即釋迦一生中
最重大的事跡——降魔成道，這個部分畫
面內容的描繪比其他任何畫面更為精細詳
盡。最終將目光移向上部觀看釋迦涅槃。
畫面將涅槃置於整個畫面的最上方，是要
禮拜者在看完釋迦一生事跡後，最後通過
觀看涅槃，去體會和領悟涅槃解脱的真
諦，並追求涅槃的最終目標。

　　榆林窟第3窟的八塔變相圖的八個
內容，不僅完全與《佛説八大靈塔名號
經》的名號相符，其圖像的特點與印度
波羅王朝的"八相"也基本相同，甚至
連八個內容的構圖佈局也與波羅王朝相
同，這説明了榆林窟第3窟的八塔變相
是受到了來自波羅王朝"八相"的影
響。但此圖與波羅王朝的八相圖也有以
下相異之處：印度波羅王朝的"八相"
僅表現八個事跡的圖像，而無佛塔。榆
林窟除涅槃外，其餘七相均繪於塔內；

舍衛國祇陀園現大神通處，即千佛化
現，波羅王朝的釋迦雙肩兩旁出兩個小
化佛，而榆林窟則在釋迦兩側表現兩個
坐佛；曲女城從忉利天下降處，即從三
十三天降下，波羅王朝的釋迦兩旁表現
梵天和帝釋天，榆林窟則是兩名比丘；
廣嚴城靈塔思念壽量處，即彌猴奉蜜，
波羅王朝只表現釋迦持蜜鉢，並無彌
猴，榆林窟則表現彌猴向佛陀奉獻蜜
鉢；王舍城聲聞分別佛為化度處，即調
伏醉象，波羅王朝僅有一頭小象，榆林
窟則一排五頭小象。人物形象和服裝也
與印度有差異，説明榆林窟第 3 窟的八
塔變相依據的粉本，已是中國化的粉
本。

　　榆林窟第 3 窟八塔變相中所繪佛
塔，屬單層蓮花藏塔，以正中降魔大塔
為例，下為疊三層束腰塔基；中為方形
塔身；上為塔頂。塔頂繪出多層密檐式
束腰座，其相輪部分為一枚多層多瓣大
蓮花，每瓣蓮花瓣均畫一小塔，塔內各
坐一佛，以表示蓮花藏世界。在蓮花藏
世界的四隅和正中塔刹部位各有小塔一
座，共有五塔，塔內各坐一佛，此五塔
的形式是採用了金剛寶座塔的塔式。蓮
花藏世界是唐代罽賓（今阿富汗）三藏般
若譯《大方廣佛華嚴經》中華嚴思想的重
要內容。此經説"一一世界中，有百億
四天下，皆有如來，或升兜率，或時降
生，入胎初生。出家苦行。或居道樹，

或現降魔，示證菩提。受梵王請，趣波羅奈轉四諦輪。或從忉利還閻浮提，三道寶階從天而下。或時現處遍六大城，現大神通摧諸外道。或時現住毗耶離城獼猴池側，初制律儀。或時現處王舍大城靈鷲山等，說諸般若波羅蜜門。乃至或現拘尸那城娑羅林間，示般涅槃。如是所作一切佛事，普遍十方清淨世界。"根據此經無數廣闊的華嚴世界中無處不有佛陀生生死死，修行出家，傳播佛法的事跡的描述考慮，榆林窟第 3 窟的八塔變相圖所繪的佛陀事跡，似應與此窟佛塔建築表現的華嚴藏世界有聯繫。我們可否這樣理解：印度馬圖拉、薩爾納特、波羅王朝的"八相"，都無佛塔的形象，無疑只是表現佛陀事跡。宋代傳入了印度波羅王朝的《佛說八大靈塔名號經》和八相圖，其佛陀事跡卻又無不加上佛塔，似欲以這種形式來詮釋華嚴思想。這種佛陀事跡加上佛塔形式的出現也恰好與當時流行的華嚴思想相吻合。現存的西夏文佛經中以《大方廣佛華嚴經》最多，內蒙古額濟納旗黑水城出土的西夏王國漢文刻本《大方廣佛華嚴經入不思議解脫境界普賢行願品》之末，有仁孝帝死後三年、天慶乙卯二年（1195 年）其后羅氏的發願文，記有"散施八塔成道像淨除業障功德共七萬七千二百七十八幀"的功德。西夏皇后在刻印的華嚴經發願文中，表示要散施七萬

多件"八塔成道像"，以做"淨除業障"的功德，這是否可以為我們研究華嚴經與八塔變相之間的關係提供了一個證據？

綜上所述，榆林窟第 3 窟八塔變相的形式受到了印度波羅王朝佛傳美術的影響，但其所要反映的思想和表現形式已是中國化了。

涅槃（塔變相）		
塔 10	塔 降魔成道	塔 8
塔 6		塔 7
塔 9		塔 1
4		2
5		3

榆林窟第 3 窟八塔變相示意圖

1、樹下誕生　2、釋迦出生後指天指地　3、六年苦行　4、尼連禪河洗澡　5、龍王護持　6、初轉法輪　7、千佛化現　8、從三十三天降下　9、獼猴奉蜜　10、調伏醉象

肅北五個廟的八塔變相

西夏時期所繪八塔變相，在敦煌石窟附近的肅北縣五個廟石窟第 1 窟內也有出現。肅北縣在漢代時屬敦煌郡管轄，公元 10 世紀時屬歸義軍政權下的紫亭鎮治所，歷史上與敦煌有密切的關係。肅北五個廟石窟保存六個洞窟，現

存最早的壁畫為北周時期，後經五代、宋、西夏重修。八塔變相繪於第 1 窟中心塔柱正面龕的龕外壁面上。

正面龕內原塑主尊，現已殘毀不存，龕內現畫一佛二菩薩。龕外周圍的壁畫：上為塔形的龕楣，其塔頂相輪和塔剎的兩側繪畫魔鬼數身；佛塔之外的兩側為兩條垂直畫面，從殘存遺跡看，自上而下對稱地畫佛塔數個，現兩側上部各存一塔，其餘各塔，已無法辨認。從殘存的遺跡可推斷，此窟中心塔柱正面龕內的塑像及其周圍壁畫的內容和構圖與榆林窟第 3 窟十分相似，應是繪塑結合的八塔變相，正中佛龕內的塑像及龕上所繪的塔形和魔眾，表明是降魔成道塔；兩側垂直繪畫的若干小塔，應是八塔變相的其他佛塔。右側上端所存之塔，畫立佛及為佛張持傘蓋者和另一禮侍者，這與波羅王朝所繪立佛和梵天執

拂、帝釋打傘蓋的畫面十分相似，表現的是曲女城從忉利天下降處。左側上端所存之塔，畫立佛與佛腳前幾頭小象，這與榆林窟第 3 窟比較相近，無疑是王舍城聲聞分別佛為化度處。儘管畫面不太清晰，但能看到兩個小塔中佛陀的肉髻，都似藏傳佛教佛陀的低矮尖髻。

正中繪塑結合的降魔塔儘管已十分殘破，但塔頂部分保存比較完整，結合兩側畫面所存小塔的塔形，可反映此窟所繪塔形的特點為：疊澀塔基，方形塔身，塔頂部分繪出多層密檐式束腰座，座上畫出蓮花座和覆缽式白塔，白塔上畫上窄下寬的相輪數層，塔剎部位畫出仰月和日輪。覆缽式白塔和上面的仰月、日輪裝飾，與藏傳佛教藝術很相似。

此外，在東千佛洞也繪有同一時期的八塔變相圖。

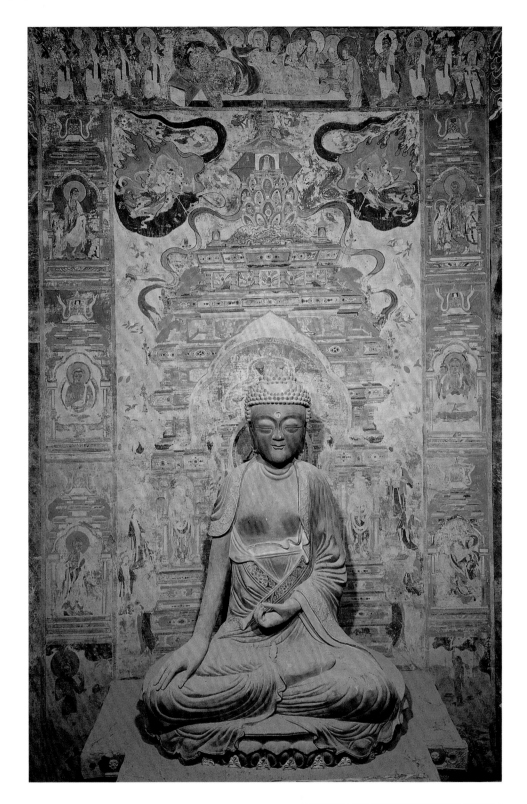

194 榆林窟第3窟八塔變

榆林窟第3窟主室東壁（正壁）繪八塔
變，其中心為降魔成道塔，左右為對聯
式條幅，下部表現釋迦降生至成道前的
事跡，上部對稱繪畫六小塔，表現釋迦
成道後傳教說法，度化眾生的事跡。正
上方繪涅槃。

西夏 榆3 東壁中央

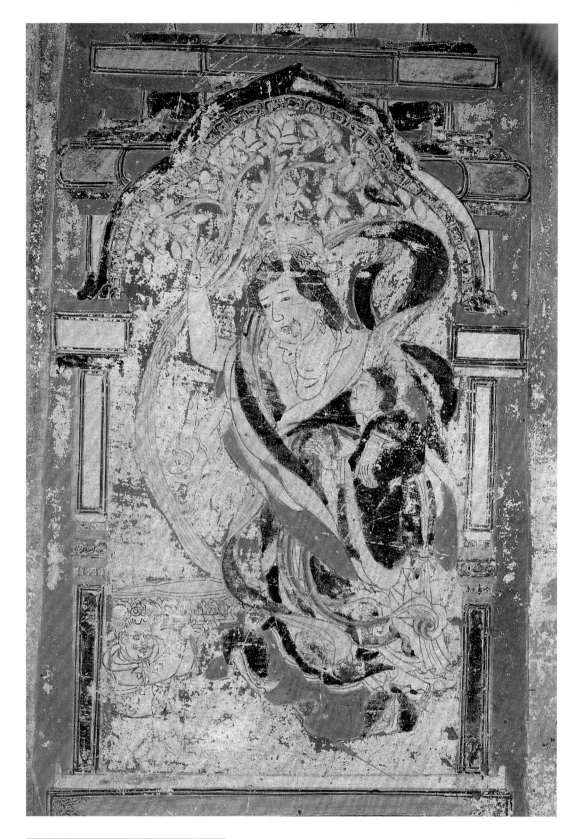

195 腋下誕生

摩耶夫人着中國式王妃衣裝，雙手攀無
憂樹，身旁有侍女扶持，其形象豐肥，
憨態可掬。太子伸右臂，從摩耶夫人右
腋下脫身而出。

西夏 榆3 東壁中部

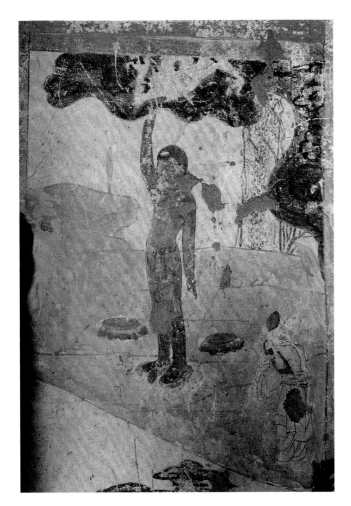

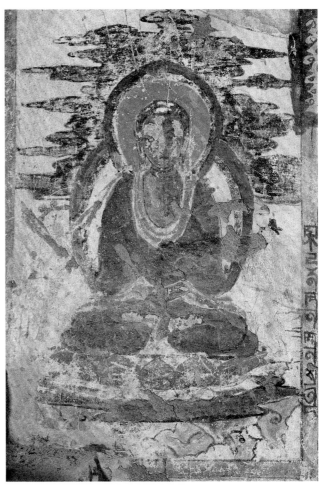

196 誕生奇瑞

太子赤身裸體，僅腰繫短褲，足踩蓮花，右手指天，左手指地，上空烏雲中，龍神現身。地上蓮花數朵。表現太子誕生後步步生蓮，指天地為誓，龍神灌頂等祥瑞奇緣。

西夏　榆3　東壁中部

197 六年苦行

釋迦着袈裟，結跏趺坐於山岩蓮花座上，雙手禪定修行，兩旁侍立着俗裝的供養者，身後禪雲盤繞。表現釋迦的六年苦行生活。

西夏　榆3　東壁中部

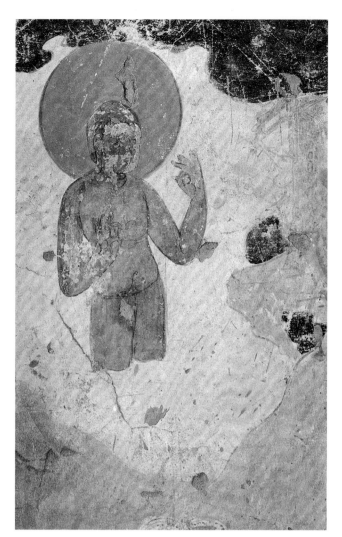

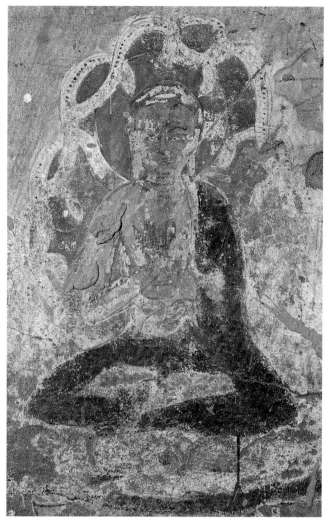

198 沐浴尼連禪河

釋迦赤身裸體於河水中。表現釋迦六年
苦行毫無結果,決心放棄苦修生活,到
尼連禪河中沐浴的情景。

西夏 榆3 東壁中部

199 龍王護衛

釋迦着右祖袈裟,結跏趺坐於池邊蓮花
座上,雙手合掌胸前,身後是由龍身蜿
蜒盤曲而成的背屏。表現釋迦入定七日
不起,七日內風雨不止,逐漸寒冷,這
時目真隣陀龍王以其龍身七重圍繞,遮
蔽佛身,又以七頭垂佛陀上方,作成大
蓋,勿令蚊虻諸蟲、寒冷風濕,觸及佛
體。

西夏 榆3 東壁中部

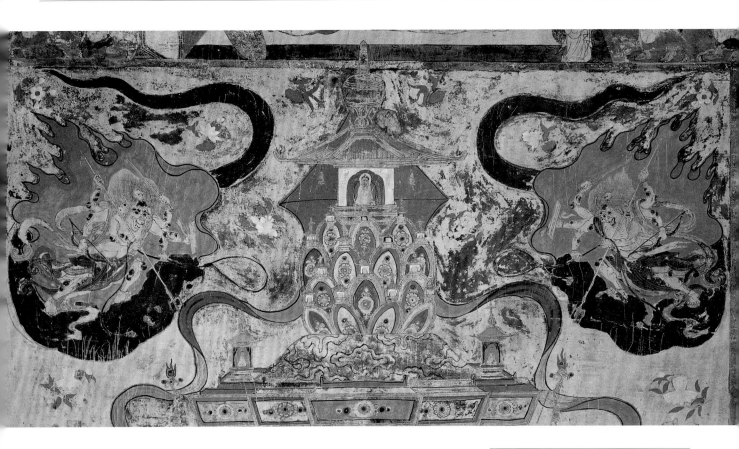

200 佛塔與魔軍

釋迦降魔塔的上部結構華麗,束腰座上繪出一枚多層多瓣大蓮花,每瓣上各畫一小塔,塔中均有一佛,以表示蓮花藏世界。在蓮花藏世界的四隅和正中塔剎部位各有小塔一座,共有五塔,塔內各坐一佛,此五塔的形式是採用了金剛寶座塔的塔式。這是佛教至高無上的法身佛毗盧舍那的象徵。兩側有駕雲前來攻擊釋迦的魔軍。

西夏 榆3 東壁上部

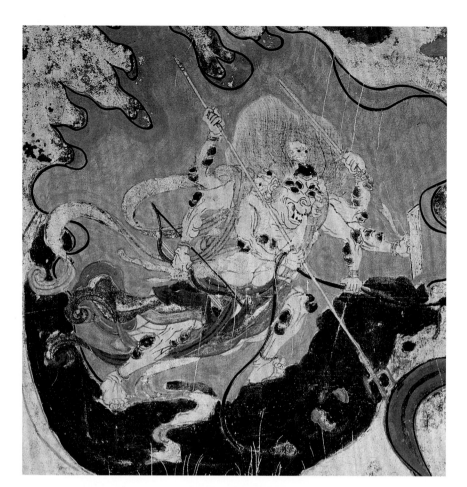

201 魔軍之一

魔軍身冒青焰,足踩烏雲,生有四面六臂,肌肉勁健,孔武有力,手持叉、索、盾、弓、劍,前來進攻釋迦,氣焰囂張。

西夏 榆3 東壁上部

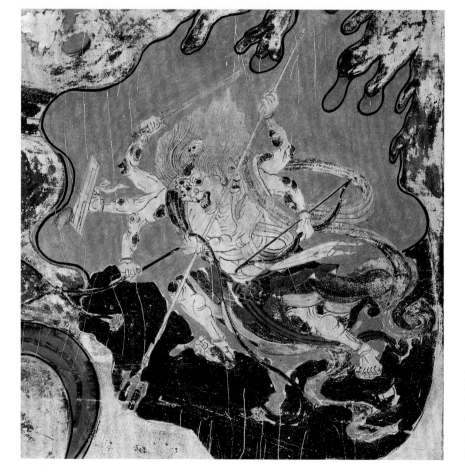

202 魔軍之二

右側的魔軍與左側魔軍對應。其造型貌似密教中的惡神,與前代降魔變中的魔軍已有很大的不同。

西夏 榆3 東壁上部

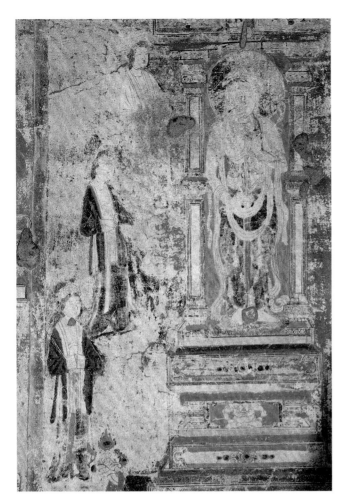

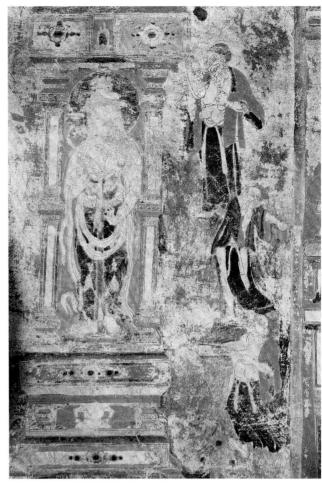

203 菩薩與魔女之一

菩薩立於塔基上的左側龕內，戴寶冠，項飾花環，身軀微曲。其豐乳細腰的造型，頗有南亞藝術風貌。塔旁側立的三魔女，完全是中國婦女的衣裝，束高髻，着對襟衣袍，下繫長裙，神情矜持端莊，似受宋代婦女內斂典雅之風的影響。而不是以前降魔圖中那種賣弄風姿，風情萬種的魔女形象。

西夏 榆3 東壁中央

204 菩薩與魔女之二

三魔女已變成三老嫗，形象醜陋。對比降魔前那神情端莊的魔女，畫工似更着重刻畫魔女醜惡面目，可謂入木三分。

西夏 榆3 東壁中央

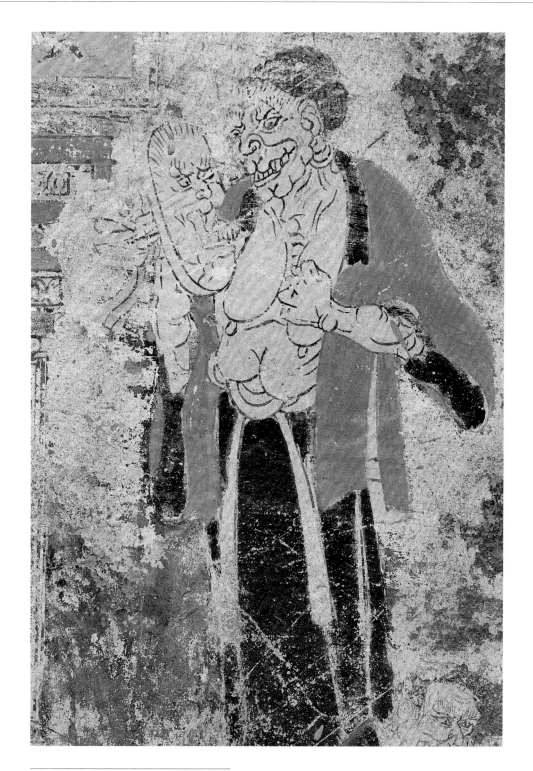

205 照鏡的魔女

變成老嫗的魔女，老態龍鍾，敞胸露
懷，齜牙咧嘴，面容猙獰醜陋，正在持
照銅鏡，看到自己鏡中的形象，捶胸哀
號，嘆其容顏已衰，青春不在。

西夏　榆3　東壁中央

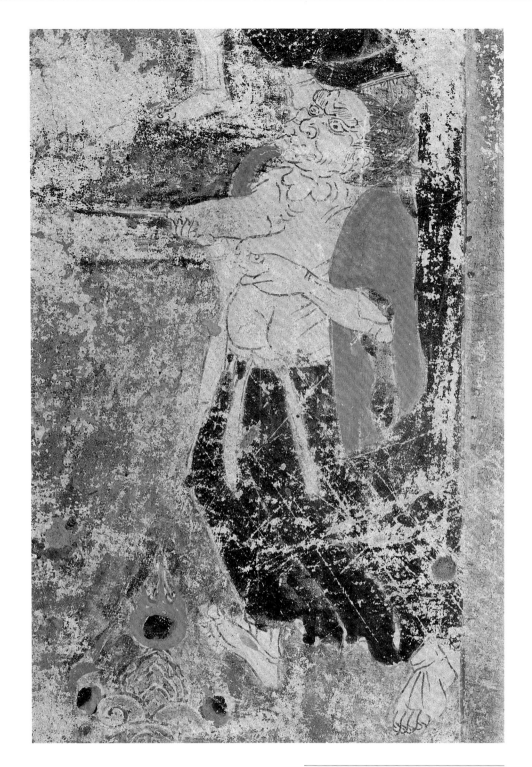

206 握乳的魔女

變成老嫗的魔女,頭髮蓬亂,雙目圓
睜,敞胸露懷,手握雙乳,噴射毒液,
進攻釋迦。此魔嫗遭遇痛變後,仍不思
悔改,氣焰囂張。
西夏 榆3 東壁中央

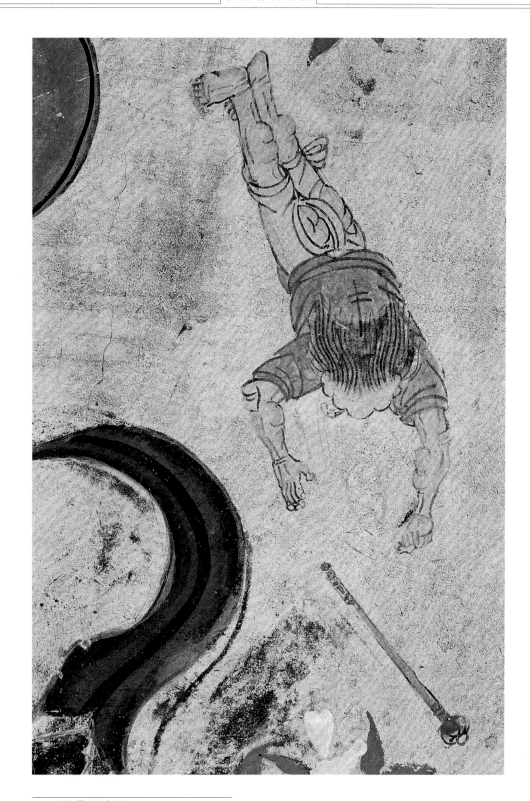

207 墜落的魔眾

魔眾在攻擊釋迦遭到慘敗後，潰不成
軍。棒錘脫手而飛，頭朝下從空中墜
落，雖只是背影，但從其墜落的姿態，
與散亂的頭髮和甩露在外的長舌，可見
其失魂落魄的窘態。

西夏 榆3 東壁中央

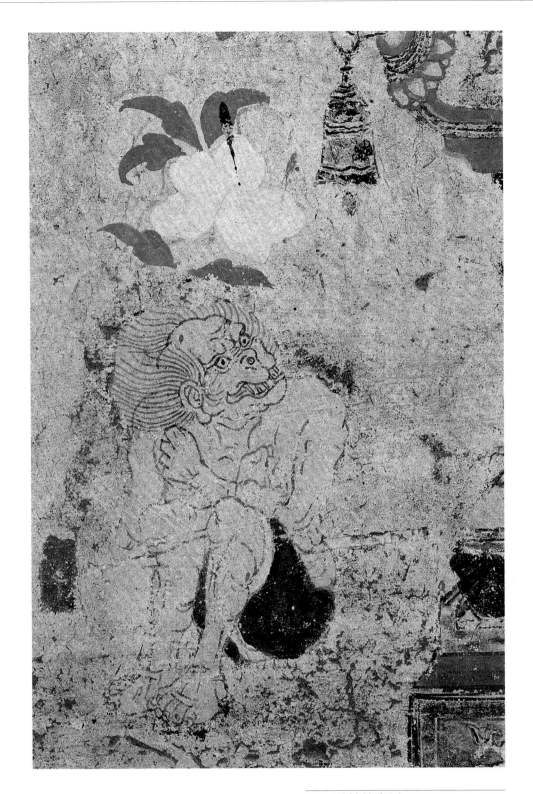

208 發抖的魔眾

遭此慘敗的魔眾，坐於地上，蜷縮身
體，回望佛陀，面貌兇惡，緊咬牙關，
戰戰兢兢，彷彿如墜入寒冰地獄一般。

西夏 榆3 東壁中央

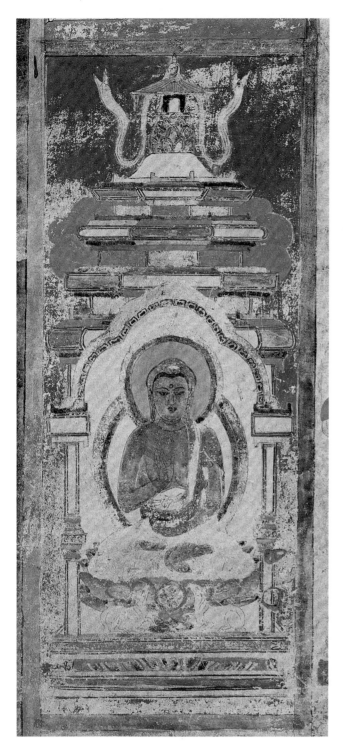

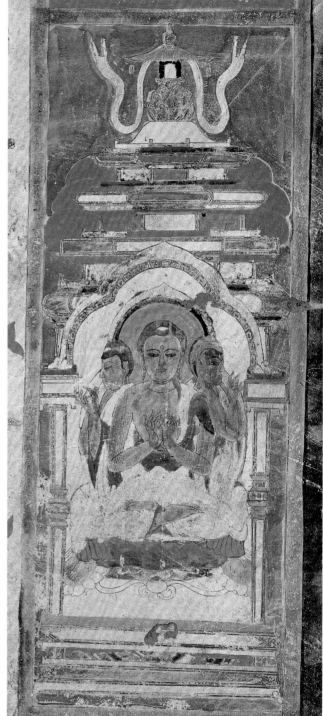

209 初轉法輪塔

成佛的釋迦着袒右肩袈裟，結跏趺坐於
蓮花座上，雙手當胸作説法印。蓮座正
中是法輪，兩旁跪伏雙鹿，仰首聽佛説
法。表現釋迦佛在鹿野苑初轉法輪説法
處。

西夏　榆3　東壁中央

210 現大神通塔

蓮花座上繪三尊佛像。正面佛尊結跏趺
坐，兩側佛尊垂足倚坐。表現佛陀在舍
衛國戰勝外道，現種種神通，現出無數
化佛。

西夏　榆3　東壁中央

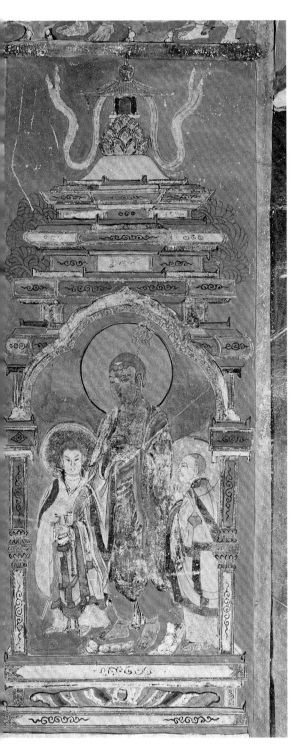

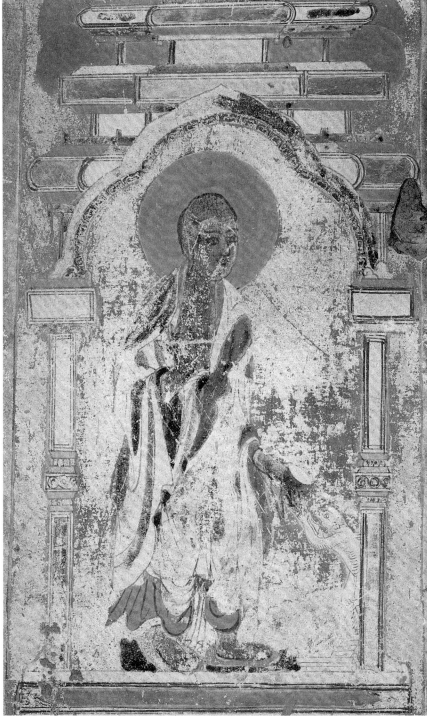

211 曲女城從忉利天下降處塔

釋迦身披袈裟，左手托缽徐行，兩側弟
子相隨。表現釋迦佛上升忉利天為母親
摩耶夫人說法後，從忉利天降下回到曲
女城的情節。一般此圖釋迦左右相伴者
為梵天和帝釋，而不是弟子。

西夏　榆3　東壁中央上部

212 獼猴獻蜜塔

釋迦側身立於彩蓮上，左手托缽，獼猴
躬身雙手獻蜜。獼猴造型寫實生動。

西夏　榆3　東壁中央

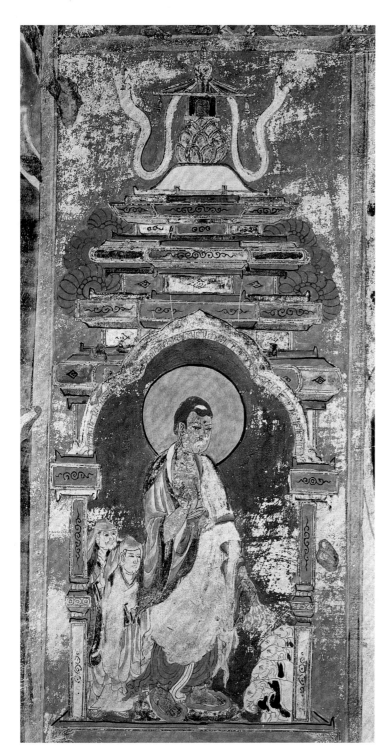

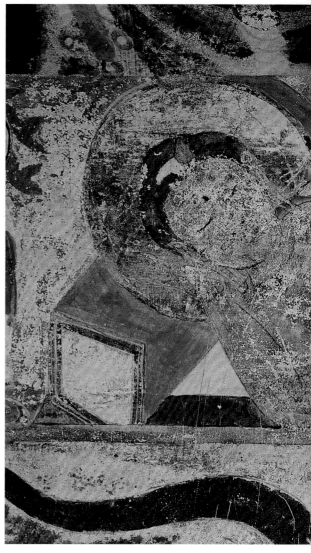

213 王舍城調伏醉象塔

釋迦佛側身立於蓮花上，身後弟子相
隨。釋迦右手作說法印，左手下伸，指
尖光焰四射，其下跪伏五隻馴服的大
象。表現釋迦佛遊王舍城，狂奔的醉象
來到佛前，釋迦不為所動，伸手臂放射
佛光，照耀醉象。醉象被佛光照射後，
驚醒過來，即跪伏於佛陀足下。

西夏　榆3　東壁中央

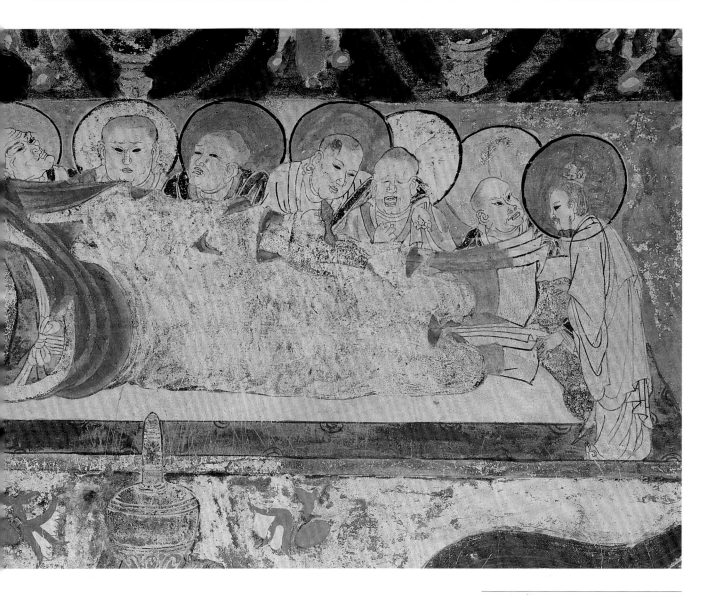

214 涅槃

釋迦枕右手臥於佛牀上，微閉雙目，神
態安祥，似睡眠一般，進入不生不滅的
涅槃境地。身後眾弟子，在痛失導師的
時刻，神情各異，有的凝神沉思，有的
號啕悲泣，哀悼世尊。

西夏　榆3　東壁中央上部

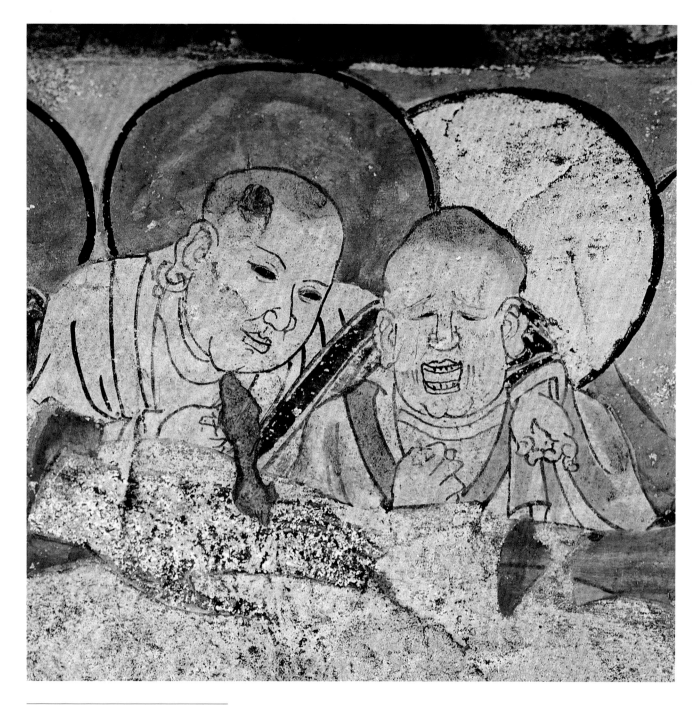

215 舉哀弟子

舉哀弟子中，一弟子嚎啕大哭，痛不欲
生，另一弟子手搭同伴肩上，似在勸
慰，又似悲傷過度後的無奈。

西夏　榆3　東壁中央上部

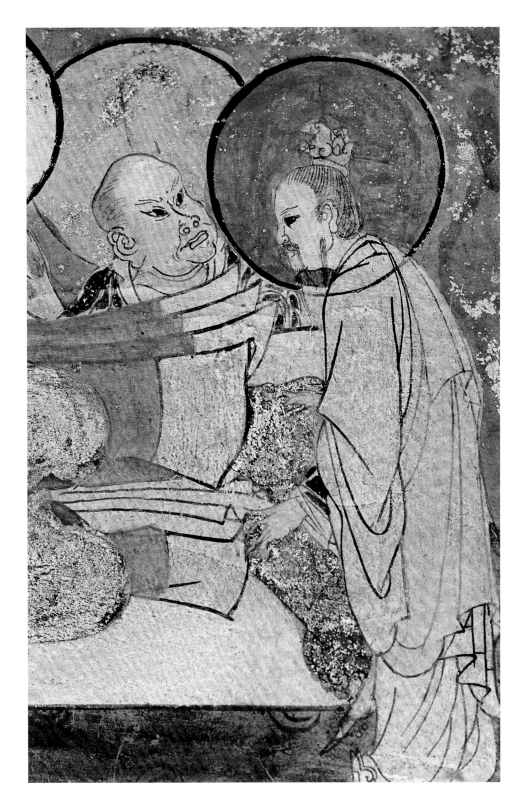

216 舉哀聖眾

舉哀聖眾穿世俗服裝，頭束髻高冠，着
大袖皂袍，足蹬雲頭履，手撫佛足，哀
悼佛尊。按漢地傳統的釋迦涅槃圖，撫
佛足者應是弟子迦葉，而此衣冠如道家
裝束者尚不見經傳。

西夏 榆3 東壁中央上部

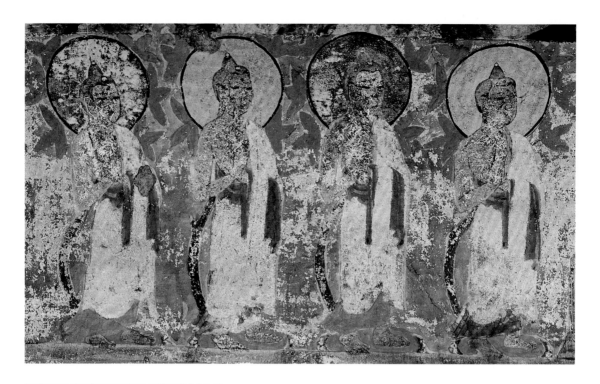

217 十方諸佛雲集

涅槃圖左側的四尊佛像,後有娑羅樹為
背景。諸佛着偏袒右肩袈裟,雙手合掌
立於蓮花上,神情莊嚴靜穆,表現釋迦
涅槃時諸佛雲集。諸佛頭頂的錐形髮
髻,與同窟藏傳密教繪畫的佛陀髮髻相
同,顯然是受藏傳密教繪畫影響。
西夏 榆3 東壁中央上部

218 七佛與梵天

佛着偏袒右肩袈裟,合掌立於蓮花上,
神情莊嚴靜穆,與梵天來為釋迦作最後
供養。
西夏 榆3 東壁中央上部

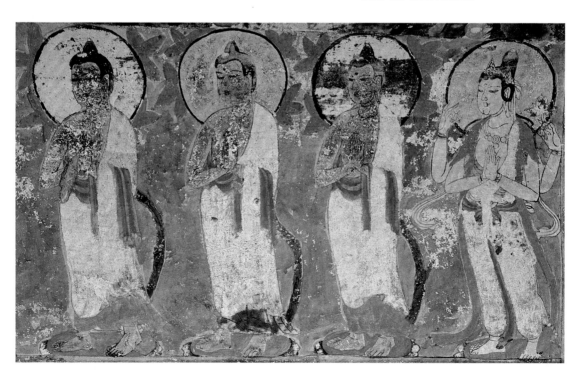

219 舉哀梵天

梵天束高髻，戴火焰寶冠，有四臂，二臂上舉，左手拈蓮花；二臂合什。梵天形象出現在釋迦涅槃圖中，在敦煌壁畫中僅此一例。

西夏　榆3　東壁中央上部

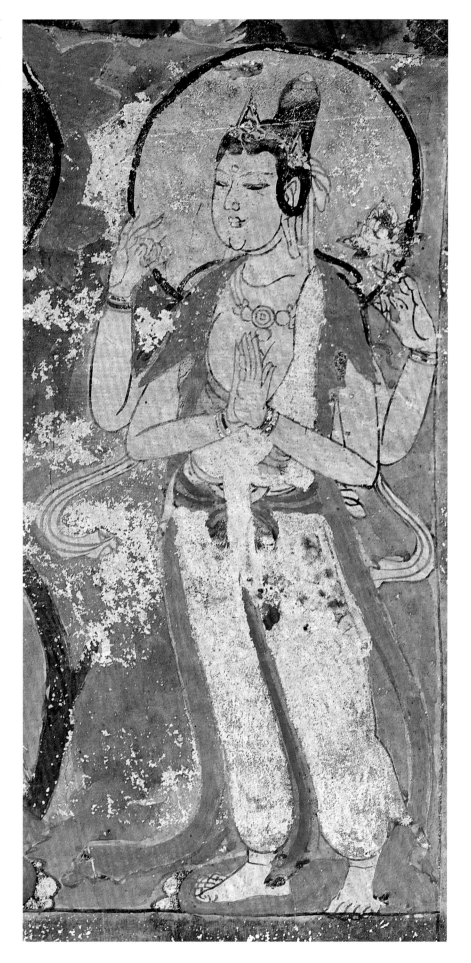

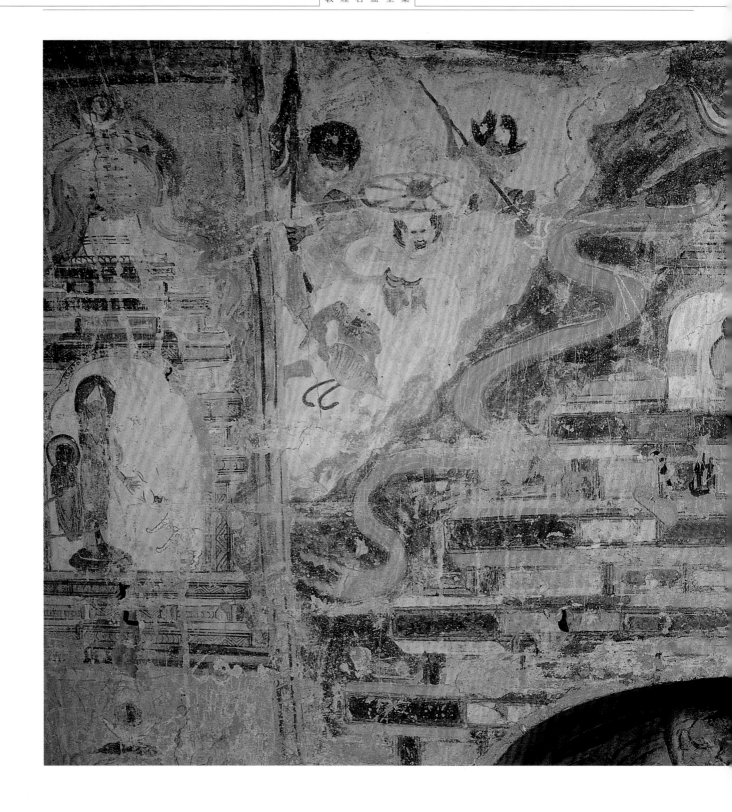

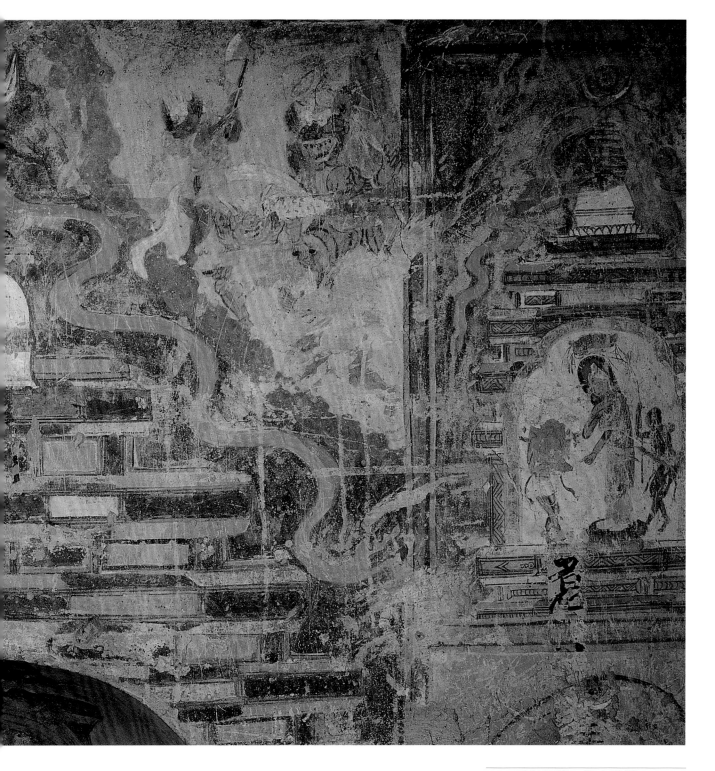

220 五個廟第 1 窟八塔變

此窟在中心柱上繪畫八塔變。正面的佛
龕和龕內彩塑，與龕外的繪畫結合，表
現八塔變中的降魔塔。現佛龕已十分殘
破，龕內彩塑已毀，龕上繪畫的塔形龕
楣尚保存完整。圖為龕楣部分，在基座
上繪白塔，塔兩側繪魔眾。降魔塔的兩
側以條幅式分別繪小塔。

西夏 五1 中心柱南向龕

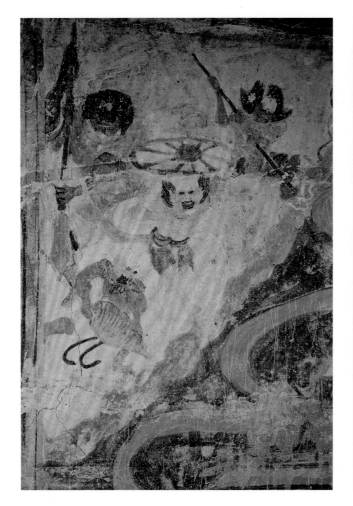

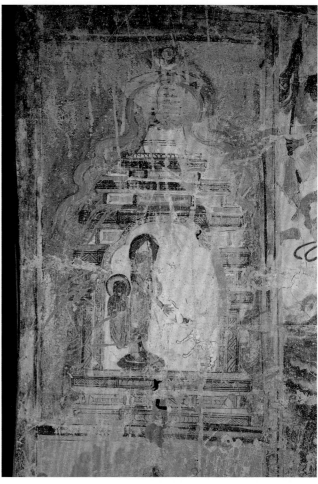

221 魔眾

魔眾駕雲，呼吼着向佛陀撲來，有的持
矛戟直刺，有的用轉輪下砸，有的抱皮
囊施放毒霧。畫工以豐富的想像力和高
度的藝術誇張，刻畫兇猛的魔眾。

西夏 五1 中心柱南向龕

222 調伏醉象塔

釋迦佛站在蓮花上，身後弟子隨侍，足
下蓮座前站幾頭大象，其中一頭撲向釋
迦，釋迦伸右手放射光芒，照射大象。
表現釋迦在王舍城調伏醉象的故事。

西夏 五1 中心柱南向龕

223 曲女城從忉利天下降處塔

釋迦從忉利天下降時，帝釋天在一旁為
佛陀打七寶蓋，梵天在另一旁為佛陀執
白拂相侍。

西夏 五1 中心柱南向龕

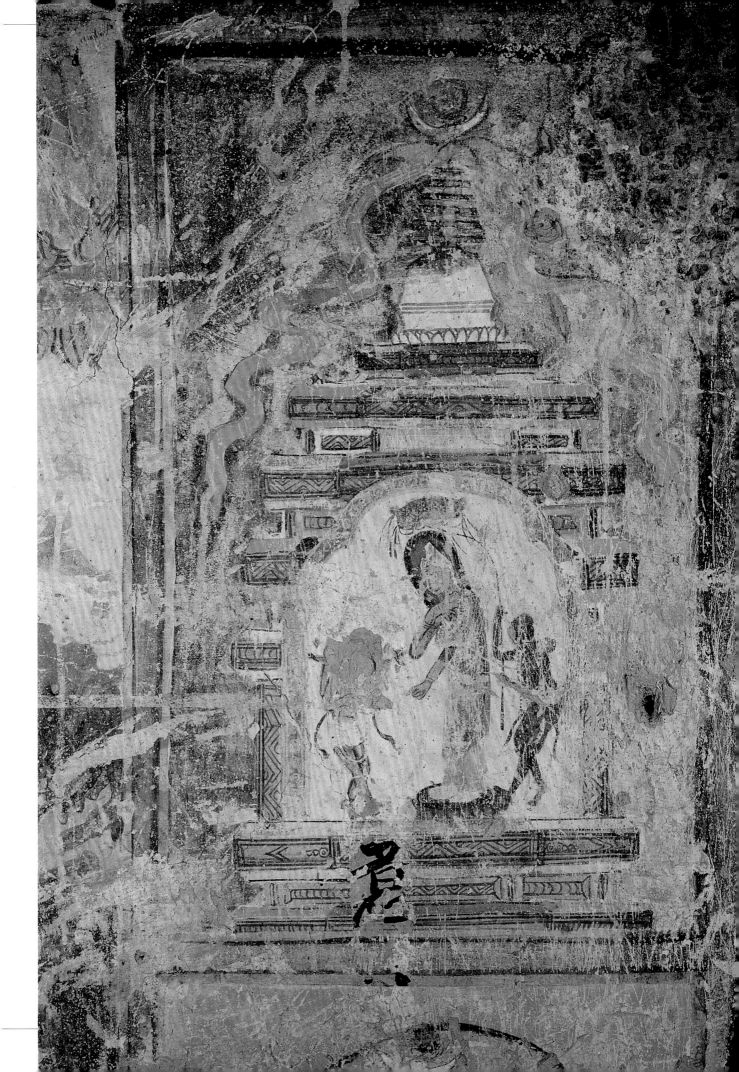

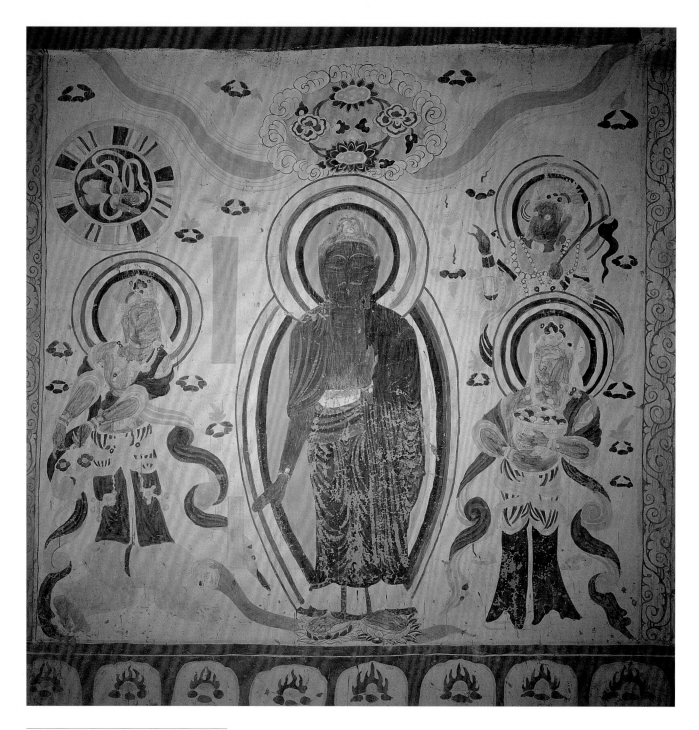

224 儒童布髮

圖為儒童布髮故事畫。佛站在蓮花上，
左下儒童菩薩長髮披於泥地，使塵泥不
染佛足。儒童菩薩以此因緣，經過無數
劫，成就為釋迦牟尼佛。這幅說法圖式
故事畫，已從連環畫式或屏風畫式佛傳
故事畫中獨立出來，單獨表現，構圖簡
明扼要。

回鶻　榆39　主室東壁門北側

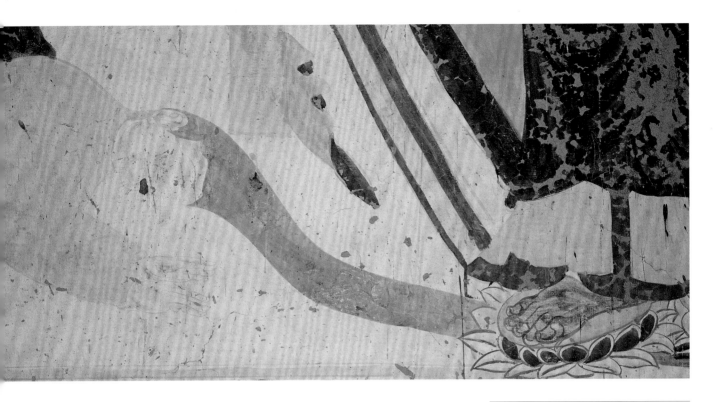

225 儒童長髮披地

儒童菩薩匍匐於地，長髮披於泥地，使
塵泥不沾佛足的場面。

回鶻　榆39　主室東壁門北側

附錄一　莫高窟第 290 窟佛傳故事畫情節分佈圖

東坡

北

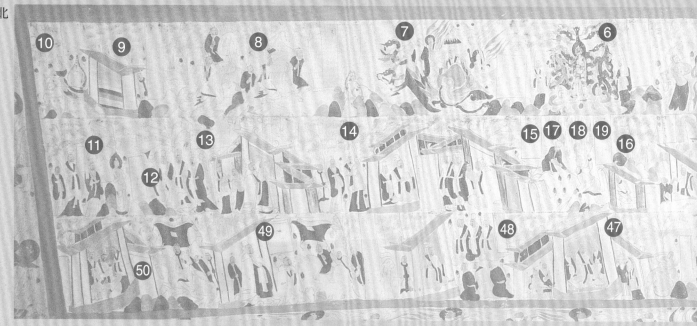

畫面上段從南至北

① 入夢受胎
② 摩耶說夢
③ 出遊觀花
④ 樹下誕生
⑤ 步步生蓮
⑥ 九龍灌頂
⑦ 母子還宮
⑧ 國王出迎
⑨ 寶物悉觀
⑩ 經商得利

中段從北至南

⑪ 太子取名
⑫ 王禮太子
⑬ 禮拜神廟
⑭ 回宮占相
⑮ 瑞應一、大地震動、丘
　墟皆平　陸地生蓮
⑯ 瑞應二、巷道自淨、臭
　處更香
⑰ 瑞應三、枯樹生葉
⑱ 瑞應四、園生奇果
⑲ 瑞應五、陸地生蓮
⑳ 瑞應六、七、寶藏自
　現，呈射異光

㉑ 瑞應八、衣被滿架
㉒ 瑞應九、川流澄清
㉓ 瑞應十、風停雲散，普
　降香雨
㉔ 瑞應十一、馬生白駒
㉕ 黃羊生羔
㉖ 瑞應十二、明月神珠
㉗ 瑞應十三、夜如白晝
㉘ 瑞應十四、眾星不行
㉙ 瑞應十五、瑞星下現
㉚ 瑞應十六、寶蓋覆宮
㉛ 瑞應十七、十八、十
　九、二十、神送寶車，
　佳餚自生，甕盛甘露，
　天神奉寶

㉜ 瑞應二十二、白獅入城
㉝ 瑞應二十三、采女自現
㉞ 瑞應二十四、二十五、
　龍女繞宮，玉女執拂
㉟ 瑞應二十六、玉女持香
　汁金瓶
㊱ 瑞應二十七、天樂齊奏
㊲ 瑞應二十八、刑獄廢弛
㊳ 瑞應二十九、毒蟲隱伏

南

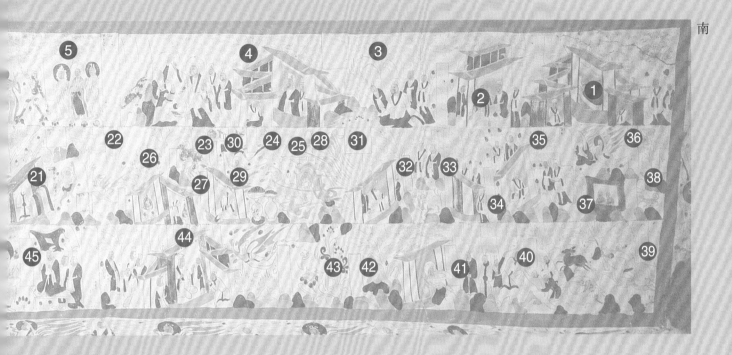

下段從南至北

㊴ ㊵ 瑞應三十、漁獵生慈

㊶ 瑞應三十一、孕者生男

㊷ 瑞應三十二、樹神出現

㊸ 青蓮生獅

㊹ 阿夷瞻省太子

㊺ 阿夷觀相

㊻ 阿夷禮太子

㊼ 修四時殿

㊽ 王與大臣議太子學書

㊾ 太子赴學

㊿ 思念出家

西坡

南

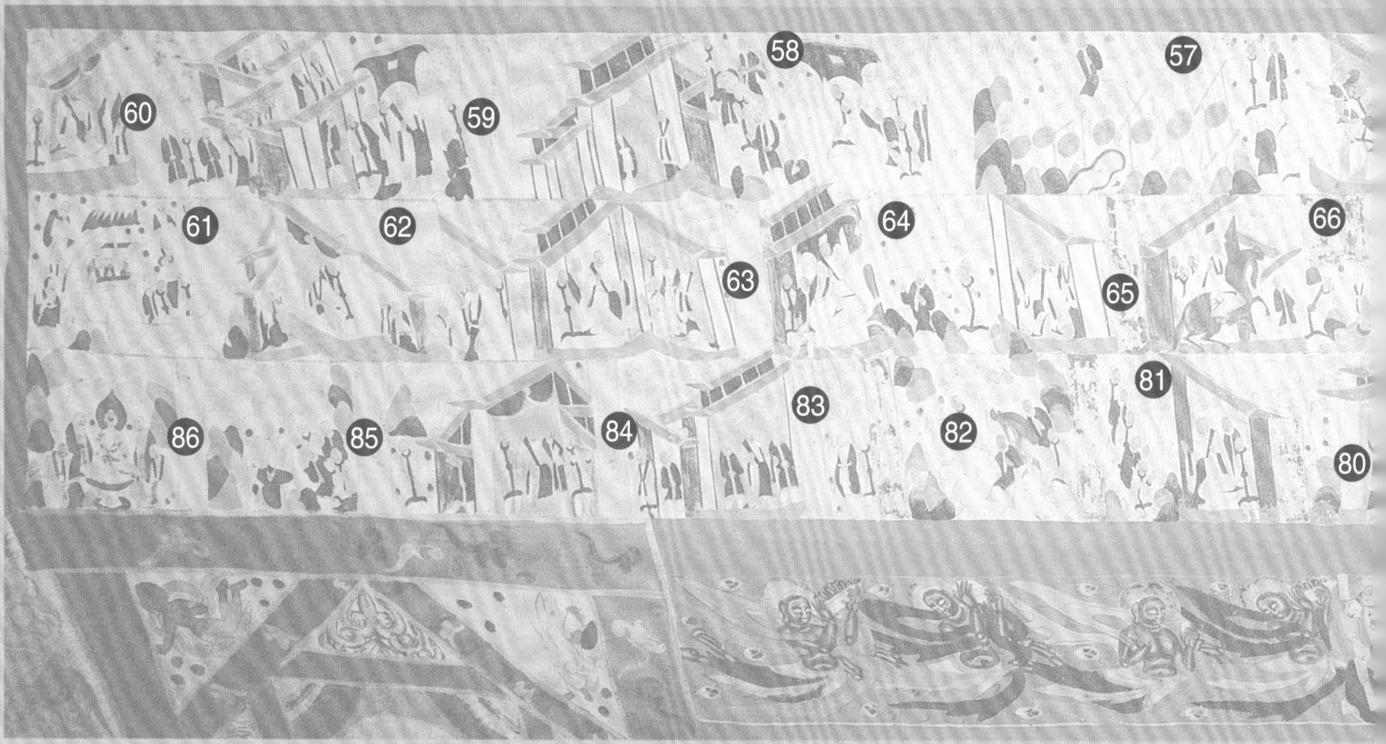

上段從北至南

(51) 王與大臣議太子納妃
(52) 裘夷獻計試藝
(53) 裘夷觀藝
(54) 太子赴藝場
(55) 象塞城門
(56) 擲象和相撲
(57) 比試射藝
(58) 得勝回宮
(59) 擲瓔娶妃
(60) 王與大臣復議續聘妃子

中段從南至北

(61) 娉娶二妃
(62) 王問裘夷
(63) 王與大臣議太子遊觀
(64) 出遊東門見老人
(65) 回宮不樂
(66) 出遊南門見病人
(67) 回宮不樂
(68) (69) 出遊西門見死人
(70) 回宮不樂
(71) 出遊北門見僧人
(72) 回宮不樂
(73) 樹下觀耕
(74) 王禮太子

下段從北至南

(75) 裘夷説夢
(76) 天神勸請
(77) 決心出家
(78) 逾城出家
(79) 命車匿還
(80) 車匿還宮
(81) 裘夷還宮
(82) 舉國悲慟
(83) 王遣五人追太子
(84) 五人追尋
(85) 五人禮釋迦
(86) 五人皈依

平頂

(87) 鹿野苑初轉法輪

北

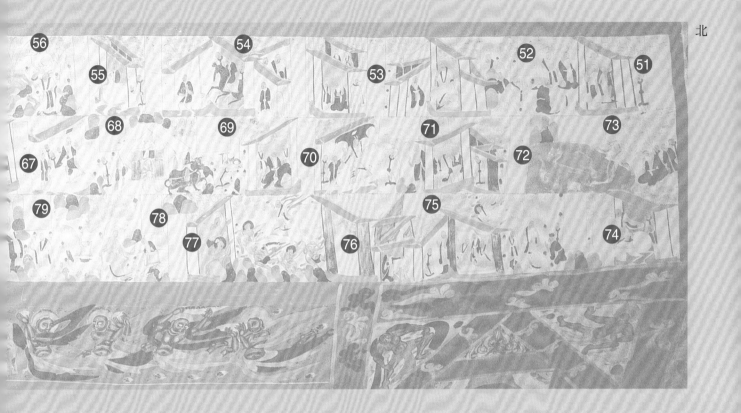

附錄二　莫高窟第61窟佛傳故事畫內容分佈圖

第一屏

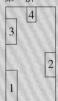

① 降怨王封日主婆羅門為埏主城日主王；
② 燃燈菩薩降胎於日主王的月上夫人右脅；
③ 降怨王恭迎燃燈佛；
④ 雲童子辭師下山。

第二屏

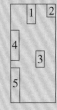

① 雲童子參加大婆羅門祭祀德的無遮會；
② 祭祀德之女向雲童子頂禮求願；
③ 雲童子以毗陀論答疑；
④ 雲童子接受佈施；
⑤ 雲童子買花獻燃燈佛。

第三屏

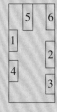

① 降怨王與人民以衣覆地請佛走過；
② 雲童子以七莖蓮花供養燃燈佛；
③ 降怨王迎燃燈佛；
④ 雲童子散花發願；
⑤ 城內大眾以衣布地供養燃燈佛；
⑥ 雲童子以鹿皮衣布於地上供養燃燈佛。

第四屏

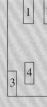

① 燃燈佛足蹈雲童子身及其螺髮；
② 雲童子受記後見十方佛；
③ 雲童子請求剃髮出家修行；
④ 燃燈佛預言，雲童子將來當要成佛，號釋迦牟尼。

第五屏

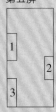

① 眾集置王為釋迦上祖；
② 時有大地主受大眾之請，治罰惡者，獎賞善者；
③ 此地主受大眾愛戴，被立利王。

第六屏

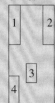

① 利王之子為轉輪王，其後世代相承，傳至大茅草王，因無子嗣，出家修行；
② 獵師誤射老茅草王，在其滴血之處生長二甘蔗，從中出童男童女；
③ 大臣迎二童子回宮，童男立為國王，童女立為大妃；
④ 甘蔗王逐第二妃之子到雪山下迦毗羅仙處修城停居，立姓釋迦，苗裔不絕，傳至淨飯王，娶天臂城善覺長者之女摩耶為大妃。

第七屏

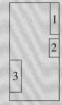

① 護明菩薩往生兜率天講法；
② 大梵天王、阿修羅等皆集兜率天聽法；
③ 淨飯王大妃摩耶夢護明菩薩投胎。醒後召相師占夢。

第八屏

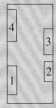

① 淨飯王聞摩耶夢是吉祥瑞相，設無遮大會佈施；
② 菩薩在胎之時，凡見過摩耶的男女病痛皆除；
③ 善覺長者遣使奏淨飯王欲迎女兒摩耶回家分娩；
④ 摩耶回提婆陀訶城。

第九屏

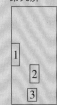

① 善覺迎摩耶；
② 摩耶於藍毗尼園以右手攀波羅叉樹；
③ 摩耶生太子。

第十屏

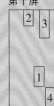

① 太子行七步，步步生蓮花；
② 大臣擊歡喜鼓；
③ 淨飯王命大臣次第具錄吉祥事；
④ 六畜同生五百子。

第十一屏

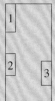

① 淨飯王與諸臣百官去藍毗尼園迎太子；
② 淨飯王偕摩耶和太子在釋種眷屬導從下回迦毗羅衛城；
③ 太子入天祠。

第十二屏

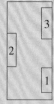

① 阿私陀仙步入迦毗羅衛城，太子占相；
② 太子生七日摩耶命終；
③ 摩耶往生忉利天宮，諸天彩女持供養具乘雲而下。

第十三屏

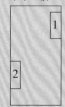

① 淨飯王咐囑姨母波闍波提養育太子；
② 國師與太子至無垢園。

第十四屏

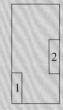

① 太子八歲向毗奢婆密多羅師學書；
② 羼提提婆教太子武藝。

第十五屏

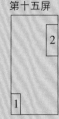

① 忍提婆教諸釋種學武藝；
② 太子與諸釋作騰跳、車技、馬技等。

第十六屏

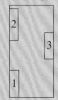

① 太子學象技；
② 太子射鐵鼓；
③ 太子射甕、作車技。

第十七屏
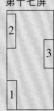
① 提婆達多射中一雁墜落太子勤劬園內；
② 太子捧雁拔箭，以酥蜜療其瘡傷；
③ 淨飯王與太子出外野遊觀耕。

第十八屏
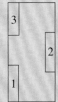
① 太子樹下思惟生老病死因緣；
② 太子年十九，淨飯王為太子造三時殿；
③ 太子宮中娛樂。

第十九屏
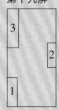
① 太子向耶輸陀羅施指環；
② 淨飯王為太子求妃；
③ 太子向父王請求與人共試技藝。

第二十屏

① 太子箭穿七鐵鼓；
② 太子箭穿七鐵甕和七鐵豬。

第二十一屏
① 太子斫斷七多羅樹；
② 太子與諸釋種比試相撲、投壺、奕棋。

第二十二屏
① 太子擲象成坑；
② 太子迎娶耶輸陀羅為妃。

第二十三屏
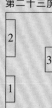
① 淨飯王立三等宮供奉太子；
② 摩伽陀國王不欲加害太子；
③ 作瓶天子使太子決心出家。

第二十四屏

① 太子出遊東門遇見老人；
② 太子出遊南門遇見病人；
③ 太子遣使報告大王欲出西門；
④ 太子出遊西門遇見死人；
⑤ 太子出遊北門遇見比丘；
⑥ 淨飯王嚴加禁衛宮城內外，防範太子出家。

第二十五屏
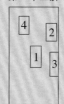
① 迦毗羅衛城內外置重兵通夜持更；
② 淨飯王夢見帝釋幢；
③ 淨居天駕雲至迦毗羅衛城，所有人民悉皆昏睡；
④ 太子乘乾陟馬王騰空而去。

第二十六屏
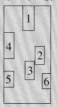
① 夜叉以大威力使開城門無聲；
② 虛空中諸天引導太子而行；
③ 太子至彌尼迦跋伽婆仙人處歇息；
④ 太子解寶冠交車匿送還父王；
⑤ 太子持寶刀割髮；
⑥ 淨居天化作淨髮師 太子淨髮。

第二十七屏
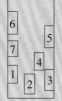
① 太子欲換獵師所着袈裟；
② 太子換袈裟；
③ 獵師取太子衣至梵天供養；
④ 車匿與乾陟馬王泣別太子回城；
⑤ 人民不見太子回還而悲泣；
⑥ 淨飯王與姨母波闍波提不見太子回宮而驚怖悶絕；
⑦ 菩薩（即太子）至跋伽婆仙處。

第二十八屏
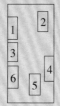
① 菩薩至阿羅邏仙處聽偈；
② 菩薩至般荼婆山坐樹下思惟；
③ 菩薩至伽耶城六年苦行，日日受提婆婆羅門供奉之食以活生命；
④ 菩薩六年苦行後欲求好食，善生村女為菩薩煮乳糜；
⑤ 菩薩入尼連禪河澡浴；
⑥ 菩薩食畢乳糜擲缽天河中，金翅鳥王從龍王處奪取金缽上切天供奉。

第二十九屏

① 菩薩受草後坐菩提樹下；
② 青雀等諸鳥從十方飛來，與五百童男童女供養菩薩；
③ 夜叉報告魔王，菩薩侵入境內；
④ 菩薩作種種神通境界；
⑤ 菩薩於菩提樹下降魔成佛。

第三十屏
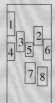
① 樹神勸商主向佛陀奉食；
② 大梵天王勸請佛陀為眾生轉大法輪；
③ 世尊（即佛陀）為眾生開甘露法門；
④ 世尊思念羅伽羅摩子，其福薄不聞佛法；
⑤ 世尊尋見五仙；
⑥ 世尊教誨五仙；
⑦ 世尊坐高座說法；
⑧ 世尊度五比丘。

第三十一屏
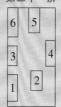
① 世尊教耶輸陀羅出家學道；
② 伊羅缽離龍王為解脫龍身換得人身，向佛陀學法；
③ 世尊向龍王、夜叉說法；
④ 世尊說三乘度脫人天；
⑤ 世尊在靈鷲山說法；
⑥ 不詳。

第三十二屏
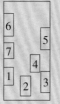
① 世尊知三月後當涅槃；
② 世尊集眾僧，為說無常空苦後入涅槃；
③ 世尊身殞入金棺，人天與飛禽走獸來集供養。

第三十三屏
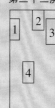
① 佛母從忉利天宮下至娑羅雙樹間；
② 佛陀聞母喚聲，金棺自開，坐棺上為母說法；
③ 金棺自舉向荼毗所（火化場所）而去；
④ 八方起塔供養佛舍利。

圖版索引

敦煌石窟分佈圖

本全集所用洞窟簡稱：莫即莫高窟，榆即榆林窟，東即東千佛洞，西即西千佛洞，五即五個廟石窟。

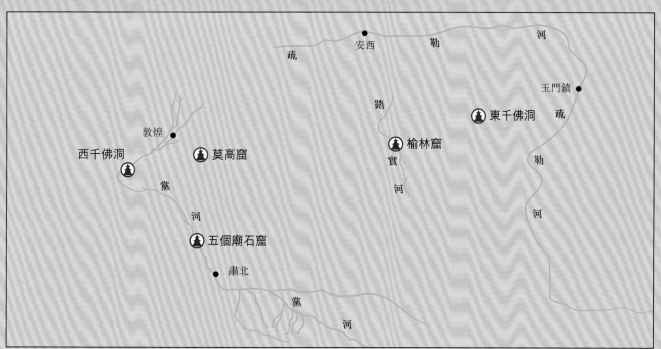

敦煌歷史年表

歷史時代	起止年代	統治王朝及年代	行政建置	備　注
漢	公元前 111 ～公元 219	西漢　公元前 111 ～公元 8 新　公元 9 ～ 23 東漢　公元 23 ～ 219	敦煌郡敦煌縣 敦德郡敦德亭 敦煌郡	公元前 111 年敦煌始設郡 公元 23 年隗囂反新莽；公元 25 年竇融據河西復敦煌郡名
三國	公元 220 ～ 265	曹魏　公元 220 ～ 265	敦煌郡	
西晉	公元 266 ～ 316	西晉　公元 266 ～ 316	敦煌郡	
十六國	公元 317 ～ 439	前涼　公元 317 ～ 376 前秦　公元 376 ～ 385 後涼　公元 386 ～ 400 西涼　公元 400 ～ 421 北涼　公元 421 ～ 439	沙州、敦煌郡 敦煌郡 敦煌郡 敦煌郡 敦煌郡	公元 336 年始置沙州； 公元 366 年敦煌莫高窟始建窟 公元 400 至 405 年為西涼國都
北朝	公元 439 ～ 581	北魏　公元 439 ～ 535 西魏　公元 535 ～ 557 北周　公元 557 ～ 581	沙州、敦煌鎮、 義州、瓜州 瓜州 沙州鳴沙縣	公元 444 年置鎮，公元 516 年 罷，為義州；公元 524 年復瓜州 公元 563 年改鳴沙縣，至北周末
隋	公元 581 ～ 618	隋　公元 581 ～ 618	瓜州敦煌郡	
唐	公元 619 ～ 781	唐　公元 619 ～ 781	沙州、敦煌郡	公元 622 年設西沙州，公元 633 年改沙州；公元 740 年改郡， 公元 758 年復為沙洲
吐蕃	公元 781 ～ 848	吐蕃　公元 781 ～ 848	沙州敦煌縣	
張氏歸義軍	公元 848 ～ 910	唐　公元 848 ～ 907	沙州敦煌縣	公元 907 年唐亡後，張氏 歸義軍仍奉唐正朔
西漢金山國	公元 910 ～ 914		國都	
曹氏歸義軍	公元 914 ～ 1036	後梁　公元 914 ～ 923 後唐　公元 923 ～ 936 後晉　公元 936 ～ 946 後漢　公元 947 ～ 950 後周　公元 951 ～ 960 宋　公元 960 ～ 1036	沙州敦煌縣 沙州敦煌縣 沙州敦煌縣 沙州敦煌縣 沙州敦煌縣 沙州敦煌縣	
西夏	公元 1036 ～ 1227	西夏　公元 1036 ～ 1227 蒙古　公元 1227 ～ 1271	沙州 沙州路	
蒙元	公元 1227 ～ 1402	元　公元 1271 ～ 1368 北元　公元 1368 ～ 1402	沙州路 沙州路	
明	公元 1402 ～ 1644	明　公元 1404 ～ 1524	沙州衛、罕東街	公元 1516 年吐魯番佔；公元 1524 年關閉嘉峪關後，敦煌凋零
清	公元 1644 ～ 1911	清　公元 1715 ～ 1911	敦煌縣	公元 1715 年清兵出嘉峪關收 復敦煌一帶，公元 1724 年 築城置縣

資料來源：史葦湘《敦煌歷史大事年表》等；製表：《敦煌石窟全集》編輯委員會（馬德執筆）